IT 기획 분야 베스트셀러
전면 개정판

세상의 속도를
따라잡고 싶다면

Do it!

18년 차 기획자가 알려 주는 화면 UI 설계의 모든 것!

웹 사이트 기획 입문

웹 사이트의 기본 지식부터 **업무 소통, 문서 작성 노하우**까지!

이정원 지음

이지스퍼블리싱

세상의 속도를 따라잡고 싶다면 **Do it!**
변화의 속도를 즐기게 됩니다.

Do it!
웹 사이트 기획 입문 — 전면 개정판

Do it! Website Planning for beginners - 2nd Editoin

개정 1판 발행 • 2024년 01월 25일
초판 발행 • 2017년 08월 29일
초판 6쇄 • 2022년 01월 21일

지은이 • 이정원
펴낸이 • 이지연
펴낸곳 • 이지스퍼블리싱(주)
출판사 등록번호 • 제313-2010-123호
주소 • 서울특별시 마포구 잔다리로 109 이지스빌딩 4층(우편번호 04003)
대표전화 • 02-325-1722 / 팩스 • 02-326-1723
홈페이지 • www.easyspub.co.kr | 페이스북 • www.facebook.com/easyspub
Do it! 스터디룸 카페 • cafe.naver.com/doitstudyroom | **인스타그램** • instagram.com/easyspub_it

총괄 • 최윤미 | **책임편집** • 임승빈 | **IT 1팀** • 임승빈, 이수경, 지수민
교정교열 • 오은교 | **표지 및 본문 디자인** • 트인글터 | **인쇄** • 보광문화사
마케팅 • 박정현, 한송이, 이나리 | **독자지원** • 박애림, 오경신
영업 및 교재 문의 • 이주동, 김요한(support@easyspub.co.kr)
화면 정의서 레이아웃 편집 및 자료 지원 • 조유진(znznelel22@gmail.com)

• 이 책은 2017년 8월에 출간된 분야 1위 도서 《Do it! 웹 사이트 기획 입문》의 전면 개정판입니다.
• 이 책의 표지와 본문에 실린 인물 삽화는 UsersInsights로부터 제공받았습니다.
　[출처] http://usersinsights.com/user-avatar-icons (CC BY)

ISBN 979-11-6303-544-2 13000
가격 25,000원

18년 경력을 2년 동안 정리했습니다.

웹 사이트 기획의 기본은 '이 책'으로 배우세요!

이 책은 기획을 막 시작했거나, IT 분야로 새 업무를 담당하게 된 분들을 위한 것입니다. 제가 막 기획을 시작했을 때 '기획은 어떻게 하는 거야?'라는 물음에 속 시원히 대답해 주는 곳은 없었습니다. 그래서 기획자 일을 처음 시작했을 때부터 나와 같은 기획 입문자를 위한 책을 꼭 집필해야겠다 다짐했습니다.

사이트 기획 — 취준생부터 경력 기획자까지!

《Do it! 웹 사이트 기획 입문》(2017년)을 처음 출간했을 때 기획자로 취업을 준비하는 '취준생'만 관심이 있을 줄 알았습니다. 하지만 의외로 사업을 준비하는 독자, 팀 리더를 준비하는 독자, 경력 단절 여성, 직업을 전환하려는 독자, 경력 기획자 등 많은 분야의 독자께서 관심을 가져 주셨습니다.

기획 업무는 진입 장벽은 낮지만, 절대 쉬운 업무는 아닙니다. 흔히들 '화면을 그리는 사람'이라고 쉽게 말하지만, 저는 수많은 경우의 수를 계산해 온전한 화면을 설계하는 사람이라고 생각합니다. 그래서 이번 개정판에서는 모든 경우의 수를 담으려 노력했습니다.

기획을 시작하려면 기획자답게 시작하세요.

이 도서는 눈으로만 읽고 끝내는 도서가 아닙니다. PC 앞에서 내가 기획한 내용과 도서 내용을 비교해 보며, 눈과 손에 기획을 익혀야 합니다. 단순히 읽고 끝내는 것은 기획자답지 못합니다. 연구하고 깊게 파고드세요. 이 책을 언제, 어떻게 읽을지 계획해보는 것이 기획의 시작입니다. 그리고 기획에는 중도 포기란 없으니 끝까지 공부할 방법을 계획하세요.

18년 + 2년 = 한 달 안에 1년 차 기획자 되기

저는 이 책에 웹 사이트 기획의 기본을 담기 위해 18년의 경력을 쌓았고, 2년 동안 집필했습니다. 18년간 쌓은 지식 중 꼭 알아야 할 내용만 책에 함축하여 담았습니다. 경력이 많다고 모두 기획을 잘하는 것은 아닙니다. 어쩌면 이 책을 완독한 독자와 저와 비슷한 수준일 수도 있습니다. 기획은 기본 지식을 바탕으로 얼마만큼 응용하고 넓게 사고하는지에 따라 다르니까요. 여러분은 한 달만 집중해 보세요. 1년 먼저 입사한 선배 기획자를 금세 따라잡을 수 있습니다.

이 책은 기획을 시작하는 분에게 분명한 기본기를 만들어 줄 것입니다. 기본을 갖추어 나의 숨겨진 기획 본능을 깨워 보세요.

이정원 드림

첫째
마당

기획, 첫발을
내딛다

둘째
마당

화면 정의서
작성하기

셋째
마당

일 잘하는
기획자로
거듭나기

06 화면 설계 이후 웹 기획자의 업무

07 웹 기획자로서 역량 강화하기

이지스퍼블리싱 홈페이지에서 실습 파일을 내려받으세요!

이 책에서 살펴볼 화면 정의서는 이지스퍼블리싱 홈페이지의 자료실에서 내려받을 수 있습니다. 자료실에서 '웹사이트 기획'을 검색하세요!

- 이지스퍼블리싱 홈페이지: easyspub.co.kr

나의 능력과 가치를 높이고 싶다면? 이지스퍼블리싱 IT 블로그를 구독해 주세요!

나의 능력과 가치를 높이고 싶다면 이지스퍼블리싱 블로그에 방문해 보세요! 아이패드 활용법과 블로그 운영법, 노션 활용법은 물론 실무에서 사용하는 오피스 프로그램과 구글 업무 활용법, 포토샵, 일러스트레이터, 오토캐드와 같은 그래픽 도구 활용법까지 알려 드립니다!

- 블로그: blog.naver.com/easyspub_it

함께 성장하는 멋진 사람이 모인 공간! Do it! 스터디룸!

책으로 공부하다 보면 질문할 곳이 마땅치 않아 고민한 적많았죠? 질문도 해결하고 발전하는 친구도 만날 수 있는 'Do it! 스터디룸'을 소개합니다. 함께 공부하면서 일취월장 발전하는 자신을 발견할 것입니다.

- Do it! 스터디룸: cafe.naver.com/doitstudyroom

이 책을 읽은 독자 여러분께 드리는 선물!

18년 차 기획자, 이정원 저자가
'직접' 화면 정의서를 피드백해 드려요~

이 책을 통해 화면 정의서를 만드신 분들에게 드리는 혜택! 이정원 저자가 직접, 여러분이 만든 화면 정의서를 꼼꼼하게 피드백해 드립니다! 한 달에 한 분을 선정해 진행할 예정이며, 저자의 블로그와 이지스퍼블리싱 블로그에 피드백 내용이 공유됩니다. 공개를 원치 않으시면 따로 간단한 피드백으로 전달드릴 예정이니, 부담 없이 피드백을 요청해 주세요.

피드백 받고 싶은 화면 정의서를 보낼 메일 주소

> heyarech@gmail.com(이정원 저자)

피드백을 확인할 수 있는 곳

- 이지스퍼블리싱 IT 블로그(blog.naver.com/easyspub_it)
- 이정원 저자의 블로그(sitemade.co.kr)

이지스퍼블리싱
인스타그램 팔로우!

instagram.com/easyspub_it

이지스퍼블리싱
유튜브 구독!

youtube.com/easyspub

온라인 독자 설문 〈 의견도 보내고 선물도 받고!

오른쪽 QR코드를 스캔하여 이 책에 대한 의견을 보내 주세요. 독자 여러분의 칭찬과
격려는 큰 힘이 됩니다. 더 좋은 책을 만들도록 노력하겠습니다.
의견을 남겨 주신 분께 드리는 혜택 6가지!

❶ 추첨을 통해 소정의 선물 증정   ❷ 이 책의 업데이트 정보 및 개정 안내

❸ 저자가 보내는 새로운 소식   ❹ 출간될 도서의 베타테스트 참여 기회

❺ 출판사 이벤트 소식   ❻ 이지스 소식지 구독 기회

세상의 모든 분야에는 기획이라는 업무가 있습니다. 그 가운데 IT 분야의 웹/앱(web/app) 기획에서는 어떤 업무를 할까요?

이제 여러분은 서비스 이용자가 아니라 서비스를 제공하는 IT 기획자로서 첫발을 내딛었습니다. 시간이 걸리더라도 하나씩 천천히 알아 가면서, 이 책에서 소개하는 IT 기획자의 모든 것을 자신의 것으로 만들어 보세요. 그럼 시작해 볼까요?

IT 기획의 필수 개념 알기

어떤 택시 기사는 내비게이션이 안내하는 길보다 자신이 아는 길을 이용해 목적지까지 더 빨리 도착하곤 합니다. 길이 막히면 조금 돌아가더라도 더 빨리 가는 길을 택한 것입니다. 목적지까지 가는 길과 도로 사정을 경험으로 이미 모두 알고 있기 때문입니다. 웹 서비스 기획자, 즉 IT 기획자는 택시 기사와 비슷합니다. IT 기획자는 웹 기획의 생태계를 꿰고 있어야 기획 업무를 제대로 할 수 있습니다.

이번 장에서는 웹 서비스의 전체 과정을 밑그림 그리듯 먼저 알아봅니다. 그래야 웹 제작의 세계란 어떤 곳이고 일의 시작과 끝은 어디인지, 또한 자신이 관심 갖는 영역은 무엇이고 집중할 영역은 어디인지 미리 파악할 수 있기 때문입니다. 그 결과 업무마다 이 과정이 필요한 이유는 무엇인지, 또는 지금 배우는 내용은 어느 단계에 해당하는지도 좌표처럼 머릿속에 찍힐 것입니다. 마치 택시 기사가 목적지까지 가는 길을 꿰뚫고 출발하는 것처럼 말이죠.

01-1 IT 기획자로 생각 전환하기

'기획'이란 무엇일까요?

'기획'과 '계획'은 비슷해 보이지만 다릅니다. '계획'은 해야 할 일의 절차·방법·규모를 미리 헤아려 효과적인 순서로 재배열하는 과정을 뜻한다면, '기획'은 '일을 꾀하여 계획한다'는 뜻입니다. 즉, 기획이란 특정한 목적을 설정하고, 그 목적을 실행할 수 있도록 계획하는 것을 말합니다. 기획의 개념에는 목적과 계획 그리고 실행이 모두 포함되고, 만약 목적이 바뀌면 계획과 실행에도 영향을 미칩니다. 기획을 한마디로 정의하면 다음과 같습니다.

"기획이란 목적, 계획, 실행을 포함한 개념입니다."

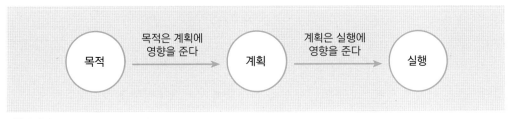

기획의 정의

그럼 IT 기획자는 어떤 일을 할까요?

IT 기획자, 특히 이 책에서 살펴볼 'IT 웹/앱 기획자'란 **달성할 목적**(목표)**을 설정하고, 그 목적이 이루어질 수 있도록 연구하고 계획을 세우며 실행하는 사람**을 말합니다. 어떤 사람은 웹/앱 기획을 '계획'이나 '화면 설계'하는 일로 오해하기도 합니다. 웹/앱 서비스 제작 의뢰자가 원하는 형태로 웹 사이트를 설계하고 실행하는 업무도 있기 때문입니다. 산업의 특성상 의뢰자가 서비스의 목적을 설정하고 계획과 실행은 기획자에게 맡기는 경우도 많거든요.

하지만 IT 분야의 웹/앱 기획이라는 큰 개념에서 살펴본다면 전체 진행 과정은 결국 같습니다. 기획 업무가 한 사람이 아니라 의뢰자와 기획자로 나누어 진행될 뿐 기획의 전체 업무는 그대로인 셈이죠.

기획자가 목적 설정, 계획, 실행까지 모두 진행한 경우

기획자가 계획, 실행만 진행한 경우

그럼 실무자 입장에서 기획 업무, 곧 목적·계획·실행을 좀 더 구체적으로 살펴본다면 어떤 것이 있을까요? 하나씩 알아보면서 웹/앱 기획을 자세히 이해해 보겠습니다.

① 목적 — 사람들에게 필요한 서비스가 무엇인지 고민합니다

사람들에게 필요한 서비스는 무엇이고, 지금 제공하는 서비스보다 더 나은 서비스는 무엇인지, 이 서비스가 회사에 가져다주는 이익은 무엇인지 등을 고민합니다. 서비스의 목적을 설정하고 이 서비스가 사람들에게 필요한 이유는 무엇인지, 주 이용자는 누구이며, 업계 경쟁자들은 어떻게 서비스하고 있는지 등을 분석하여 서비스의 방향을 찾습니다.

② 계획 — 서비스 제공을 위해 필요한 것과 해야 할 것을 나열해 보고, 필요한 시간을 가늠합니다

목적 설정이 완료되면, 서비스를 어떻게 구현할지 계획을 구체적으로 세웁니다. 웹/앱 기획 단계에서 계획이란 필요한 자원, 업무의 배분과 일정을 순서대로 정리해 본다는 의미입니다. 계획을 다 세우면 서비스 구현을 완료하는 시점과 필요한 예산을 가늠해 볼 수 있습니다.

예를 들어 여름에 필요한 서비스인데, 아무리 빨리 작업을 진행한다 해도 가을에나 출시할 수 있다면, 출시 일정을 다음 해로 늦추거나 서비스 범위를 축소해 여름에 출시할 수 있도록 계획을 변경해야 합니다. 서비스 출시로 얻는 기대 효과보다 예산이 지나치게 많이 든다면 서비스 기획 자체를 재고할 수 있습니다.

③ 실행 ― 계획한 것을 실행하면서 리스크를 관리합니다

목적 설정도 완료되었고, 어떻게 만들지 계획도 세웠다면 이제 실행하는 일만 남았습니다. 실행 단계에서는 화면 기획, 디자인, 퍼블리싱, 개발, 테스트와 품질 보증(quality assurance, QA) 단계로 진행합니다.

화면 기획 단계에서 기획자는 기능 정의, 정책 정의, 화면 설계를 합니다. 그리고 디자인·퍼블리싱·개발 단계에서는 완료한 작업물이 기획 의도에 맞게 구현되었는지 확인하는 업무를 합니다. 또한 기획 단계에서 예상하지 못했던 사항에 대책을 마련하고 기획 내용을 교정해 갑니다. 웹 사이트를 제작하여 이용자에게 서비스를 제공하는 기능이 제대로 작동하는지 테스트도 진행합니다.

	기획 단계
IT 기획자가 하는 일	• 기능 정의 • 정책 정의 • 화면 설계
	디자인·퍼블리싱·개발·테스트 단계
	• 완료한 작업물이 기획 의도에 맞게 구현되었는지 확인 • 기획 단계에서 예상하지 못했던 사항에 대책을 마련하고 기획 내용 교정 • 서비스가 어느 정도 완료되었다면 기능이 제대로 작동하는지 테스트

IT 기획자가 하는 일

기획이라는 업무가 여러분이 상상했던 것과 크게 다를 수 있고, 또한 '이 많은 업무를 혼자 다 해야 하는 거야?' 하며 앞이 막막하다고 느낄 수도 있습니다. 하지만 걱정할 일은 아닙니다. 물론 앞에서 설명한 내용은 모두 기획자가 진행하는 업무이지만 혼자서 하지 않기 때문입니다. 다른 기획자와 업무를 나누거나 협업하기도 하고 서비스 기획자, 화면 설계 기획자, PM 등과 담당 업무를 나누어 진행하기도 합니다. 그리고 신입 기획자라면 듬직한 사수의 보조 기획자로서 하나씩 배우면서 업무를 익힐 수 도 있습니다.

> PM(project manager)이란 웹 사이트 제작 업무를 총괄하는 프로젝트 관리자를 말합니다.

IT 기획자의 구분과 역할

그럼 이제부터 IT 기획자의 업무를 구체적으로 알아보겠습니다. 네트워크 및 웹 사이트 제작 기술이 발전하고 새로운 서비스의 실현과 다양한 클라이언트의 요구를 수용하기 위해 기획자의 업무 난도는 물론 복잡도, 전문성까지 높아져 왔습니다. 따라서 기업에서는 기획 업무를 여러 분야로 나누고 각각의 분야에 경험, 지식, 지혜를 갖춘 전문 기획자가 필요해 졌습니다.

그래서 요즘은 IT 기획자를 **서비스 기획자, 구축 기획자, 운영 기획자**라는 세 부류로 나눕니다. 세 분야의 기획 업무는 각각 어떤 특징이 있는지 살펴보면서 자신에게 알맞은 기획 업무를 생각해 보세요.

구분	하는 일	대표 산출물
서비스 기획자	• 세상에 필요한 서비스 생각하기 • 서비스 정의하기 • 수익 모델 설계하기 • 이용 프로세스 설계하기 • 프로토타입 설계하기	서비스 기획서
구축 기획자	• 서비스 분석 단계 — 요구 사항 분석하기 • 화면 설계 단계 1 — 이용 프로세스 정리하기 • 화면 설계 단계 2 — 화면 정의서 작성하기 • 디자인, 퍼블리싱 단계 — 디자인, 퍼블리싱 검토하기 • 개발, 테스트 단계 — 개발 완료 후 테스트하기	화면 정의서
운영 기획자	• 사이트 운영에 필요한 대부분의 업무 진행하기 • 상품 상세 화면 기획하기 • 이벤트 기획하기 • 마케팅 지원하기 • 사업 지원하기	운영 기획서

IT 기획자의 구분과 하는 일

1 서비스 기획자 - 어떤 서비스를 만들까?

*"**서비스 기획**은 창의성 있는 아이디어가 필요하며, 다른 업무 담당자와 협업해야 하는 어려움이 있다. 하지만 이 일을 하고 나면 서비스를 종합적으로 볼 수 있는 안목이 생기고 성취감도 높다."*

택시 호출 전용 앱이 생겨나면서 우리 생활은 분명 크게 편리해졌습니다. 과거에 없던 서비스가 생겨나 바쁜 현대인에게 유익함을 선사해 주었죠. 이처럼 세상에 없던 서비스를 만들거나, 예전부터 있던 서비스이지만 불편한 점을 개선해 사람들에게 더욱 이로운 서비스를 제공하는 것을 서비스 기획이라고 합니다. 그리고 IT에서는 일반적으로 웹이나 앱의 서비스 기획을 말합니다. 기업은 하나의 서비스를 탄생시키기 위해 수십 억을 투자합니다. 그래서 서비스 기획자에겐 실패란 있을 수 없습니다. 무조건 성공하는 서비스를 만들어야 합니다.

서비스 기획자의 대표 산출물은 '서비스 기획서'입니다. 이 기획서에는 어떤 서비스를 제공할 것이고, 이 서비스가 사람들에게 어떤 유익을 줄 것이며, 회사에는 어떤 이득을 줄 것인지 등을 자세하게 정리합니다. 바로 이 서비스 기획서로 의사 결정 과정을 거치고 경영진의 승인도, 투자도 받을 수 있습니다. 그리고 실제 서비스를 구현하는 작업, 곧 웹이나 앱을 제작하는 업무에서도 서비스의 목적이나 주제를 알 수 있는 기본 문서가 됩니다.

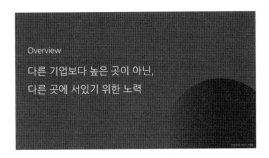

서비스 기획서 예시

그렇다면 이제부터 서비스 기획자는 어떤 일을 하는지 구체적으로 알아봅시다. 서비스 기획자의 실무 업무는 5가지로 정리해 볼 수 있습니다.

❶ 세상에 필요한 서비스 생각하기

기업의 전문 분야 내에서 서비스를 고민하기도 하고, 기업이 사업을 확장하는 경우 새로운 분야에서 서비스 아이디어를 찾기도 합니다. 이러한 과정에서 같은 업계의 타 서비스를 벤치마킹하기도 하며, 예상 이용자와 인터뷰하기, 아이디어 회의하기 등을 통해 페인 포인트를 찾으며 서비스를 구상 합니다.

> ▶ 페인 포인트(pain point)란 제품이나 서비스를 이용할 때 발생하는 불편 지점을 뜻합니다.

❷ 서비스 정의하기

서비스를 구상했다면 제작할 서비스가 무엇인지 정리해야 합니다. 앞으로 제작할 서비스는 무엇이고, 이 서비스가 세상에 어떤 변화를 불러오고, 고객에게는 어떤 유익을 주는지 등 기대 효과를 정의하며 정리합니다.

❸ 수익 모델 설계하기

기업은 이윤을 추구하는 조직입니다. 따라서 기획한 서비스로 어떤 이득이 생기는지 생각해야 합니다. 수익 모델을 만들 때에는 매출뿐 아니라 가입자 수, 방문자 수, 브랜드 인지도를 높여 잠재 고객을 확보할 수 있는 방법이나 지표도 생각해서 정리합니다.

❹ 이용 프로세스 설계하기

주요 서비스를 이용하는 프로세스를 대략 설계합니다. 이는 서비스 구현을 위한 프로세스가 아니라 관련자의 이해를 구하고 설득하는 데 목적을 두고 제작합니다. 따라서 서비스의 주요 사항을 이용 흐름에 따라 설계하고, 이용자가 어떤 상황에서 어떤 기능을 이용할지 시나리오까지 함께 설계합니다.

❺ 프로토타입 설계하기

IT의 웹/앱 제작 분야에서 프로토타입(prototype)이란 실제 서비스를 구현하기 전에 웹이나 앱의 주요 화면을 대략 알아보려고 만든 초안을 말합니다. 프로토타입은 앞으로 구현할 웹/앱의 실제 운영 화면에 가까운 디자인을 제공하므로 관계자들이 쉽게 이해할 수 있습니다. 서비스의 방향을 시각적으로 점검해 볼 때에도 유용합니다. 건물 짓는 것에 비유하자면 조감도 역할을 합니다.

❷ 구축 기획자 — 원하는 웹 사이트를 구축한다!

*"**구축 기획**은 업무량이 많고 난도가 높다. 하지만 그에 맞는 보상이 주어지고, 나의 경력에 큰 도움을 주며, 배울 것이 많다."*

실무에서 새로운 웹 사이트나 앱을 만드는 것을 '신규 구축', '웹 사이트/앱 구축' 또는 SI(system integration)라고 합니다. 의뢰자가 원하는 웹 사이트나 시스템을 제작해 주는 것이죠. 집을 짓는 것에 비유한다면 아무것도 없는 땅 위에 건물을 짓는 것과 비슷합니다. 이렇게 새로운 웹 사이트를 만들 때 의뢰자가 원하는 것이 무엇인지, 원하는 것을 어떻게 구현하면 좋을지 의뢰자와 함께 고민하고 화면을 설계하는 등의 업무를 진행할 사람이 필요한데, 이런 역할을 하는 사람을 **구축 기획자**, **SI 기획자**라고 합니다.

구축 기획자는 이어서 알아볼 운영 기획자와 달리 제작할 서비스의 시작부터 끝까지 모든 프로세스와 화면을 설계하는 업무를 합니다. 설계할 화면이 적다면 기획자 한 명이 전담하지만, 설계할 화면이 많다면 여러 기획자와 분담하여 진행합니다.
그리고 구축 기획자는 회원 가입부터 탈퇴까지 웹 사이트에 필요한 모든 화면을 구성하고 설계할 수 있어야 하며, 정해진 일정 안에 소화해야 하므로 업무 난도가 높고 바쁘게 진행합니다. 하지만 업무를 마치고 나면 웹 사이트 제작의 전체 과정을 경험할 수 있어서 업무 능력 계발에 큰 도움이 되고, 힘든 만큼 그에 상응하는 보상이 따릅니다.

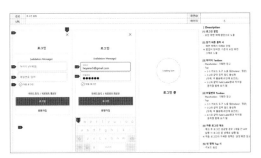

이용자 로그인 화면

관리자 회원 관리 화면

구축 기획자의 업무는 기업 문화나 프로젝트의 특성에 따라 달라질 수 있지만, 01-3절 웹 서비스의 구현 과정 파악하기에서 자세히 소개할 '웹 서비스의 구현 과정' 5단계에 맞추어 다양한 업무를 수행합니다. 여기에서는 구축 기획자의 업무 5단계를 간단히 살펴보고 넘어가겠습니다.

❶ 서비스 분석 단계 — 요구 사항 분석하기

제작할 웹 사이트의 주제와 필요한 기능을 모아 '요구 사항'을 정리합니다. 기획자는 의뢰자가 웹 사이트를 만들려고 하는 목적을 이해하고, 의뢰자가 요구하는 사항을 확인하며, 웹 사이트의 구조와 필요한 기능을 정리합니다. 요구 사항 분석을 완료하면 정보 구조(information architecture, IA)와 기능 정의서 등의 문서를 작성합니다. 이 문서들을 작성 완료했다면 웹 사이트에 필요한 화면이 무엇인지 확인할 수 있다는 뜻이죠. 따라서 이를 토대로 화면 정의서의 작성 완료 기간을 산출해 보기도 합니다.

❷ 화면 설계 단계 1 — 이용 프로세스 정리하기

이용 프로세스는 '이용 플로(flow)'라고도 하며, 이용자가 웹 사이트에서 특정한 목적을 수행하는 과정과 그 과정에서 발생하는 데이터의 저장, 호출 등을 그림으로 표현한 것입니다. 이용 프로세스를 토대로 여러 개발자들과 함께 개발에 필요한 사항을 예측해 보면서 누락된 사항은 없는지, 더욱 효과적인 방법은 없는지 등을 논의하며 연구하기도 합니다.

❸ 화면 설계 단계 2 — 화면 정의서 작성하기

화면 정의서는 웹 사이트를 구축하는 데 중요한 필수 문서로, 화면의 레이아웃과 여러 기능을 설명하는 내용이 담겨 있습니다. 때로는 일정이 촉박하다며 기능을 구두로 설명하고 먼저 개발해 달라고 요청해도 '화면 정의서 없이는 개발할 수 없습니다'라는 답변을 들을 정도로 화면 정의서는 웹 사이트 제작에서 기준이 되는 중요한 문서입니다. 화면 정의서 작성 일정은 보통 짧게는 2개월, 길게는 6개월까지 잡습니다.

❹ 디자인, 퍼블리싱 단계 — 웹 디자인, 웹 퍼블리싱 검토하기

화면 정의서를 작성 완료하면 이를 토대로 웹 디자인과 웹 퍼블리싱을 진행합니다. 구축 기획자는 웹 디자인과 웹 퍼블리싱의 결과물을 받아 기획 의도에 맞게 완성했는지 검토합니다. 이때 간혹 커뮤니케이션이 미숙하면 디자이너, 퍼블리셔와 마찰이 생기기 쉽습니다. 그러므로 오해하지 않도록 처음부터 화면 정의서에 명확하게 작성하고 요청 사항을 정확하게 전달하는 것이 중요합니다.

❺ 개발, 테스트 단계 — 개발 완료 후 테스트 진행하기

디자인, 퍼블리싱이 완료되면 본격적으로 개발을 진행하고, 개발을 완료한 후에는 화면 정의서대로 잘 구현했는지, 기능에 오류는 없는지 등을 검수합니다. 테스트할 때에는 어떤 기능을 테스트했고 그 결과는 어떠한지를 기록하는데요. IT 업계에서는 이런 문서를 테스트 시나리오, 테스트 케이스, 테스트 목록 등 여러 가지 이름으로 부릅니다. 테스트 결과를 기록하는 이유는, 거래 관계 관점에서 의뢰자에게는 웹 사이트의 품질 검증을 완료했다는 보증 문서와 같은 개념으로 작용합니다. 테스트 시나리오는 개발자가 개발하는 동안 미리 작성하며, 기업이나 프로젝트의 특성에 따라 테스트 전문 팀이 대신 맡아서 하기도 합니다.

❸ 운영 기획자 - 웹 사이트를 더 좋게 만든다!

"운영 기획은 기업마다 다르지만 업무량에 맞게 일정이 적절히 주어지는 편이며, 다양한 업무를 진행해 볼 수 있다. 하지만 웹 사이트 전체를 구축하는 경험을 쌓기는 어렵다."

웹 사이트 제작을 완료해도 지속적인 유지 관리와 기능 업그레이드를 해야 합니다. 우리가 자주 이용하는 '네이버'만 해도 5년 전과 지금의 모습은 크게 다릅니다. 같은 목적일지라도 이용자가 더 편리하게 이용할 수 있도록 개선하고, 이용자에게 편익을 주는 새로운 정보와 기능을 추가하여 사업을 확장하는 등 처음 제작할 때의 모습보다 더 발전시켜야 합니다.

이처럼 제작이 완료된 사이트를 개선하는 업무를 '운영 업무(system management, SM)'라고 하며, 운영 업무의 기획 영역 담당자를 운영 기획자라고 합니다.

> ◐ SI, SM은 소프트웨어 개발에서 사용해 왔는데 웹/앱 제작 프로젝트에서는 그 의미가 정확히 일치하지 않아도 여러 기업에서 통용하고 있습니다.

기능 개선 기획안

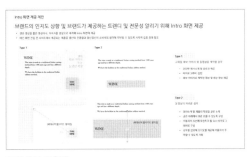

화면 추가 기획안

운영 기획자의 업무는 기업의 주요 서비스에 따라 달라질 수 있지만 보통 4가지로 정리할 수 있습니다.

❶ 웹 사이트 운영에 필요한 대부분의 기획 업무 진행하기

웹 사이트 제작 단계에서 발견하지 못한 오류를 수정합니다. 주로 실제 이용자가 서비스를 이용하면서 발견한 오류를 운영자가 접수하여 해결합니다. 그리고 이용자의 이용 형태를 분석하여 문제를 미리 발견하거나 더 편리한 방법을 찾아 웹 사이트를 개선합니다. 게다가 사업을 확장하거나 신규 서비스가 도출되면 웹 사이트에 새로운 메뉴나 기능을 추가합니다.

❷ 상품 상세 화면 기획하기

쇼핑몰, 제품 소개 홈페이지에는 한 제품의 특징을 설명하는 화면이 있습니다. 일반적으로 상품 목록이 있고, 그 가운데 상품 1개를 선택했을 때 연결되는 화면을 **상품 상세 화면** 또는 **상품 상세 페이지**라고 합니다. 이 화면에는 상품의 가격, 옵션 선택, 장바구니 담기, 상품 상세 정보 등 여러 기능과 정보를 제공합니다.

상품 상세 화면 기획이란 바로 이 상세 정보 영역에 게시할 게시물을 기획하는 것을 말합니다. 상품 상세 정보를 기획하려면 제품의 특징을 잘 파악해서 적절하게 표현하는 것이 중요합니다.

❸ 이벤트 기획하기

기업에서는 웹 사이트 이용을 활성화하고 이용자를 모으기 위해 이벤트를 자주 진행합니다. 여러분이 자주 접속하는 쇼핑몰의 이벤트도 운영 기획자가 진행한 기획의 결과물입니다. 기업의 서비스 기획 팀 등에서 이벤트의 목적과 주제를 정하면 운영 기획자가 이벤트 게시물을 기획합니다. 그리고 이벤트로 유입시키는 역할을 하는 배너, 팝업 등도 함께 기획합니다. 기업에 따라 이벤트의 목적과 주제를 운영 기획자가 정하기도 합니다.

❹ 마케팅 지원하기

기업에서는 웹 사이트에 가입한 회원에게 각종 소식을 전달하려고 회원별 메일링(direct mail, DM), SMS(short message service), 알림톡을 발송합니다. 기업에 따라 운영 기획자가 발송 대상을 선정하고 발송 내용을 기획하는 등의 업무를 수행하기도 합니다.

▶ 알림톡이란 카카오톡에서 운영하는 개인별 기업 알림 메시지 서비스입니다.

01-2 웹 사이트의 유형별 개념 이해하기

앞으로 기획자로서 다양한 유형의 웹 사이트를 접해 보겠지만, 이커머스(e-commerce)를 기획해 봤다는 것은 어쩌면 자주 사용하는 화면 대부분을 설계해 보았다는 이야기가 될 수 있습니다. 상거래 사이트에는 웹 사이트 소개, 회원 가입, 상품 목록, 구매, 결제, 교환/환불, 리뷰, 공지 사항, 문의 등 다양한 기능이 필요하므로 웹 사이트를 설계할 때 이를 응용하여 설계할 수 있기 때문입니다. 그래도 웹 사이트 기획자라면 유형별로 어떤 특징이 있고, 어떤 개념을 사용하는지 정도는 알고 설계해야 합니다.

브랜드 홍보형 웹 사이트 — 홈페이지

브랜드 홍보형 웹 사이트는 가장 간단하게 구현할 수 있는 유형입니다. 이커머스 웹 사이트와 비교한다면 구조가 간단합니다. 주문이나 결제 기능도 필요 없고, 관리자 화면도 없거나 아주 단순하기 때문입니다. 글과 그림/이미지로 필요한 정보를 제공해 주면 됩니다. 브랜드 홍보형에서는 웹 사이트의 화면과 구조 설계도 중요하지만, 담을 내용을 기획하는데 더 중점을 두어야 합니다.

기업의 핵심 가치나 상품의 매력을 소비자에게 설득력 있게 전달하려면 무엇을 어떻게 표현할지 문구와 이미지 하나라도 신중하게 고민해야 합니다. 많은 기업 가운데 차별화하려면 '왜 우리 기업 제품이어야 하는가?'를 짧고 강렬하고 분명하게 드러내야 합니다. 오히려 기업이나 상품 하나를 브랜딩하는 일에 가깝다고 할 수 있습니다.

서울우유 홈페이지(www.seoulmilk.co.kr)

농심 홈페이지(www.nongshim.com)

홍보형 웹 사이트를 기획할 때에는 다음 사항을 고려하세요.

1 한 화면에 표현할 개념 요약해서 보여 주기

소비자에게 10개를 알려 주고 싶은 마음에 한 화면에 10개를 모두 담는다고 해서 소비자가 다 읽는 것은 아닙니다. 기업 웹 사이트에 방문하는 이유는 뉴스나 학습 사이트(e-learning)를 방문하는 목적과 달라서, 많은 정보를 노출했을 때 오히려 소비자에게 좋지 않은 영향을 줄 수도 있습니다. 이런 사항은 밀러의 법칙, 인지적 구두쇠, 힉의 법칙으로 설명할 수 있습니다.

먼저 **밀러의 법칙**(Miller's law)은 보통 사람은 정보를 한 번에 최대 7개 정도밖에 저장할 수 없다는 이론이며, **인지적 구두쇠 현상**(cognitive miser)은 인간은 기본적으로 깊게 생각하는 것을 싫어해서 선택지가 많으면 선택을 미룬다는 이론입니다. 그리고 **힉의 법칙**(Hick's law)은 선택지의 개수가 많아지면 의사 결정 시간이 오래 걸린다는 이론으로, 그에 따라 소비자가 변심할 확률도 높아진다고 합니다. 한 화면에 많은 정보를 담으면 의도한 효과를 오히려 내지 못하는 경우도 많습니다. 따라서 소비자에게 알려 주고 싶은 사항이 많더라도 중요도를 따져서 3~4개로 정리하는 것이 중요합니다.

2 표현 방법 고민하기

같은 내용이라도 어떻게 표현하느냐에 따라 소비자에게 전달되는 느낌이 다릅니다. 예를 들면 이 책을 소개하는 페이지를 만든다고 생각해 봅시다. '실용 정보 전달 방식'으로 표현한다면 다소 정적이지만, 필요한 정보를 정확하게 전달하는 효과가 있습니다. 이와 달리 소비자가 이 책으로 얻을 수 있는 '기대 효과 중심 전달 방식'으로 표현한다면 소비자에게 동적이면서 긍정적인 메시지를 전달할 수 있습니다.

실용 정보 전달 방식	기대 효과 중심 전달 방식
Do it! 웹 사이트 기획 입문 실무에 필요한 문서 작성 방법을 모두 담았습니다. • 기능 정의서 작성 방법 • 정책 정의서 작성 방법 • IA 작성 방법 • 이용자 화면 정의서 작성 방법 • 관리자 화면 정의서 작성 방법	Do it! 웹 사이트 기획 입문 **책 한 권으로 2년 차 IT 기획자가 되세요!** 지식과 경험을 함께 채워 드립니다.

❸ 글의 분위기에 맞게 디자인하기

웹 사이트에서 상품이나 기업을 소개할 때 어떤 분위기를 연출하여 메시지를 전달할 것인 가도 중요합니다. 단순히 폰트와 몇 가지 디자인 요소만 바꾸어도 전달하는 느낌은 달라집 니다. 다양한 폰트가 존재하는 이유겠죠?

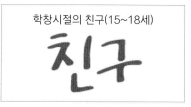

'친구'라는 단어를 연령대에 맞게 표현해 본 예

소비자에게 전달하려는 메시지에 어울리는 디자인을 연출했을 때 전달력은 배가 됩니다. 메시지뿐만 아니라 감성까지 전달하기 때문이죠. 단순히 심미성이 높은 디자인을 추구하 기보다 메시지에 어울리는 디자인이 되도록 유도하는 것이 효과적입니다. 따라서 웹 사이 트에 담을 메시지가 정해졌다면 어떻게 표현하면 좋을지 다른 웹 사이트를 벤치마킹도 해 보면서 표현 방법을 고민해야 합니다.

쇼핑몰형 웹 사이트 — 이커머스

이커머스란 전자상거래를 말합니다. 우리가 흔히 알고 있는 의류 쇼핑몰을 포함하여 쿠팡, G마켓, 11번가 등 상품을 사고파는 웹 사이트와 앱은 쇼핑몰에서 진화한 형태입니다.

쇼핑몰에서 진화한 플랫폼

쇼핑몰은 이용자 화면과 관리자 화면 간의 관계, 상품 결제 후 처리 프로세스 등과 같이 다소 복잡한 기능이 필요하므로 회사 홈페이지나 커뮤니티형 사이트보다 기획과 개발의 난도가 높습니다. 하지만 쇼핑몰의 복잡한 기능을 잘 이해하면 다른 웹 사이트는 아주 수월하게 기획할 수 있습니다. 따라서 쇼핑몰 구축 업무로 기획자로서의 첫발을 내딛는 경험은 앞으로 성장하는 데 큰 도움을 줍니다. **그래서 이 책에서도 쇼핑몰의 화면을 설계하는 방법부터 먼저 다룹니다.**

요즘 쇼핑몰은 이미 개발 완료한 상태로 제공받아 기업의 색깔에 맞게 디자인만 수정하는 기성품 같은 솔루션 형태를 많이 사용합니다. 그러나 쇼핑몰 솔루션에서 제공하지 않거나 새로운 형식으로 쇼핑몰을 구현한다면 다음 3가지 개념을 머릿속에 갖고 있어야 합니다.

1 상품 등록 구조 설계하기

판매하려는 상품의 특징을 파악하여 상품 등록 구조를 설계합니다. 예를 들어 고기를 판매하는 정육 쇼핑몰을 구현한다고 가정해 봅시다. 삼겹살은 그램 단위로 판매하므로 일반 상품처럼 1개, 2개 이런 식으로 판매하지 못합니다. 그렇다고 해서 1g을 배송해 줄 수도 없습니다. 그리고 일반 기성품보다 가격 변동이 심해 오늘과 내일의 가격이 다르므로 상품 가격을 수시로 수정할 때도 있습니다. 이러한 사항을 체크해 상품을 등록할 때 필요한 기능은 무엇인지 설계해야 합니다. 따라서 다음처럼 운영 정책이나 기능을 규정할 수 있어야 합니다.

판매 정책	• 최소 300g 이상 구매 • 100g 단위로 추가 구매 가능
가격 수정 기능	• 상품 가격을 일괄 수정할 수 있는 기능 필요
선택 옵션	• 소고기 써는 두께, 파채 등 서비스로 제공할 무료 옵션 기능 필요 • 고기 등급, 고기 소스 등 유료 옵션 기능 필요

정육 쇼핑몰의 상품 등록 구조 예시

2 오프라인의 주문 처리 형태 분석해 프로세스 설계하기

오프라인으로 주문을 접수할 때 어떤 과정을 거쳐 상품을 발송하는지 분석하여, 온라인에서도 같은 과정으로 처리할 수 있도록 설계해야 합니다. 일반적으로 [주문 확인 → 상품 준비 중 → 배송 중 → 배송 완료]의 과정을 거칩니다. 이를 IT 업계에서는 상탯값(status value)이라고 하며, 상품 처리 과정에서 주문받은 상품의 현 단계를 나타냅니다. 평소에 상품을 주문하고 배송 현황을 확인할 때 자주 접하는 단어입니다.

"그럼 어떤 쇼핑몰을 기획하더라도 같은 프로세스로 구성하면 된다는 건가?" 하는 의문이 들 수 있습니다. 중요한 것은 똑같이 따라 하는 것이 아니라 처리 형태를 분석해서 시스템화하는 기획력입니다. 모두 같은 형태의 주문 처리 과정을 거치라는 법은 없으니까요.

예를 들면 고급 수제 가구를 제작/판매하는 쇼핑몰을 구현한다고 가정해 봅시다. 모든 제품을 수제로 만들다 보니 제작하는 시간이 오래 걸리고, 가격도 고가입니다. 그리고 부피가 작은 제품도 있지만 대부분 크다 보니 택배로는 배송하기 어렵습니다. 게다가 주문을 접수하여 가구를 제작하고 있는데 갑자기 주문을 취소하는 난감한 사태가 발생해서도 안 됩니다. 이런 경우 쇼핑몰에는 어떤 기능과 어떤 상탯값이 필요할까요? 다음처럼 정리해 봤습니다.

고급 수제 가구 쇼핑몰의 주문 처리 프로세스 예

① **계약 단계**: 고가 제품이고 제작 기간이 오래 걸리므로 주문 취소를 대비하려면 주문을 완료했을 때 전액 결제가 아니라 '계약금' 정책이 필요합니다.

② **계약 완료 단계**: 계약이 완료되고 소비자가 계약금을 입금한 상태입니다.

③ **공정 단계**: 제품을 제작하는 단계입니다.
공정 기간이 10일 이상이므로 제작 완료 5일 전, 제작 완료 4일 전 알림 기능이 필요합니다. 이를 통해 작업자는 남은 공정 기간을, 소비자는 남은 배송 기간을 확인할 수 있습니다.

④ **잔금 결제 단계**: 제품 제작이 완료되어 잔금을 결제하는 단계입니다.

⑤ **배송 단계**: 잔금이 결제되어 제품을 배송하는 단계입니다.

⑥ **제품 확인 단계**: 소비자가 제품을 확인한 후 이상이 있을 때 무상 수리를 진행하는 단계입니다.

⑦ **구매 확정 단계**: 소비자가 제품에 이상이 없음을 확인하고 거래를 완료한 단계입니다.

웹 사이트를 기획할 때에는 기업의 업무 형태에 맞추는 것이 중요합니다. 또한 구매, 환불, 반품, 취소 절차 등의 프로세스도 마찬가지로 오프라인에서 처리하는 형태를 분석하여 설계해야 합니다.

❸ 관리자 화면 설계하기

관리자 화면(back-end)은 이용자 화면(front-end)에 노출되는 상품과 배너 등을 관리하거나, 가입된 회원의 목록과 접수된 주문을 확인하거나, 쇼핑몰에 이용자가 유입되는 통계와 접수된 주문의 일, 월, 연별 매출 현황을 제공합니다. 관리자 화면을 기획할 때에는 관리자 화면을 실제로 사용하는 운영자들이 어떤 업무를 하는지 파악해야 합니다.

이를 구체적으로 분석하여 문서로 정리한 것을 '현행 업무 분석서'라고 하는데요. 이를 토대로 관리자 화면의 기능과 정책을 규정합니다. 다음 표는 화장품 쇼핑몰을 관리하는 직원들의 업무를 분석하여 필요한 기능과 정책을 작성한 예입니다.

회원 관리	도매와 소매 판매를 동시에 진행하므로 개인과 사업자를 구분하여 관리해야 함 VIP 고객을 관리자가 설정할 수 있는 기능이 필요함 　　⑩ VIP 고객은 모든 제품을 상시 10% 할인
상품 등록	이벤트 상품을 정확한 시간에 올릴 수 있도록 상품을 등록할 때 '즉시 등록', '예약 등록' 기능이 필요함 도매와 소매를 동시에 진행하므로 한 상품에 도매가와 소매가를 입력할 수 있어야 함
주문 관리	일반 기성품 주문과 맞춤 주문이 있으므로 주문 처리 과정을 다르게 구성해야 함 • 일반: 주문 확인 → 상품 포장 → 배송 중 → 배송 완료 • 맞춤: 주문 검토 → 가계약 → 샘플 제작 → 본계약 → 생산 → 배송 중 → 배송 완료 　　　　└ 제작 불가 → 협의 단계 → 주문 취소 　　　　　　(협의한 내용에 따라 가계약 단계, 주문 취소 상태로 변경함)
정산	사업자에게는 월별 구매 이력을 산출하여 세금계산서를 발행하는 기능이 필요함
통계	회원 증감, 접속자 수, 구매자 수 등을 일·월·연도별 조회할 수 있어야 함
매출 관리	도매와 소매로 구분하고 일·월·연도별로 매출을 조회할 수 있어야 함
접근 권한	정산, 매출 관리 메뉴는 특정 직원만 접근할 수 있도록 구성해야 함

화장품 쇼핑몰 관리 업무의 기능과 정책 예시

이처럼 업무를 분석하여 기능과 정책을 도출하려면 현장에서 진행하는 업무를 관찰하거나 직원과 인터뷰를 진행하기도 합니다. 여기에서 중요한 것은, 오프라인에서 행해지는 업무를 온라인으로 시스템화하는 것입니다.

플랫폼

플랫폼(platform)이 기차역에서 승객이 이용하는 승강장을 의미하듯이, IT 업계에서도 플랫폼 서비스는 비슷한 의미로 해석됩니다. 예를 들면 서비스나 물건을 제공하고 싶은 사람과 제공받고 싶은 사람이 만날 때 필요한 온라인 장소를 플랫폼이 제공하는 것입니다. 이용자(개인-개인, 기업-개인, 기업-기업) 간의 정보 교류가 발생하는 구조이며, 운영자는 플랫폼 관리/개선과 이용자 간 분쟁을 관리합니다.

C 쿠팡	여러 판매자(기업)가 등록한 제품을 소비자가 구매합니다.
당근마켓	중고 거래 플랫폼이며, 중고 제품 판매자와 구매자의 정보가 주를 이룹니다.
배달의 민족	음식점에서 배달 음식 정보를 제공하고, 이용자가 이를 보고 주문합니다.
J 잡코리아	기업이 채용 공고 정보를 등록하고, 구직자가 이를 보고 입사 지원을 합니다.

대표적인 플랫폼 예시

포털 사이트

포털 사이트란 인터넷에서 정보를 얻을 때 거쳐야 하는 입구(portal) 역할을 하는 사이트를 말합니다. 과거에 포털 사이트는 자체에서 정보를 보유하지 않고 이용자가 검색하면 정보가 있는 사이트로 연결해 주는 서비스였습니다. 인터넷 초기에 새롭게 생겨나는 수많은 웹 사이트의 도메인 주소를 이용자가 기억하지 않아도 쉽게 접근할 수 있도록 개발한 거죠.

포털 사이트는 발전해서 '정보 포털 사이트'라는 이름을 갖게 됩니다. 단순히 사이트를 연결해 주는 서비스가 아니라 이에 더하여 포털 사이트 자체에서 정보를 제공하기 시작합니다. 제공하는 정보들이 하나둘씩 생겨나고 발전하여 네이버, 다음 등과 같은 지금의 포털 사이트 모습을 갖추었습니다.

네이버나 다음뿐만 아니라 특정 분야의 전문적인 정보를 대량으로 보유한 경우에도 포털 사이트라고 합니다. 다만 특정 분야에 한정되어 있어서 취업 포털 사이트, 음악 포털 사이트처럼 특정 분야의 명칭을 붙입니다.

취업 전문 사이트 - 잡코리아(www.jobkorea.co.kr)

음악 전문 사이트 - 멜론(www.melon.com)

자기 계발 전문 사이트 - 인프런(www.inflearn.com)

학술 정보 포털 - DBpia(www.dbpia.co.kr)

포털 사이트를 기획할 때에는 화면 기획보다 서비스 기획이 더 중요합니다. 포털 사이트를
기획할 기회가 생긴다면 다음 사항을 유념하세요.

1 정보를 어떻게 수집할 것인가?

특정 분야의 포털 사이트를 제작하기로 결정했다면 관련된 수많은 정보를 어떻게 수집할
것인가를 고민해야 합니다. '이용자들이 정보를 올려 주겠지?'라고 생각해서는 안 됩니다.
이용자가 등록하는 정보는 포털 사이트가 안정된 상태로 운영되고 있을 때의 이야기입니
다. 웹 사이트를 공개한 초기에는 이용자가 등록한 정보가 당연히 없을 수밖에 없습니다.
따라서 다른 기업이나 국가에서 제공하는 정보를 계약해서 수집하거나 많은 인력을 고용
하여 생성할 수도 있습니다. 또는 일반적인 사이트로 운영하다가 정보의 양이 일정 수준까
지 모아지면 포털 사이트로 업그레이드하는 방법도 있습니다.

❷ 다른 정보 포털에서 제공하지 않는 정보나 더 우수한 정보를 갖출 수 있는가?

우리가 사용하는 정보 포털 사이트에는 이미 많은 정보가 갖추어져 있습니다. 어쩌면 없는 정보를 찾는 것이 더 어려울 수도 있습니다. 하지만 예외는 있습니다. 정보 포털 사이트에서 제공하지 않거나, 제공한다 해도 정보가 미진한 분야입니다. 정보 포털 사이트에서는 많은 분야의 정보를 다루지만 한 분야를 깊이 있게 다루는 경우는 많지 않습니다. 예를 들면 취업 정보, 금융 정보, 교육 정보, 입대 정보 등입니다.

이처럼 특정 분야에 포털 사이트를 만들고자 한다면, 전문적인 정보나 편리성을 제공해야 이용자의 관심을 얻을 수 있습니다. 기업 정보는 정보 포털 사이트에서 검색하지만, 취업 정보는 취업 포털 사이트를 이용하는 것처럼 말이죠.

❸ 한 번에 모두 개발할 수 있는가?

포털 사이트의 개발량은 홈페이지, 쇼핑몰, 커뮤니티, 동영상, 플랫폼, 검색 등 개별로 존재하는 웹 사이트를 합친 것과 같습니다. 이렇게 많은 기능을 모두 개발하려면 짧게는 2년, 길게는 4년이 필요합니다. 개발 기간이 길어지다 보면 경쟁사에서 새로운 기능을 선보이거나, 트렌드가 바뀌어 과거 기획한 내용이 쓸모 없어져 다시 기획해야 할 수도 있습니다.

따라서 포털 사이트를 기획할 때는 최소 1년 이내로 출시할 수 있도록 업무 범위를 설정하여 공개하고, 나머지 서비스는 운영해 보면서 단계별로 서비스를 추가해 가는 것이 좋습니다. 이렇게 하면 오히려 이용자의 반응을 살피면서 기존에 기획한 내용을 조정할 수 있을 뿐 아니라, 새로운 아이디어로 더 좋은 서비스를 기획해 가면서 이용자에게 점차 신뢰를 얻을 수 있습니다.

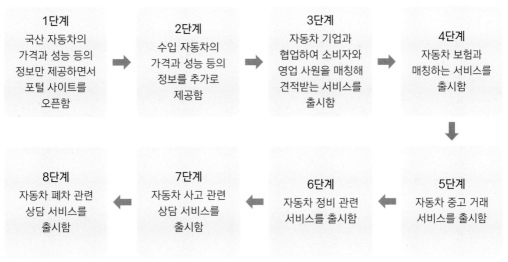

자동차 포털 사이트의 단계별 서비스 출시 예시

지금까지 사이트의 유형별 특징을 대략 알아봤습니다. 이 밖에도 커뮤니티, 채팅, OTT, 게임, 마이크로 사이트 등의 유형도 있으며 특정 유형으로 분류하기 어려운 경우도 많습니다.

웹 사이트를 기획할 때 어느 유형에 속하는지 판단해 보고, 유형별 개념과 특징을 이해하여 설계하면 더 완성도 높게 설계할 수 있습니다. 여러 웹 사이트를 기획하다 보면 특정 유형에 맞지 않을 때가 있습니다. 그렇다면 과감하게 새로운 구성으로 기획해도 좋습니다. 그러다 보면 여러분도 세상에 없는 새로운 유형의 웹 사이트나 애플리케이션을 탄생시킬 수 있습니다.

01-3 웹 서비스의 구현 과정 파악하기

사업 계획과 서비스 기획 단계에서 어떤 서비스를 만들지 정했다면, 실제 웹 사이트를 제작하는 단계로 접어듭니다. 이를 서비스 구현 단계라고 하는데요. 서비스 구현 단계는 다음처럼 6단계로 이루어집니다.

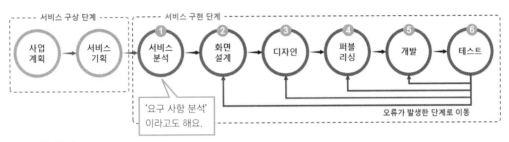

서비스 구현 6단계

1단계: 서비스 분석하기

서비스 분석 단계에서는 앞으로 구현할 서비스를 분석·이해하고 사이트 구조를 설계합니다. 만약 구현할 서비스 제작을 기업 내부에서 하지 않고 외부에 의뢰했다면 외부 기획사에서는 이 단계를 '요구 사항 분석' 단계라고 할 겁니다. 서비스 분석 단계에서는 구현할 서비스를 구체적으로 이해하여 필요한 화면을 산출하고 웹 사이트의 구조를 설계하는데요. 이를 **정보 구조 설계**(information architecture, IA)라고 합니다.

즉, 정보 구조 설계란 서비스에 필요한 메뉴를 정의하고, 비슷하거나 연관이 높은 메뉴끼리 모아 그룹을 만드는 것을 말합니다. 쉽게 말하면 옷장 속의 옷을 여름 옷과 간절기용 옷, 겨울 옷 등 계절에 따라 구분하거나, 속옷은 속옷끼리 외투는 외투끼리 용도별로 분류하는 것처럼요. 이렇게 정보 구조 설계를 완료하면 그에 맞게 기능 정의서와 정책 정의서를 작성합니다. 한우 쇼핑몰의 대량 구매 견적 시스템 분석 예시를 살펴보겠습니다.

> ⓒ 기능 정의서와 정책 정의서를 작성하는 방법은 01-5절(46쪽)을 참고하세요.

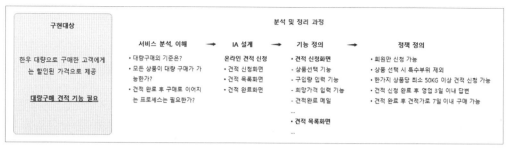

한우 쇼핑몰의 대량 구매 견적 시스템 분석 예시

2단계: 화면 설계하기

화면 설계는 화면 구성을 설계하고 디자이너, 퍼블리셔, 개발자가 내용을 보며 구현 작업을 할 수 있도록 설계서를 작성하는 일을 말합니다. 이 문서의 이름은 화면을 정의한다는 뜻에서 '화면 정의서'라고 하며, 회사마다 스토리보드, 화면 기획안, 화면 설계서 등 여러 이름으로 불립니다. 화면 정의서는 보통 마이크로소프트의 파워포인트로 작성하지만 최근에는 액슈어, 어도비 XD, 피그마 등 프로토타입 툴을 사용해 작업하기도 합니다. 그리고 화면 설계 단계에서는 서버 개발자가 서비스 기획안과 정보 구조 설계 문서, 기능 정의서의 내용을 토대로 서버와 네트워크를 구성하고, 개발에 필요한 프로그램 설치 및 도메인 연결 등 개발 선행 작업을 하기도 합니다.

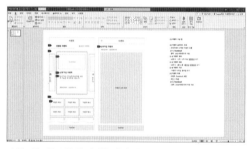

파워포인트를 이용해 설계한 화면 정의서 예시

피그마를 이용해 설계한 화면 정의서 예시

3단계: 디자인하기

디자인 단계는 기획자가 작성한 화면 정의서를 디자이너가 보고 디자인하는 작업을 말합니다. 포토샵, 일러스트레이터, 어도비 XD, 피그마 등의 툴을 이용해 폰트와 화면에 사용할 주요 색상을 선정하고 레이아웃 등을 디자인하는데요. 실제 사용할 이미지를 넣기도 하고, 버튼과 GNB(global navigation bar)의 색상과 웹 사이트의 분위기를 고려한 폰트 등을 적용해 실제 구성 요소로 화면을 디자인합니다. 그림 그리기와 비교해 본다면, 화면 정의서는 밑그림만 그리는 것이고 디자인은 그 밑그림에 채색하는 작업이라고 생각하면 됩니다. 최근에는 UX(user experience) 디자인이라고 하여, 기획자가 작성한 화면 정의서에 정의해 놓은 기능을 목적이 훼손되지 않는 범위 내에서 이용자의 이용 환경과 연령층을 고려해 더 편리하게 이용할 수 있도록 레이아웃을 변경하거나 버튼의 위치를 조정하는 등 이용자 편의를 고려해 다자인합니다.

상품 목록 화면 설계서 예시

4단계: 퍼블리싱하기

퍼블리싱 단계에서는 기획자가 작업한 화면 정의서, 디자이너가 작업한 디자인 산출물로 퍼블리셔가 웹 전용 문서로 제작하는 단계를 말합니다. 이때 HTML(hypertext markup language), CSS(cascading style sheets), 제이쿼리(jQuery) 등을 활용해 작업합니다. 우리가 흔히 사용하는 파워포인트와 엑셀 파일이 각각 파워포인트 프로그램과 엑셀 프로그램에서만 열리고 작동하듯이, 웹 문서도 크롬(Chrome), 엣지 등의 웹 브라우저를 통해서만 볼 수 있습니다.

퍼블리싱 작업을 완성하면 HTML, 자바스크립트에서 지원하는 기능인 드롭다운 메뉴, 체크박스, 라디오 버튼으로 유지, 문자 입력 박스 등이 동작하는 것을 웹 브라우저에서 확인할 수 있습니다. 하지만 아직은 개발을 완료한 상태가 아니므로 입력한 내용을 저장하거나 결제 금액을 계산하는 등 데이터베이스(database, DB)와 연동하거나 연산이 필요한 기능은 작동하지 않습니다.

퍼블리싱 작업 화면 예시

퍼블리싱 확인 및 검토 화면 예시

5단계: 개발하기

개발 단계는 기획자가 작업한 화면 정의서를 보고 퍼블리셔가 작업한 웹 전용 파일로 화면이 동작할 수 있도록 웹 개발자가 개발하는 작업을 말합니다. 웹 페이지에 이용자가 입력한 정보를 서버에 저장하고, 이용자가 요청할 때 저장된 정보를 다시 호출하여 보여 주기도 합니다. 그리고 상품 가격에 할인 금액, 배송비 등을 계산할 수 있도록 수식을 넣어 결제 금액을 산출하기도 하고, 외부 서버와 통신(application programming interface, API)을 주고받으면서 우리가 갖고 있지 않은 정보를 외부 서버에서 가져와 화면에 노출하는 등의 작업을 합니다.

결제 화면 설계 예시

결제 화면 개발 예시

6단계: 테스트하기

테스트는 개발까지 완료한 웹 사이트를 기획 의도에 맞게 제작되었는지 확인하는 작업을 말합니다. 보통 화면을 설계한 기획자가 진행하기도 하지만, 규모가 큰 기업이나 오류 하나가 치명적인 손실로 이어질 수 있는 서비스를 리뉴얼한 경우에는 QA 팀을 구성하여 진행하기도 합니다. 테스트 단계에서는 기획·디자인·퍼블리싱·개발 가운데 원인 발생 단계를 확인해 오류 사항을 수정하고 다시 테스트하는 등의 반복 과정을 거쳐 서비스의 완성도를 높여 갑니다. 서비스를 완성하면 공개 시기를 정하여 이용자에게 공개합니다.

테스트 대상 화면 예시

테스트 케이스 목록 예시

01-4 웹 사이트의 구조 설계하기

웹 사이트의 정보 구조 설계를 완료하면 주요 메뉴만 추려 웹 사이트 맵을 구성합니다. 이는 이용자가 웹 사이트의 메뉴를 한눈에 볼 수 있는 조감도 역할을 합니다.

준비 단계: '기능'의 의미 이해하기

웹 사이트의 구조 설계를 알아보기 전에 먼저 IT 업계에서 말하는 '기능'의 뜻을 이해해야 합니다. 기능은 일반적으로 '특정한 동작'을 뜻합니다. 예를 들어 특정 전자 제품에서 이용자가 기대하는 동작을 수행하는 것을 기능이라고 합니다.

정수기에는 정수·냉수·온수 기능이 있어서 이용자가 옵션을 선택할 수 있습니다.

IT 업계에서는 '기능'을 2가지 의미로 해석합니다. 크게 프로세스(process)와 엘리먼트(element)로 구분할 수 있습니다. '프로세스'를 의미하는 기능은 이용자가 특정한 목적을 달성할 때 필요한 화면을 합한 것으로 회원 가입 기능, 결제 기능, 게시판 기능 등이 있습니다. '엘리먼트'를 의미하는 기능은 화면을 구성하는 여러 요소 가운데 특정 기능을 수행하는 것을 말합니다. 에디터 기능, 옵션 기능, 등록 기능 등이 있으며 일반 텍스트는 해당하지 않습니다. 따라서 요구 사항을 분석할 때나 아이디어 회의에서 채택된 의견을 정리할 때 '프로세스'와 '엘리먼트'를 구분해서 화면의 흐름과 화면 구성 요소를 정리할 수 있습니다.

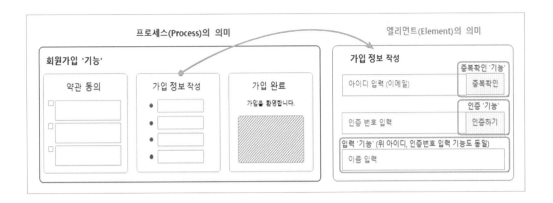

이렇게 IT에서 사용하는 '기능'의 의미를 이해하면 디자이너, 퍼블리셔, 개발자와 한층 원활하게 커뮤니케이션할 수 있습니다. "환불 기능이 꼭 필요한가요?"라고 말하면 '프로세스'의 뜻으로 해석할 수 있고, "이 화면의 정보 삭제 기능은 구현하기 어렵습니다."라고 말하면 '엘리먼트'의 뜻으로 이해할 수 있습니다.

1단계: 프로세스나 정보를 화면 단위로 설계하기

프로세스나 정보를 여러 화면으로 나누어 구현할 수도 있지만 한 화면에 모두 담을 수도 있습니다. 이렇듯 프로세스나 정보를 화면 단위로 설계하는 작업에서는 기능의 성격과 이용자의 특성 등을 파악해 화면을 구성해야 합니다.

예를 들어 회원 가입을 설계할 때에는 약관에 동의하는 화면이 꼭 필요합니다. 약관은 보통 서비스 이용 약관, 개인정보 수집 및 이용 동의, 마케팅 정보 제공 동의 약관 등 2~3가지로 구성합니다. 한 화면에 약관을 모두 넣어 이용자에게 한 번에 동의를 받을 수도 있고, 약관 내용이 중요하여 이용자가 꼭 읽어야 하는 상황이라면 가독성을 높이기 위해 약관별로 화면을 만들어서 약관 하나에 동의하면 다음 약관 동의 화면으로 이동하는 방식으로 설계할 수도 있습니다.

1 프로세스를 여러 화면으로 설계할 경우

게시판 기능을 구현하려면 이용자가 글을 작성하는 '작성' 화면, 작성한 글의 차례를 보여 주는 '목록' 화면, 작성한 글을 보여 주는 '상세' 화면, 작성한 글을 수정하는 '수정' 화면으로 구분해야 합니다. 작성 화면과 수정 화면은 화면 구조가 같아서 함께 사용할 수 있으므로 적어도 작성(수정), 목록, 상세 이렇게 화면 3개가 필요합니다.

게시판 기능을 설계하려면 작성(수정), 목록, 상세 화면이 필요합니다.

물론 이 모든 것을 한 화면에 넣어 만들 수도 있습니다. 댓글 기능을 생각해 보세요. 댓글 기능은 한 화면에 '목록', '상세', '작성' 기능이 모두 들어 있습니다. 하지만 게시판에서는 글을 길게 작성하는 경우가 많으므로 모든 기능을 한 화면에 넣으면 이용하기 불편합니다. 그래서 '작성(수정)', '목록', '상세'의 화면 3개로 나누고 화면끼리 연결하여 하나의 게시판 기능으로 동작하도록 만듭니다.

댓글은 작성(수정), 목록, 상세 기능을 모두 한 화면으로 구성합니다.

② 프로세스를 화면 하나로 설계할 경우

여러 기능을 한 화면에 모두 담아야 더 편리한 경우도 있습니다. 예를 들면 상품을 주문하거나 여행 상품을 예약하는 등 이용자가 여러 정보를 보면서 최종 구매 여부를 결정할 때입니다. 이러한 경우에는 이용자의 편의와 이탈을 막기 위해 주문자 정보 입력, 배송지 입력, 결제 방식 선택, 결제 등 여러 기능과 확인할 정보를 한 화면으로 구성할 수 있습니다. 특정한 행위나 프로세스를 진행하는 데 필요한 기능을 화면 하나로 구성하면 이용자도 편리하고, 추가 정보를 확인하려고 화면을 떠나는 이탈률도 줄일 수 있습니다.

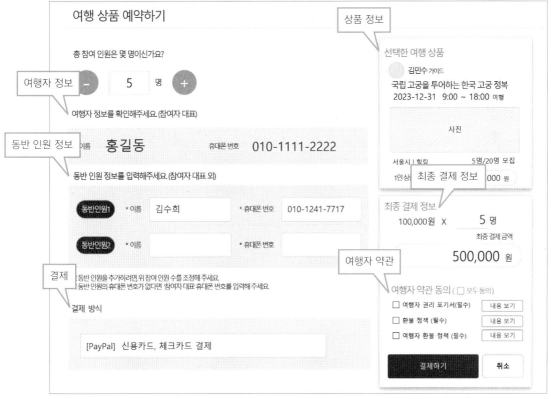

이용자에게 필요한 정보를 한 화면에서 확인할 수 있도록 설계한 여행 상품 예약 화면 예시

2단계: 공통점이 있는 화면은 그룹으로 묶기

프로세스를 화면 단위로 설계했다면 이제는 정리된 화면과 기능을 어떤 기준으로 분류할 것인지를 고민해야 합니다. 예를 들면 [대표 인사말], [찾아오시는 길], [회사 연혁] 화면의 공통점은 모두 기업에 관한 내용이라는 것이므로 [회사 소개]라는 메뉴를 만들어 상위 개념으로 묶을 수 있습니다.

한 가지 더 예를 들어 볼까요? [공지 사항], [일간 소식], [자주 하는 질문], [질문/답변] 등의 기능은 모두 게시판 형태를 띠고 있습니다. 단순하게 생각하면 [게시판]이라는 메뉴명으로 모두 묶을 수도 있지만 [소식(공지 사항, 일간 소식)], [고객 센터(자주 하는 질문, 질문/답변)]과 같이 두 그룹으로 나누어 설계할 수도 있습니다. 그리고 꼭 그룹으로 묶지 않아도 됩니다. 화면 하나에 웹 사이트의 핵심 내용이나 이용자가 꼭 봐야 하는 내용을 담았다면 단독화면으로 메뉴를 만들 수도 있습니다.

비용 산출을 위해 기능 정의서 작성 작업을 선행했다면 그룹화 작업은 더 쉬울 수 있습니다. 이때 기능 정의서에서 작성한 메뉴의 깊이, 즉 뎁스(depth)를 반드시 따라야 하는 것은 아닙니다. 웹 사이트의 전체 기능이 한눈에 잘 들어오는지, 서비스 특징이 잘 드러나는지를 염두에 두고 그룹화해야 합니다. 그룹화가 끝나면 웹 사이트의 윤곽이 드러납니다.

회원가입	회사 소개	판매 상품	이벤트	고객센터
약관 동의	회사 소개	Outer		공지사항
회원가입	대표 인사말	Top		커뮤니티
가입 완료	회사 연혁	Bottom		자주하는 질문
		Skirt		상품 문의
		Dress		

연결된 화면과 기능, 공통점이 있는 화면, 내용이 중요해서 상위 메뉴로 설계해야 하는 화면 등을 기준으로 그룹화를 진행하면 웹 사이트 구조의 윤곽이 보입니다.

3단계: 웹 사이트의 구조를 문서로 만들기

이 단계까지 왔다면 웹 사이트의 구조를 만드는 기본 작업을 완료한 것입니다. 이제는 문서로 정리해 재검토할 차례입니다. 웹 사이트의 구조를 문서로 만들어 의뢰인, 웹 디자이너, 웹 퍼블리셔, 웹 개발자에게 전달해 그 웹 사이트의 전체 모습이 어떠한지, 작업량은 얼마나 되는지 대략 예상할 수 있게 합니다.

웹 사이트의 구조 문서에 설계된 화면은 기획자에게는 화면 정의서로 설계할 화면이고, 디자이너에게는 디자인할 화면이며, 퍼블리셔에게는 퍼블리싱해야 할 화면, 개발자에게는 개발할 화면을 뜻합니다. 웹 사이트 구조의 문서 양식은 다양하지만 기본적인 정리 방법을 소개합니다. 다음 표처럼 상하 관계를 고려하여 화면 경로를 뎁스로 구분하면 됩니다.

NO	Depth1	Depth2	Depth3
1	메인	-	-
2		-	-
3	로그인	-	-
4	회원가입	약관 동의	-
5		가입 정보 입력	-
6		본인인증 팝업	-
7	회사 소개	라라마켓 소개	-
8		대표 인사말	-
9		찾아오시는 길	-
10		연혁	-
11	스타일 숍	상품 카테고리	리스트
12			상세
13	오픈 숍	상품 카테고리	리스트
14			상세
15	상품 리뷰	목록	-
16		글쓰기(팝업)	-
17	이벤트	진행중인 이벤트	리스트
18			상세
19		당첨자 발표	리스트
20			상세
21	고객센터	공지사항	리스트
22			상세
23		커뮤니티	리스트
24			상세
25			글쓰기
26		자주 하는 질문	-
27		아이디 찾기	-
28		비밀번호 찾기	-

웹 사이트의 구조 문서 양식 예시

4단계: 웹 사이트 맵 만들기

웹 사이트의 구조 문서가 작업자가 보는 문서라면, 웹 사이트 맵은 이용자가 보는 문서입니다. 이용자가 원하는 메뉴를 한 번에 찾게 해주는 지도 역할을 하는데, 형태는 웹 사이트의 구조 설계의 약식이라고 생각하면 됩니다. 이를 기반으로 사이트 맵을 만들 때는 이용자가 한 번 클릭으로 접근할 수 있는 메뉴 또는 특정 프로세스를 기준으로 작성합니다. 더 깊이 있게 세분한 화면까지 연결해 줄 수도 있지만, 많은 내용을 담으면 웹 사이트 맵이 복잡해져서 오히려 불편합니다. 따라서 웹 사이트 맵에서는 이용자가 원하는 정보를 찾을 수 있는 실마리만 제공한다고 생각하면 됩니다. 웹 사이트 맵을 만드는 과정을 간단히 소개합니다.

웹 사이트 맵 만들기

❶ 완성한 웹 사이트의 구조에서 목록, 상세, 작성 화면 등 세부 화면을 제외하고 메뉴만 남기세요.

❷ 클릭 한 번으로 접근할 수 없는 화면이나 특정 절차를 거쳐야 접근할 수 있는 화면을 제외하세요.

　예 • 결제 화면은 구매할 상품을 선택하지 않으면 접근할 수 없음

　　 • 회원 가입 완료 화면은 회원 정보를 작성해야 접근할 수 있음

NO	Depth1	Depth2	Depth3
1	메인	-	-
2		-	-
3	로그인	-	-
4	회원가입	약관 동의	-
5		가입 정보 입력	-
6		본인인증 팝업	-
7	회사 소개	라라마켓 소개	
8		대표 인사말	
9		찾아오시는 길	
10		연혁	-
11	스타일 숍	상품 카테고리	리스트
12			상세
13	오픈 숍	상품 카테고리	리스트
14			상세
15	상품 리뷰	목록	-
16		글쓰기(팝업)	-
17	이벤트	진행중인 이벤트	리스트
18			상세
19		당첨자 발표	리스트
20			상세
21	고객센터	공지사항	리스트
22			상세
23		커뮤니티	리스트
24			상세
25			글쓰기
26		자주 하는 질문	-
27		아이디 찾기	-
28		비밀번호 찾기	-

회색 글자는 제외한다는 뜻입니다.

❸ 남은 메뉴를 표나 트리 구조로 정리하면 우리가 흔히 보는 형태의 웹 사이트 맵이 됩니다.

남은 메뉴를 트리 구조로 정리하기

웹 사이트 맵의 메뉴를 클릭하면 연결되는 화면은 대부분 해당 메뉴 아래 첫 번째에 있지만, 메뉴의 특성에 따라 두 번째 또는 세 번째 화면 등 같은 그룹 내 다른 하위 메뉴로 연결할 수도 있습니다. [고객 센터]를 클릭하면 바로 아래 하위 메뉴인 [공지 사항]이 아니라 [자주 하는 질문]으로 연결되는 것처럼 말이죠.

01-5 기획에 필요한 4가지 주요 문서

여행을 떠나기 전 우리는 먼저 계획을 세우고 준비합니다. 이동 수단, 숙소, 여행 코스 등 여행을 순조롭게 하려고 미리 준비하는 것이죠. 웹 사이트를 구현할 때에도 마찬가지입니다. 계획과 준비를 잘한 만큼 시행착오를 최소화하고 웹 사이트를 순조롭게 제작할 수 있습니다. 이번 절에서 소개하는 4가지 문서는 웹 사이트를 구현할 때 계획과 준비 단계에 반드시 필요합니다. 모두 기획자가 하는 업무인 만큼 작성 방법을 꼭 익혀 두세요.

문서 1 기능 정의서

기능 정의서는 웹 사이트를 제작할 때 필요한 주요 기능을 정리해 놓은 문서입니다. 기능 정의서가 필요한 가장 큰 이유는 구현할 웹 사이트의 규모나 기능을 빠르게 알아보기 위해서인데요.

▌기능 정의서를 작성하는 목적

❶ 의뢰사와 제작사가 하나의 기능을 서로 다르게 이해하지 않도록 합니다

설명하는 사람과 듣는 사람 사이에 이해하는 정도에 차이가 있을 수 있습니다. 예를 들어 의뢰자는 시원한 바다를 생각하면서 "시원한 스타일로 디자인해 주세요!"라고 했는데, 작업자는 시원한 바람이 불어오는 산을 떠올리며 디자인할 수 있습니다. 이러한 생각의 차이를 좁히기 위해 본 작업, 즉 화면 설계, 디자인, 퍼블리싱, 개발에 들어가기 전에 의뢰자와 작업의 생각이 일치하는지 점검하는 차원에서 기능 정의서를 작성해야 합니다.

❷ 기능 정의서를 기준으로 비용을 산출합니다

제작사는 의뢰받은 웹 사이트를 만들기 전에 기능의 난이도와 업무량에 따라 제작비를 산출합니다. 웹 사이트를 제작한 경험이 많으므로 기능 정의서만으로도 어떤 기능을 구현하고 싶은지, 구현하는 데 난이도는 어느 정도인지, 시간이 얼마만큼 걸리는지 대략 알고 있습니다. 따라서 기능 정의서에 작성한 기능을 기준으로 웹 사이트 제작 비용을 산출하면 됩니다. 의뢰사 역시 기능 정의서와 예산을 비교해 보면서 기능 가짓수를 늘리거나 줄이는 등 기능 범위를 재산정할 수 있습니다.

❸ 작업 기간을 산출해 볼 수 있습니다

앞에서 말했듯이 제작사는 기능 정의서의 내용을 토대로 작업 기간을 가늠할 수 있습니다. 의뢰사는 언제나 완료 시점을 궁금해합니다. 완료 시점에 맞추어 마케팅, 제품 소싱, 영업 활동, 사업 제안 등 진행해야 할 업무가 많기 때문입니다. 이렇게 미리 산출한 일정을 토대로 의뢰사는 사업 스케줄을 점검해 볼 수 있습니다.

② 기능 정의서 작성하기

기능 정의서를 작성하는 방법은 한 화면의 주요 기능을 하나씩 정리하는 것입니다. 아직 화면이 그려지지 않은 상태에서 화면을 유추하며 기능을 정리해야 하는 어려운 상황이죠. 화면을 유추하기 어렵다면 연습장에 화면을 그려 보면서 정리하는 방법도 있고, 비슷한 웹 사이트를 벤치마킹하는 것도 도움이 됩니다. 그리고 기능 정의서는 앞서 배운 01-4절 웹 사이트의 구조 설계하기에서 설명한 '웹 사이트의 구조 문서'를 기준으로 하면 더 쉽게 작성할 수 있습니다.

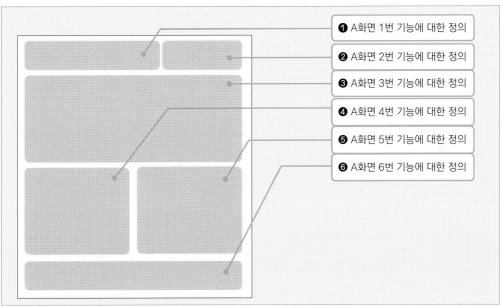

기능 정의서는 한 화면의 주요 기능을 하나씩 정리합니다.

번호	기능 Code	Depth	기능명	구현 대상		작업 요소			관리자 연동	기능 정의
				PC Web	Mobile Web	디자인	퍼블리싱	개발		
1	front-gnb-01	GNB	GNB	○	○	○	○	○	X	- 모든 페이지 상단 출력 - 바로가기 링크 및 서브 타이틀 로그인 전, 후 기준 항목 구성
2	front-gnb-02	GNB	Sub memu	○	○	○	○	○	○	- 모든 페이지 상단 출력 - 스타일 숍 카테고리 서브 메뉴 별 Admin 지정 상품 호출 - 오픈 숍 카테고리 서브 메뉴 별 최근 등록 상품 호출
3	front-main-01	Main	검색	○	○	○	○	○	X	- 검색 범위 → 스타일 숍, 오픈 숍 내의 상품 검색 → 상품명, 상품 설명에 일치하는 검색어가 포함된 상품 검색
4	front-main-02	Main	Main Slide Banner	○	○	○	○	○	○	- 관리자의 배너 관리 메뉴에서 등록한 배너 → 왼쪽에서 오른쪽으로 슬라이드 이동
5	front-main-03	Main	공지사항	○	X	○	○	○	X	- 공지사항 게시글 호출 → 최근 작성된 공지글 5개 → 클릭 시 해당 게시글 상세화면 이동
6	front-main-04	Main	커뮤니티	○	X	○	○	○	X	- 커뮤니티 게시글 호출 → 최근 작성된 커뮤니티 글 5개 호출 → 클릭 시 해당 게시글 상세화면 이동
7	front-main-05	Main	상품 리뷰	○	X	○	○	○	X	- 상품리뷰 게시글 호출 → 최근 작성된 상품평 5개 호출 → 클릭 시 해당 게시글 상세화면 이동
8	front-main-06	Main	스타일 숍 신상품	○	○	○	○	○	X	- 스타일 숍 카테고리에 최근 등록된 상품 호출 → 5개*2줄 호출 (화면 기획 및 디자인 시 호출되는 상품 수 변경될 수 있음) → 상품 이미지, 상품명 클릭 시 상세 화면 이동

❶ 기능 코드

기능별로 코드 이름을 부여하면 문서로 의사소통할 때 편리합니다. 코드 대신 행 번호나 기능 이름으로 의사소통하기도 합니다. 코드 이름은 일반적으로 이용자 화면과 관리자 화면을 구분하고, 각 화면의 메뉴 이름(영문)과 번호를 조합하여 생성합니다.

규칙	이용자(front)/관리자(back) 화면 - 메뉴 이름 - 번호
예시	front - Join - 01
해석	이용자 화면의 회원 가입 화면에서 첫 번째 기능

❷ 뎁스, 기능명

'예제로 작성된 기능 정의서'의 뎁스는 1단계만 작성되어 있지만, 하위 단계가 더 있다면 뎁스 2, 뎁스 3... 이런 식으로 열을 추가해 작성하세요.

뎁스	기능이 위치한 화면의 경로를 뎁스로 작성합니다. 웹 사이트의 구조 문서를 기준으로 작성하세요.
기능명	경로에 위치한 화면을 구성하는 기능에 이름을 짓습니다. 프로그램과 연결되지 않는 단순 문구는 제외합니다.

❸ 구현 대상, 작업 요소, 관리자 연동

작업 요소를 표기하면 단순히 디자인만 하면 되는지, 개발까지 필요한 화면인지 쉽게 구분할 수 있습니다. 그 외 관리자 연동 여부 등 웹 사이트의 특성에 따라 다양한 항목을 추가하면 작업자들이 작업 범위를 더욱 명확하게 판단할 수 있습니다. 필수 작성 사항은 아니므로 필요에 따라 작성하면 됩니다.

❹ 기능 정의

기능 정의는 작업자가 어떤 기능인지 유추할 수 있도록 간결하게 작성하면 됩니다. 웹 사이트 화면을 연습장에 그려 보고, 기능을 최소 단위로 구분해 놓으면 정의하는 데 도움이 됩니다.

기능 정의서 작성을 마친 후에는 기능 제한이나 예외 사항을 정리해야 합니다. 기능을 어느 수준까지 제공하는지, 어떤 경우에만 사용할 수 있는지 등의 사용 범위를 정하는 것입니다. 예를 들어 '상품 리뷰는 누구나 쓸 수 있는 걸까요?', '상품 배송비는 무조건 고객 부담인가요?', '언제나 반품할 수 있나요?' 등의 사항을 조율하려면 기능의 이용 범위나 웹 사이트 전체 운영 기준이 필요한데요. 이러한 정의를 모두 담고 있는 문서가 바로 '정책 정의서'입니다.

문서 2 · 정책 정의서

웹 사이트 제작에서 정책은 기능 정의서에 정의한 기능에 일정한 이용 제한을 두거나, 특정한 경우에만 사용할 수 있도록 설정하는 것을 말합니다. 제품을 구매하고 리뷰를 작성하려는데 기간이 만료되어 작성하지 못했거나, 회원 가입은 했지만 회원 등급 미달로 게시판 글을 볼 수 없거나 글을 작성하지 못한 경험이 있나요? 리뷰나 게시판은 특정한 제한이 없다면 누구나 글을 작성할 수 있는 형태로 개발하지만, 게시판 운영 정책을 세워 상품을 구매한 회원이나 로그인한 회원만 글을 작성하도록 개발할 수도 있습니다. 배송에 관한 사항, 교환/환불에 관한 사항, 상품 구매에 관한 사항 등 기능 설정의 범위도 다양합니다.

■ 정책 정의서를 작성하는 목적

다양한 제한 사항과 설정 사항을 기획자나 운영자가 모두 외우기는 어렵습니다. 그리고 매번 신규 정책을 각 담당자들에게 공유하기도 어렵고, 구두로 정책 내용을 전달하다 보면 저마다 해석이 달라 업무 충돌이 발생하기도 합니다. 그래서 웹 사이트에 설정해 놓은 정책을 기록하고 문서로 공유하기 시작했는데요. 우리는 이것을 '정책 정의서'라고 합니다. 정책 정의서에 운영 기준을 명료하게 정의해 놓아야 웹 사이트 관리자가 여러 명이거나 담당 관리자가 바뀌어도 고객에게 동일한 경험을 제공할 수 있습니다.

❷ 정책 정의서 작성하기

정책 정의서는 양식이 자유롭습니다. 워드, 엑셀, 파워포인트, 클라우드 문서 등 조직에서 관리하기 편한 도구를 선택하여 자유롭게 작성하면 됩니다. 여기에서는 흔히 사용하는 방법을 예시로 들어 보겠습니다.

번호	❶ 정책 code	❷ 정책명	세부 항목	❸ 내용	❹ 정책
1	P-front-join-01	회원가입 정책	가입 범위	미성년자 가입 가능 여부	가입 가능
2	P-front-join-02	회원가입 정책	가입 범위	외국인 가입 가능 여부	불가 (외국인 가입 기능 제공하지 않음)
3	P-front-join-03	회원가입 정책	약관동의	서비스 이용약관 필수 동의 여부	필수 동의
4	P-front-join-04	회원가입 정책	약관동의	개정정보 처리 방침 동의 여부	필수 동의
5	P-front-join-05	회원가입 정책	약관동의	개인정보처리 위탁 동의 여부	필수 동의
6	P-front-join-06	회원가입 정책	약관동의	마케팅 정보 제공 동의 여부	선택 동의
7	P-front-join-07	회원가입 정책	가입서 작성	이름 작성 정책	- 한글 5글자 이내(영어 불가) - 필수 작성
8	P-front-join-08	회원가입 정책	가입서 작성	아이디 생성 규칙	- 중복 확인 진행 - 영문, 숫자 조합으로, 6~20자 이내로 생성 가능 (대소문자 구별, 한글, 특수문자 사용 불가) - 필수 작성

❶ 정책 코드

기능 정의서에서 배운 것처럼 코드를 부여해도 좋습니다. 만약 기능 정의서와 정책 정의서에 부여한 코드를 화면 정의서에 모두 기록해야 한다면 서로 중복되지 않아야 합니다. 이런 경우에는 기능 정의서와 정책 정의서를 구분할 수 있는 구분값을 추가하는 것이 좋습니다.

문서	예시	설명
기능 정의서	F - front - Join - 01	기능을 의미하는 function의 첫 글자를 이용해 코드를 구분합니다.
정책 정의서	P - front - Join - 01	정책을 의미하는 policy의 첫 글자를 이용해 코드를 구분합니다.

❷ 정책명, 세부 항목

정책명은 웹 사이트 내에서 특정 목적을 수행하는 프로세스 단위를 기준으로 정합니다. 예를 들면 회원 등록의 목적이 있는 회원 가입 프로세스는 '회원가입 정책', 상품 구매 목적이 있는 상품 구매 프로세스는 '상품 구매 정책'으로 정합니다. 세부 항목은 프로세스 단위의 하위 개념으로 정책을 세부적으로 구분하기 위해 필요합니다.

❸ 정책 내용, 정책

앞의 정책명과 세부 항목으로 정해 놓은 정책 영역 가운데 어떤 사항을 정책으로 정할 것인지를 '내용' 항목에 작성하고, 확정할 정책을 '정책' 항목에 작성합니다. 예를 들면 다음과 같이 프로그래밍하여 포인트 적립 및 사용에 제한을 둘 수 있습니다.

내용		정책
포인트 적립	0 ~ 49% 할인 상품	결제 금액의 2% 적립
	50% 이상 할인 상품	적립금 제공하지 않음
포인트 사용	0 ~ 49% 할인 상품	최소 1,000원 ~ 최대 10,000원까지 100원 단위로 사용 가능
	50% 이상 할인 상품	적립금 사용 제한

❹ 게시판 정책 예시

게시판 사용 정책처럼 일정한 규칙이 정해지면 다음처럼 표로 구성하는 것이 좋습니다. 또한 접근 권한을 기호로 구분하면 글로 작성한 것보다 전달력이 좋습니다.

게시판명	이용 권한			
	항목	관리자	로그인 이용자	미로그인 이용자
공지사항	보기	○	○	○
	쓰기	○	X	X
	수정	○	X	X
	삭제	○	X	X
포인트 사용	보기	○	○	○
	쓰기	○	○	X
	수정	○	○	X
	삭제	○	○	X

게시판 이용 권한 정책 정리 예시

❸ 정책 정의서를 작성할 때 유의 사항

정책은 한 번에 모두 정의할 수 없습니다. 시간이 지나 더 좋은 방안이 생각나기도 하고, 화면 정의서를 작성하거나 개발자가 웹 사이트를 개발하다 보면 예상하지 못한 사항을 발견할 수도 있습니다. 따라서 정책 정의서는 일정한 주기로 업데이트해야 합니다. 그래도 개발 단계 전까지는 정책 정의를 최대한 완료할 수 있어야 합니다. 중간에 정책이 바뀌면 작업 시간이 배로 늘고, 전체 제작 일정도 크게 지연될 수 있기 때문입니다.

웹 사이트의 구조 설계와 기능 정의서, 정책 정의서를 작성했다면, 실제 웹 사이트의 모습은 아직 만들지 않았어도 어떻게 구현하면 될지 머릿속에 그릴 수 있습니다.

문서 3 · 화면 정의서

화면 정의서는 앞서 배운 '기능 정의서', '정책 정의서'에서 작성한 내용을 기준으로 웹/앱화면을 설계하는 문서입니다. 화면 정의서에는 이용자가 접할 UI 설계와 디자이너, 퍼블리셔, 개발자가 작업할 내용까지 상세하게 담겨 있습니다. 기획자가 작성하는 문서 가운데가장 중요한 만큼 완성하기까지 오래 걸립니다. 화면 정의서의 중요성과 작성 방법은 2장에서 자세히 다루므로 간단히 소개만 하고 넘어 가겠습니다.

 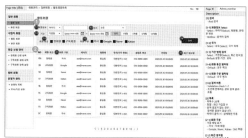

문서 4 · 일정 산출표

일정 산출표(work breakdown structure, WBS)는 웹 사이트를 제작하려고 자세하게 계획하는것을 말하며, '업무 분류 체계'라고도 합니다.

1 일정 산출표를 작성하는 목적

계획을 세우는 이유는 크게 2가지입니다. 첫째, 웹 사이트의 제작 완료일을 예측하기 위해서입니다. 이때에는 화면별 기획, 디자인, 퍼블리싱, 개발, 테스트 등 필요한 업무의 작업 기간을 합산하여 최종 완료일을 산출합니다.

둘째, 웹 사이트의 제작 완료일에 맞춰 세부 계획을 세우기 위해서입니다. 이미 운영해 오던 웹 사이트에서 일부 기능을 개선하거나 새로운 기능을 추가하는 경우를 생각해 봅시다.예를 들어 법이 개정되어 회원 가입 프로세스를 변경해야 하는 경우, 신상품 출시에 맞춰전사 차원에서 협의한 목표 날짜가 있는 경우, 경쟁 업체보다 먼저 새로운 기능을 선보여야 하는 경우 등이 있습니다. 이런 경우에는 업무량이 넘쳐도 날짜를 하루도 미루기 어렵습니다. 그래서 사전에 해야 할 작업의 업무량과 난이도 등을 분석하여 인력과 대응 방안을 충분히 준비해야 합니다.

② 일정 산출표 작성하기

일정 산출표는 다음 예시처럼 기획, 디자인, 퍼블리싱, 개발, 테스트의 5가지 업무 영역별로 구분하여 각각 업무 목록, 업무 시작일, 완료 예정일, 완료 여부, 담당자 항목을 만들어 작성합니다.

업무 파트	업무 리스트 ①	업무 시작일 ②	완료 예정	완료 여부	담당자	10월
						1일 2일 3일 4일 5일 6일 7일 8일 9일 10일 11일 12일 13일 14일 15일 16일
기획	요구사항 분석	2022-10-04	2022-10-07	완료	홍길동K	
	업무 List Up	2022-10-11	2022-10-11	완료	홍길동K	
	자료 및 통계 조사	2022-10-12	2022-10-14	완료	홍길동K	
	밴치마킹	2022-10-17	2022-10-19	완료	홍길동K	
	기능 정의서 작성	2022-10-20	2022-10-24	완료	홍길동K	
	정책 정의서 작성	2022-10-25	2022-10-27	-	홍길동K	
	화면정의서 > GNB 설계	2022-10-28	2022-10-28	-	홍길동K	
	화면정의서 > 메인화면 설계	2022-10-31	2022-11-04	-	홍길동K	
	화면정의서 > 회원 가입 설계	2022-11-07	2022-11-10	-		
	⋮	⋮	⋮			
	화면정의서 > SMS, Mail 메시지	2023-02-01	2023-02-02	-	홍길동K	
	기능 및 정책 정의서 작성 보완	2023-02-03	2023-02-03	-	홍길동K	
디자인	메인	2022-11-07	2022-11-10	-	김철수D	
	회원가입	2022-11-11	2022-11-16	-	김철수D	
	⋮	⋮	⋮			
	Mail 폼 디자인	2023-02-06	2023-02-10	-	김영희D	
퍼블리싱	메인	2022-11-11	2022-11-16	-	홍퍼블D	
	회원가입	2022-11-17	2022-11-18	-	홍퍼블D	
	⋮	⋮	⋮			
	Mail 폼 퍼블리싱	2023-02-13	2023-02-17	-	김리싱K	
개발	개발 환경 세팅	2022-11-01	2022-11-18	-	김개발C	
	회원가입	2022-11-21	2022-11-30	-	김개발C	
	⋮	⋮	⋮			
	시점별 메일 발송 개발	2023-02-20	2023-02-24	-	김프로C	
테스트	이용자 화면 테스트	2023-03-27	2023-04-07	-	김이용D	
	관리자 화면 테스트	2023-04-03	2023-04-21	-	백관리D	

Work Breakdown Structure

일정 산출표(WBS) 작성 예시

① 업무 영역 구분하고, 업무 목록 만들기

일정표를 만들려면 먼저 웹 사이트를 제작할 때 필요한 모든 과정을 고려하여 기획, 디자인, 퍼블리싱, 개발, 테스트(QA) 등 분야별로 각각 구분해서 진행할 업무를 나열합니다. 각 단계별 업무를 세세하게 구분할수록 일정을 더욱 정확히 산출할 수 있으며, 관리하기도 수월합니다. 만약 실수로 업무가 누락되거나 해야 할 업무를 미처 기록하지 못했다면, 그만큼 구현하는 데 필요한 시간이 줄어들기 때문입니다.

작성 순서는 기획 영역 업무를 먼저 산출하면 이를 기준으로 각 부서의 실무자 또는 팀장이 나머지 영역의 내용을 작성합니다.

② 업무 시작일, 완료 예정일 산출하기

업무 목록을 나열했다면 업무 시작일, 완료 예정일을 작성합니다. 업무는 꼭 순차적으로 진행해야 하는 것은 아닙니다. 업무의 진행도에 따라 디자인과 퍼블리싱 또는 퍼블리싱과 개발 업무를 동시에 진행할 수도 있습니다. 기획자라면 각 업무의 특징을 잘 이해하여 전체 일정을 단축할 방법을 고민해야 합니다. 업무 시작일과 완료 예정일을 작성하면 업무가 고르게 할당됐는지 담당자별 업무 비중을 파악하는 데에도 용이합니다. 화면 정의서의 일정 산출은 5일간 설계할 수 있는 화면 수를 체크해 하루 평균 작성할 수 있는 화면 수로 계산합니다.

업무 협업 도구를 도입하지 않은 기업은 보통 구글 스프레드시트나 엑셀로 일정 관리를 합니다. 엑셀로 일정 관리를 한다면 일정이 변경되거나 추가 업무를 업데이트해야 할 때 수정량이 많아지므로 비효율적입니다. 일정을 수정하는 데만 하루를 다 보낼 수도 있으니까요. 이러한 비효율적인 사항을 개선하기 위해 최근 많은 기업에서 지라(Jira)나 트렐로(Trello) 등의 프로젝트 관리 도구를 사용하곤 합니다.

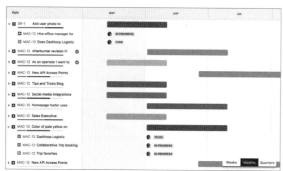

지라 소프트웨어 홈페이지(www.atlassian.com/software/jira)   트렐로 홈페이지(www.trello.com)

❸ 일정은 협업하여 작성하기

프로덕트 매니저(product manager, PM) 또는 기획자가 전체 일정을 세울 수도 있지만 디자인, 퍼블리싱, 개발 일정은 각 실무 담당자가 작성한 뒤 하나로 취합해 관리하는 것이 효과적입니다. 최종 완료일을 확정할 때에는 취합한 일정에 여유 기간을 더하는 것이 좋습니다.

지금까지 알아본 기능 정의서, 정책 정의서, 일정 산출표의 문서 내용과 양식(form)은 웹 사이트 제작 과정에서 업무를 효율적으로 진행하기 위해 자연스럽게 만들어졌습니다. 즉, 기획하는 웹 사이트에 맞게 문서 양식을 변화하고 발전시켜 사용할 수 있다는 것을 의미합니다.

공수가 얼마나 들까요?

3 맨먼스 정도 될 것 같은데요!

IT 업계에서 일하다 보면 자주 오가는 대화입니다. 맨먼스란 한 사람이 한 달 동안 일할 수 있는 업무량을 말합니다. 주말을 제외하고 한 달에 평균 22일 근무하는 것을 기준으로 합니다.

앞의 대화 내용을 풀어 보면, 특정 작업을 하는 데 걸리는 일정을 물어보자 1명이 일할 때 3달 정도 걸릴 것 같다고 대답한 것입니다. 만약 2명이 작업한다면 1.5개월이 필요하겠죠.

이처럼 맨먼스 산정은 특정 웹 사이트를 구현하는 데 몇 개월 정도 걸리고, 인원은 몇 명 필요한지를 측정할 때 사용합니다. 그리고 측정한 개월 수와 인원 수로 제작 비용도 예측할 수 있습니다.

업무 내용	웹 사이트의 이용자 화면 설계하기
기획자 수	1명(한 달 임금 500만 원 기준)
제작 기간	3개월
제작 비용	총 1,500만 원(500만 원 × 1명 × 3개월 = 1,500만 원)

맨먼스 산정 예시

문서 이름 짓고 버전 관리하기

앞서 배운 것처럼 웹 사이트를 완성하려면 여기에서 소개한 문서 외에도 여러 종류를 작성하는데, 많은 문서를 다뤄야 하니 통일성 있게 관리하는 것도 중요합니다. 문서의 이름만 보아도 '이 문서는 어떤 웹 사이트의 어디에 사용한 문서구나!'처럼 단번에 알 수 있도록 말이죠. 그래야 자신도 찾아보기 쉽고, 문서를 공유받은 다른 작업자도 헷갈리지 않습니다.

1 문서 이름 만들기

기획자가 작성한 문서는 대부분 팀원과 공유합니다. 기획자 혼자 작업한다면 문서 이름을 자신만 알아볼 수 있게 만들어도 상관없겠지만 웹 사이트 제작은 협업이 기본이므로 팀원들이 어떤 문서를 받았는지, 또한 받은 문서가 최신 문서인지 알 수 있어야 합니다. 협업하는 사람들과 문서 이름 짓는 규칙을 정하지 않았거나, 회사에 정해 놓은 규칙이 없다면 다음 방법을 기본 규칙으로 사용해 보세요.

| 규칙 | 웹 사이트 이름 | 문서의 종류 | 버전 | 작성 일자 | .pptx |

규칙 웹 사이트 이름① 문서의 종류② 버전③ 작성 일자④.pptx

예시 Doit! 웹 기획_기능 정의서_v0.01_240101.pptx

① 웹 사이트 이름: 웹 사이트 이름을 아직 확정하지 않았다면 임시 이름을 넣습니다. 이후 화면 정의서를 작성하면서 웹 사이트 이름이 정해졌을 때 수정합니다. 이니셜을 사용해 만들어도 됩니다.

② 문서의 종류: 웹 사이트를 제작하려면 화면 정의서뿐만 아니라 기능 정의서, 정책 정의서, 일정 산출표 등 여러 가지 문서가 필요합니다. 이 파일이 어떤 문서인지 구분할 수 있도록 문서의 종류를 작성합니다.

③ 버전: 완성한 버전에 수정 사항이 생기면 기존 문서는 그대로 남겨 두고 복사한 후 버전을 올려서 수정 작업을 합니다.

④ 작성 일자: 문서 작성 완료일을 기준으로 연, 월, 일의 순으로 작성합니다.

❷ 버전 관리

일관된 문서 버전 규칙을 사용하는 기업이 있지만, 정해진 규칙 없이 프로젝트마다 다르게 적용하는 기업도 있습니다. 그러므로 이 책을 읽는 기획자라면 버전 관리 방법을 제대로 알아야 합니다. 예를 들어 버전 0.24에서 웹 사이트를 완성하여 클라이언트에게 산출물을 인수인계할 때는 해당 파일의 버전을 1.0으로 수정합니다. 기능 개선이나 리뉴얼로 웹 사이트를 다시 수정해야 한다면 버전 1.0 문서를 불러와 버전을 0.01씩 높여 가며 작업합니다. 이후 웹 사이트 리뉴얼이 완성되면 버전은 2.0이 됩니다.

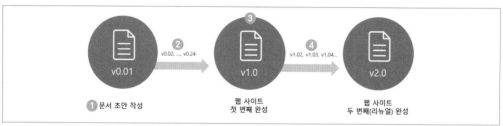

버전 관리 방법

① 문서 초안 버전은 0.01에서 시작합니다.

② 문서를 수정할 때마다 버전을 0.01씩 높입니다. 웹 사이트 제작이 간단하여 수정 사항이 9회 이내라면 0.1씩 늘려도 됩니다. 하지만 대부분의 웹 사이트는 제작을 완료할 때까지 문서 수정이 빈번하게 발생하므로 버전은 0.01씩 높이는 것이 바람직합니다.

③ 웹 사이트 구축을 완료하면 버전은 1.0이 됩니다.

④ 이후 웹 사이트를 리뉴얼할 때마다 버전을 2.0, 3.0...순으로 높입니다.

02

화면 정의 기본 익히기

화면 정의란, 웹 사이트의 구조 문서를 기준으로 이용자에게 제공하는 화면을 하나씩 설계하는 작업을 말합니다. 이 과정은 기능 정의서, 정책 정의서에서 정리한 내용을 포함해 시각적으로 어떻게 보여 줄지 고민하는 단계입니다. 그 결과 완성한 문서가 바로 '화면 정의서'입니다.

이번 장에서는 화면 정의서의 중요성과 의미를 살펴본 후, 화면을 설계할 때 주의할 점과 화면 설계에 필요한 기본 규칙은 무엇인지 알아보겠습니다.

02-1 기획자는 화면 정의서로 말한다

화면 정의서는 스토리보드(storyboard, SB), 화면 기획안, 화면 설계서 등 여러 이름으로 불립니다. 웹 사이트 제작 붐이 일던 2000년대(2004~2010)에는 기획자의 주요 업무인 화면 설계 등이 전문화되지 않아서 웹 사이트를 구현할 때 수많은 시행착오를 겪어야 했습니다. 기획자는 개발자와 불필요한 언쟁을 하거나 비효율적인 수정 과정을 줄이려고 웹 사이트의 설계 방향을 전달하는 문서를 만들기 시작했습니다. 이때 웹 사이트를 표현하는 문서의 형태가 영상 제작에서 사용하던 '스토리보드' 문서와 닮아 IT 용어로 흘러들어 왔고, 이후 화면 기획 영역이 전문화되면서 알맞은 이름을 찾아갑니다. 지금 사용하는 화면 기획안, 화면 설계서, 화면 정의서 등의 이름으로 말이죠.

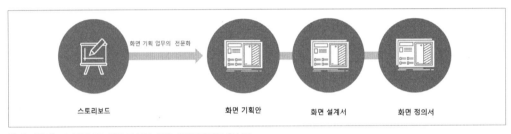

화면 정의서는 스토리보드, 화면 기획안, 화면 설계서라고도 합니다.

이 책에서는 여러 이름 가운데 화면 정의서를 사용하겠습니다. 화면 정의서로 표현한 데에는 이유가 있습니다. 바로 '정의'라는 단어가 들어 있기 때문입니다. 정의란 사전적인 의미로 '어떤 말이나 사물의 뜻을 분명하게 정하여 밝히는 것'을 말하는데, 철학적인 관점에서 해석해 본다면 '다른 사람에게 더 이상 반박받지 않는 것' 정도로 해석할 수 있습니다.

화면 정의서는 사전적 의미와 같이 구현할 사항을 분명하게 정하여 서술하고, 철학적 해석과 같이 '이렇게 구현하면 오류가 생기는 것 아닌가요?'라는 반박이 없어야 한다는 것입니다. 기능 정의서, 정책 정의서 또한 같은 맥락입니다. 이런 의미에서 이 책에서는 '화면 정의서'라는 이름을 사용하겠습니다.

1 화면 정의서는 청사진이다

기획에서 말하는 화면 정의서는 웹 사이트의 기능과 정책 등을 모두 반영한 주요 산출물입니다. 화면 정의서를 작성하는 업무는 작업 툴에서 제공하는 도형으로 웹 사이트 화면과 유사하게 그려 내는 단순한 작업으로 보이지만 실상은 그렇지 않습니다. 기능에 따라 또는 이용자의 이용 행태에 따라 따져 봐야 할 경우의 수도 많고, 모든 기능에 정의를 내려야 하며, 데이터를 저장·순환하는 로직도 고려해서 설계해야 하므로 꽤 까다로운 작업입니다. 이렇게 기획자는 앞으로 발생할 문제점을 미리 고민하여 대책을 세우고, 발생하는 경우의 수를 예상하여 화면 정의서에 모든 해결책을 담아야 합니다. 그래야 다음 작업자가 화면 정의서를 보면서 순조롭게 진행할 수 있으니까요. 만약 이런 작업을 하지 않는다면 설계도가 없는 건축 공사와 같아서 그 대가로 많은 시행착오를 겪습니다. 따라서 웹 디자이너, 웹 퍼블리셔, 웹 개발자는 화면 정의서가 있어야만 웹 사이트를 순조롭게 구현할 수 있습니다.

"이 웹 사이트에서는 이런 서비스를 받을 수 있구나", "이 웹 사이트는 이렇게 동작하는구나!" 등과 같이 화면 정의서는 작업자들이 보고 웹 사이트의 목적과 기능을 이해할 수 있어야 합니다. 이런 의미에서 화면 정의서는 웹 사이트의 청사진이라고 할 수 있습니다.

2 화면 정의서는 작업 지침서다

화면 정의서는 웹 디자이너, 웹 퍼블리셔, 웹 개발자에게 웹 사이트 구현 작업의 시작을 알리는 작업 지침서입니다. 화면 정의서에는 화면을 어떻게 나눌지, 각종 정보는 어디에 배치할지, 다음 화면은 어디로 이어질지 등 웹 사이트의 모든 움직임을 상세히 담아야 합니다. 이때 중요한 것이 하나 있습니다. 이 문서를 보는 작업자가 누구인지 알아야 합니다. 웹 사이트의 모든 기능을 빠짐없이 정리했다 하더라도 나만 이해하고 남에게는 암호 문서 같으면 안 됩니다. 화면 정의서는 다른 작업자들과 소통하는 문서이기 때문에 화면 정의서만 보고 작업해야 하는 웹 디자이너, 웹 퍼블리셔, 웹 개발자의 입장에서 한 번 더 고민해 보는 습관이 중요합니다. 다음 소개하는 3가지 유의 사항을 꼭 읽어 보세요.

❶ 한 번 더 검토하세요!

화면 정의서는 기획자의 산출물이며, 화면 정의서의 내용은 기획자의 업무 숙련도를 말해 줍니다. 실수가 있고 질문이 많이 생긴다면 신뢰를 얻기 어렵습니다. 화면 정의서를 전달하기 전에 반드시 검토하는 습관을 가지세요. 화면 정의서의 작성 일정 계획을 수립할 때에도 작성 기간뿐만 아니라 검토하고 수정하는 기간까지 고려해야 합니다. 특히 본문 설명(description)은 오해하지 않도록 명확하게 작성해야 합니다. 다른 기획자에게 검토를 부탁하는 것도 좋은 방법입니다.

❷ 깔끔하게 작성하세요!

화면 정의서는 기획자의 화면 설계 언어입니다. 보기 좋은 떡이 먹기도 좋습니다. 선과 도형이 작업자의 눈을 가리는 수풀이 되어서는 안 됩니다. 깔끔하게 작성한 문서는 읽어 보기도 전에 신뢰감이 생기기 마련입니다. 신입 기획자의 기획 문서를 보면 하나같이 지저분하다는 생각이 들고, 읽어 보기도 두려운 느낌이 듭니다. 한 화면에 표현하는 내용이 많고 설명도 간결하지 않기 때문입니다. 내용이 많다면 화면을 하나 더 추가해서 작성하면 됩니다. 설명은 한 문장에 한 가지 뜻만 전달되도록 작성하세요.

❸ 작업자를 고민에 빠지게 하지 마세요!

'이 정도는 알아서 하겠지?', '이 정도는 말하지 않아도 알 수 있겠지?'라고 지레짐작하지 마세요. 화면 정의서는 작업 지침서이므로 웹 디자이너, 웹 퍼블리셔, 웹 개발자를 고민하게 하면 안 됩니다. 간혹 화면 정의서의 내용이 어떤 의미인지 이해하기 위해 개발자 간 회의를 열기도 하는데요. 내용을 해석하려고 회의를 한다는 것은 정말 무의미한 일입니다. 화면을 설계할 때에는 작업자들이 질문할 것을 예상해 보면서 질문과 답을 간단히 작성해 두는 것도 방법입니다. 그만큼 예상했고, 고민했다는 증거로 남으니까요.

02-2 화면 정의서의 구성 요소 이해하기

화면 정의서에는 공통으로 적용하는 양식이 있습니다. 기본 구성은 표지, 문서 이력(history), 메뉴 구조도, 본문입니다. 보고, 리뷰, 세미나 등 경우에 따라 기능 정의서, 정책 정의서, 일정 산출표 등의 주요 내용을 문서 이력의 다음 슬라이드에 작성하기도 합니다. 여기에서는 화면 정의서의 가장 기본적인 구성 요소 4가지를 작성하는 방법을 알아보겠습니다. 이 책에서는 마이크로소프트의 파워포인트를 이용해 화면 정의서를 작성합니다.

화면 정의서의 4가지 구성 요소
- 표지
- 문서 이력
- 메뉴 구조도
- 본문

표지

표지에는 화면 정의서 전체에 공통으로 해당하는 항목 위주로 작성하며, 항목은 필요에 따라 추가할 수 있습니다. 특히 버전 표기가 중요합니다. 표지에서는 다른 문서와 헷갈리지 않도록 문서의 최종 버전을 표기해야 합니다.

▶ 항목명이 없어도 작성한 내용을 알 수 있다면 항목명은 생략해도 됩니다. 예를 들면 홍길동 과장, v0.03 이렇게 간단히 표기해도 작성자가 홍길동이고 버전이 0.03인 것을 알 수 있는 것처럼 말이죠.

① 웹 사이트 이름을 작성합니다.
② 문서의 종류를 작성합니다.
③ 작성자, 직급, 버전, 작성 기간 등 항목을 구성하여 필요한 사항을 작성합니다.

문서 이력

웹 기획자가 다루는 문서는 기본적으로 개정 작업이 많습니다. 따라서 화면 정의서의 버전이 바뀔 때마다 어떤 부분을 어떻게 수정했는지 사소한 부분도 모두 기록해야 합니다. 문서 이력을 작성하는 가장 큰 이유는 수정한 내용만 빨리 찾아보기 위해서입니다. 디자이너나 개발자도 문서의 모든 사항을 확인하지 않아도 어느 부분을 수정했는지 쉽게 알 수 있고, 이로써 자신의 작업 영역에 해당하는 부분인지 아닌지 파악할 수 있습니다. 문서 이력은 기본적으로 다음 항목을 기준으로 작성합니다.

① 버전	② 일자	③ 화면 아이디	④ 이력 사항	⑤ 작성자
0.03	2024-02-25	FE-MP-01	• [마이페이지 > 정보 수정 > 개인정보 수정] 마케팅 정보 제공 동의/거부 기능 추가	이정원
0.02	2024-01-17	FE-PL-01	• [상품 목록] 상품 요약 항목 및 장바구니 기능 수정	이정원
0.01	2024-01-10	-	• 초안 작성	이정원

① **버전**: 순서에 맞게 버전을 표기합니다. 0.01부터 시작하고, 상위 버전을 작성하면 가장 위에 계속해서 추가 작성합니다.

② **일자**: 문서 수정을 완료한 날짜를 기록합니다.

③ **화면 아이디**: 수정한 화면의 아이디를 작성합니다. 화면 아이디를 부여하지 않았다면 슬라이드 번호를 작성합니다.

④ **이력 사항**: 버전별로 수정한 내용의 주요 사항을 간략하게 작성합니다.

⑤ **작성자**: 수정 작업을 한 담당자 이름을 작성합니다.

★ 기획자 상식 사전 **버전을 관리할 때 항목 3개를 반드시 일치시켜 주세요!**

버전을 관리할 때에는 파일 이름, 표지, 문서 이력에 있는 버전 3개가 일치하는지 꼭 확인해야 합니다. 버전을 잘못 표기하면 디자이너와 개발자에게 이전 버전의 파일이 전달되어 그동안 애썼던 디자이너와 개발자의 노력을 모두 허사로 만들어 버리는 일이 일어날 수 있기 때문입니다.

개발자는 개발을 다 했다고 하는데 웹 사이트에서 확인해 보니 원하던 내용이 아니었던 적도 있습니다. 알고 보니 서로 다른 버전으로 확인했던 것이죠. 그리고 이전 버전을 새 버전에 덮어씌워 새 버전이 삭제되는 끔찍한 상황도 생길 수 있습니다. 작은 습관이지만 자칫 큰 문제를 예방할 수 있는 것이 바로 버전 관리입니다.

메뉴 구조도

메뉴 구조도는 웹 사이트에 설계할 메뉴를 정리해 놓은 문서입니다. 화면 정의서에서는 '메뉴 구조도'라고 하지만, 이를 이용자가 이용하는 웹 사이트에 표현할 때에는 '웹 사이트 맵'이라는 용어를 사용합니다. 메뉴 구조도는 웹 사이트의 체계를 한눈에 확인할 수 있도록 작성해야 합니다. 보통 화면 정의서를 만들기 전에 이미 설계한 상태이므로 화면 정의서로 그대로 옮겨 오기만 하면 됩니다. 메뉴 구조도가 필요한 이유는 화면 정의서를 보면서 일하는 작업자들이 쉽게 이해할 수 있도록 돕기 위해서입니다. 웹 사이트 전체를 알고 세부 사항을 파악해야 머릿속에 체계가 잡힐 수 있겠죠?

메뉴 구조도는 간단히 표 형태로 작성해도 되고, 여유가 있다면 깔끔하고 한눈에 볼 수 있도록 트리 구조로 표현해도 좋습니다.

회원가입	쇼핑몰 소개	스타일 숍 (상품 카테고리)	이벤트	고객센터
약관 동의	쇼핑몰 소개	Outer	진행중인 이벤트	공지사항
회원가입	대표 인사말	Top	당첨자 발표	커뮤니티
가입 완료	찾아오시는 길	Bottom		자주 하는 질문
	연혁	Skirt		상품 문의
		Dress		아이디 찾기
				비밀번호 찾기

메뉴 구조도 작성 예시

본문

화면 정의서를 본격적으로 작성하는 부분입니다. 다음 그림은 가장 많이 사용하는 본문 양식입니다. 일반적으로 ❶ 화면 경로 및 이름, ❷ 화면 아이디, ❸ 화면 UI 설계, ❹ 디스크립션(화면 설명)으로 구분합니다. 프로젝트 이름과 기능 코드 등은 화면 위쪽의 적당한 위치에 추가하면 됩니다. 작성자, 작성일, 문서 버전 등과 같이 반복되는 항목은 화면 정의서의 도입부에 한 번만 작성하고 본문에서는 작성하지 않는 것이 좋습니다. 문서를 연 사람은 이미 작성자와 작성일, 버전을 알고 있으므로 본문에서는 중요하지 않기 때문입니다.

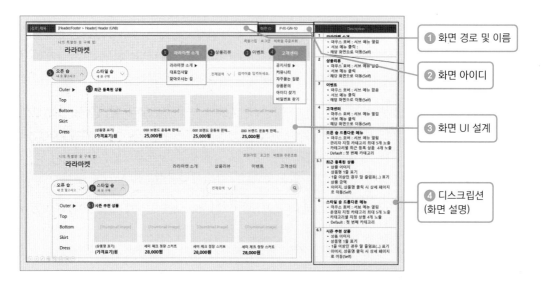

① 화면 경로 및 이름

화면 경로와 이름 영역은 말 그대로 메뉴 구조도에서 화면의 위치와 메뉴에 존재하는 여러 화면 가운데 지금 보고 있는 화면의 이름을 작성하는 공간입니다. 해당 화면에 무엇을 담았고 어떤 기능을 하는지 쉽게 알 수 있도록 이용자 관점에서 이름을 정합니다.

② 화면 아이디

화면 아이디는 화면 정의서 문서에서 해당 슬라이드를 가리키는 고유한 번호입니다. 의류를 구매하면 고유한 품번이 있듯이 화면 슬라이드 각각에 화면 아이디를 부여합니다.

③ 화면 UI 설계

화면 UI 설계는 글, 그림, 표, 도형 등을 사용해서 웹 사이트 화면의 UI를 설계하는 영역입니다. 화면 UI 설계를 할 때 작성한 안내문구, 항목명, 입력박스, 선택박스, 레이아웃 등은 디자인, 퍼블리싱, 개발 작업을 할 때 설계한 그대로 완성되므로, 가안이나 임의로 작성해 놓은 사항이 없어야 합니다.

④ 디스크립션

디스크립션(description)은 화면 UI로 설계한 기능을 명확히 구현하기 위해 설명하는 영역입니다.

이처럼 화면 UI만으로 알기 어려운 부분을 설명하면, 작업자들은 이 내용을 보면서 자신의 업무를 유추할 수 있습니다.

02-3 화면 정의서 작성 방법 익히기

이번 절에서는 화면 정의서의 본문 작성 방법을 화면 아이디 만들기, 화면 UI 설계하기, 화면 설명(이하 디스크립션) 작성 방법으로 나누어 배워 보겠습니다. 레이아웃 작성 방법, 디스크립션 작성 방법은 화면 정의서의 기본기를 배우는 것입니다. 기본기만 잘 갖추어도 화면 정의서를 깔끔하게 정돈하고 생각하는 것을 명확하게 담을 수 있습니다.

본문 작성 순서

화면 정의서는 한 장 한 장씩 완벽하게 완성하는 것이 아니라 웹 사이트의 흐름을 고려해서 모든 화면을 설계한 후 조금씩 구체화하는 방식으로 작성합니다. 웹 사이트는 기차 철로와 같이 일직선이 아니라 지하철의 노선도처럼 체계적이지만 복잡하게 연결되어 있습니다. 그러므로 뒤에서 작성한 내용에 따라 앞의 내용을 수정할 수도 있고, 답안지에 답을 밀려 쓰듯 앞의 내용을 잘못 설계하면 연관된 화면들을 모두 수정하는 일도 빈번하게 발생합니다. 따라서 다음 순서대로 작성하면 생각보다 더 빠르게 화면 정의서를 완성할 수 있을 겁니다.

1단계: 웹 사이트 제작에 필요한 화면을 화면 경로와 화면명만 작성한 채 모두 빈 슬라이드로 생성합니다

화면 경로와 화면 이름만 미리 생성하고 머릿속으로 웹 사이트 지도를 구상합니다. 물론 앞서 메뉴 구조도를 설계했지만 주요 메뉴만 다루었을 뿐 세부 화면까지 구상하지는 않았습니다. 게시판을 목록, 보기, 등록 화면으로 구분한 것처럼 실제 필요한 화면을 구상하다 보면 화면 연결 구조를 파악해서 화면 슬라이드를 생성하므로 누락된 화면을 발견할 수 있습니다. 또한 '이 화면에서 전에 보던 화면으로 돌아갈 수 있을까? 돌아간다면 작성 중인 내용은 임시 저장을 해야 하나?'와 같이 앞뒤 화면 간 이동 여부를 따질 수도 있어서, 기능 정의 단계에서 미처 생각하지 못한 기능을 추가하는 경우도 생깁니다.

2단계: 모든 화면을 순서대로 대략 설계합니다

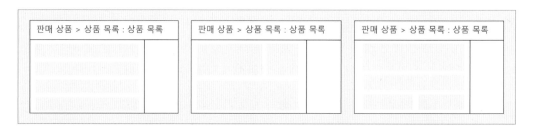

화면은 하나씩 완벽하게 완성하는 것이 아니라고 했죠? 슬라이드가 각각 어떻게 연결되는 지 웹 사이트가 작동하는 흐름에 집중하면서 대략 설계합니다. 설계하면서 떠오르는 아이 디어나 주의 사항은 디스크립션 영역에 간략히 메모합니다.

3단계: 모든 화면의 설명을 대략 작성합니다

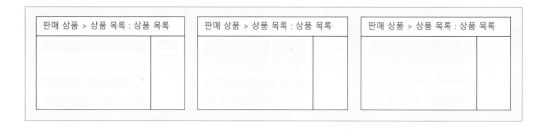

설계가 대략 끝나면 틈틈이 메모한 내용을 검토하여 디스크립션을 작성합니다. 화면에 설계한 모든 기능을 하나씩 설명하되 오래 고민하지 않고 생각나는 대로 빠르게 작성합니다. 때에 따라 정책 정의 단계에서 정의하지 못한 추가 정책을 결정해야 정의할 수 있는 사항도 있습니다. 예를 들어 쇼핑몰이라면 '재고 수량이 없는 상품을 상품 목록에 노출할 것인 지', '장바구니에 담긴 상품은 며칠 보관할 것인지' 등입니다. 이렇게 다시 확인해야 하는 사항은 별도 슬라이드에 일괄 기입하여 회의나 관련 담당자와 함께 정책을 결정합니다.

4단계: 이용 행태를 머릿속으로 실행해 보면서 설계한 레이아웃과 디스크립션을 구체화합니다

| 판매 상품 > 상품 목록 : 상품 목록 | 판매 상품 > 상품 목록 : 상품 목록 | 판매 상품 > 상품 목록 : 상품 목록 |

작성한 화면 정의서를 머릿속으로 진행해 보면서(image training) 오류를 바로잡습니다. 이용자의 이용 행태는 매우 다양하며 기획자가 설계해 놓은 방향으로만 이용하는 것은 아닙니다. '비밀번호는 영문, 숫자, 특수 문자 조합으로 설정'이라는 안내 문구를 작성해 놓아도 읽지 않고 숫자만 입력하는 이용자가 있듯이 말이죠. 이처럼 이용자의 변칙 이용 등 화면에서 일어날 수 있는 모든 이용 행태를 예상하여 상황에 맞게 설계하고 디스크립션을 구체화해야합니다. 그리고 초안 완성을 마치면 같은 방식으로 다시 한 번 검토를 진행합니다.

화면 아이디를 구성하는 방법

화면 아이디는 화면 정의서 문서에서 화면을 설계한 슬라이드를 가리키는 고유한 번호입니다. 슬라이드 번호는 슬라이드가 생성되거나 삭제될 때마다 번호가 변경되므로 고유한 번호로 사용할 수 없습니다.

화면 아이디는 화면 정의서의 양이 적거나(50페이지 이하) 화면 정의서를 완성한 후 더 이상 업데이트하지 않을 계획이라면 굳이 부여하지 않아도 됩니다. 그러나 양이 많거나(50페이지이상) 웹 사이트를 단계별로 구현해야 하는 경우, 지속적인 운영 관리로 웹 사이트를 보완해갈 계획인 경우에는 화면 아이디를 부여해서 업무 효율성을 높일 수 있습니다.

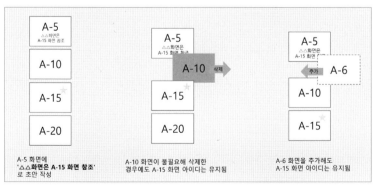

화면 아이디를 부여하면 슬라이드를 추가/삭제해도 화면 아이디는 변하지 않습니다.

화면 아이디는 아이디를 중복해서 사용하지 않는다면 자유롭게 만들 수 있는데, 일반적으로 많이 사용하는 규칙이 있습니다. 큰 개념을 시작으로 작은 개념으로 범위를 축소해 가며, 범위가 줄어드는 단계마다 줄임말을 사용하여 화면의 위치를 유추할 수 있도록 구성하면 됩니다.

❶ 첫 번째 구분값: 화면의 구현 범위로 구분합니다. 화면 정의서로 설계되는 화면이 PC 화면인지 모바일 화면인지 태블릿 화면인지를 구별하기 위해 첫 번째 구분값으로 정합니다.

　⟨예⟩ PC, Mobile, Tablet

❷ 두 번째 구분값: 설계 화면이 이용자 화면(Front-End)인지, 관리자 화면(Back-End)인지를 구분합니다. 보통 웹 사이트를 제작할 때는 이용자가 이용하는 이용자 화면과 이 화면을 관리하는 관리자 화면으로 구성합니다. 이를 구분하기 위해 두 번째 구분값으로 정합니다.

　⟨예⟩ Front-End, Back-End

❸ 세 번째 구분값: 설계 화면의 화면 이름을 영문화하여 구분값으로 사용합니다. 특별한 기능이 없는 이미지와 글로 구성된 화면은 ○○○-Page로, 게시판처럼 글 목록, 글 작성, 글 보기 화면으로 나누어진 경우 ○○○-List, ○○○-Write, ○○○-View와 같이 세분하여 구분합니다.

　⟨예⟩ Main-Page, Goods-List, Goods-View, Notice-List, Notice-View, Notice-Write

❹ 네 번째 구분값: 웹 사이트의 한 화면을 설계할 때 여러 슬라이드로 나누어 설계할 수 있습니다. 따라서 같은 화면을 나누어 설계할 때 이를 구분할 수 있는 값을 정합니다. 예시는 숫자로 구성했지만, 꼭 숫자를 사용하지 않아도 됩니다. 중요한 것은, 다른 아이디와 겹치지 않게 구성하는 것이니까요.

이렇게 화면 아이디를 구성하는 방법을 알았다면 앞에서 예시로 작성한 'M-FE-GL-10'의 화면 아이디가 무엇을 뜻하는지 이해할 수 있을 것입니다. 모바일(M) 이용자 화면(FE)의 상품 목록 화면(GL) 정의 내용 가운데 첫 번째(10)로 정의한 화면 정의서의 내용이라는 뜻이 됩니다.

네 번째 구분값을 숫자만으로 구성할 때 10단위로 구분하세요!

네 번째 구분값을 숫자만으로 구성할 때는 10단위로 구분하는 것이 용이합니다. A-10, A-20, A-30처럼 말이죠. 중간에 페이지를 추가할 경우를 대비해서 중간에 예비 아이디를 9개 구성해 놓기 위해서입니다. 사실 화면 아이디에 숫자를 사용한다고 하여 그것이 화면의 순서를 의미하는 것은 아니지만, 대부분의 사람들은 화면의 순번으로 착각할 수가 있습니다. 그래서 A-1, A-2, A-3과 같이 아이디를 정하고 화면을 설계할 때 A-1과 A-2 사이에 A-4를 부여하여 화면을 추가하면 A-1, A-4, A-2, A-3의 화면 순서로 배열됩니다. 이럴 때 IT 경험이 없는 사람이라면 기획자가 실수로 화면 아이디를 잘못 부여했다고 오해할 수 있습니다. 개발자에게 'A-4 화면 참고하여 수정해 주세요.'라고 요청한 경우 A-3 다음 슬라이드부터 A-4 화면을 찾거나, A-3 다음 슬라이드를 보고 수정하는 사태가 발생할 수 있습니다. 그래서 A-10, A-20, A-30과 같이 10단위로 구성하면 나중에 추가할 화면이 생겨도 A-10, A-11, A-20, A-30과 같이 작은 수에서 큰 수로 이동하는 흐름은 지킬 수 있습니다.

레아아웃의 설계 요령 9가지

1️⃣ 레이아웃 설계는 검정 계열 색상만 사용하세요

레이아웃 설계는 검정 계열 외에 다른 색상은 사용하지 않는 것이 좋습니다. 우리는 설계만 할 뿐 디자인 작업을 하는 것이 아니기 때문입니다. 간혹 프로토타입을 작성할 때 색을 사용하는 경우도 있습니다. 이는 분위기를 대략 알아보기 위한 문서로 화면 정의서와는 의미가 다릅니다.

색은 의미를 구분하거나 예외 상황을 표현할 때 제한적으로 사용하세요. 여러 가지 색상을 사용하면 디자이너는 이 색상으로 디자인해 달라고 요구한 것인지, 단순히 의미를 강조한 것인지 헷갈려 합니다. 만약 디자이너에게 특별히 요구하고 싶은 색상이 있다면 디스크립션에 의견을 남기고, 참고 이미지도 벤치마킹하여 함께 전달하면 작업자가 이해하는 데 도움이 됩니다.

2️⃣ 도형의 선 굵기는 얇게 만드세요

웹 사이트의 화면을 표현할 때 표와 도형을 많이 사용합니다. 그러다 보니 화면 위는 여러 가지 선으로 가득 찹니다. 선이 굵고 진하면 텍스트가 잘 보이지 않고, 화면의 구도와 레이아웃도 파악하기 힘듭니다. 화면이 지저분해져서 가독성과 이해도를 떨어뜨리죠. 따라서 표나 도형의 선은 텍스트보다 연한 색을 사용하는 것이 좋습니다. 선의 두께도 파워포인트를 기준으로 1pt를 넘지 않는 것을 권장합니다.

선 두께는 얇게 설정합니다.

❸ 예시 문구는 실제 내용과 가깝게 작성하세요

상품 제목이나 상품 후기 게시판 등 텍스트가 노출되는 부분을 설계할 때 'ㅁㄴㅇㄹㅁㄴㅇ
ㄹ' 또는 'asdfasdf'로 설계하는 경우가 많습니다. 글자가 출력되는 영역이란 의미는 전달
될지 모르지만, 작업하는 사람에게는 성의 없는 설계로 보일 수 있습니다. 실제로 어떤 글
이 들어가야 하는지를 적으면 작성할 내용의 길이를 가늠하여 공간을 적절히 분배할 수 있
고, 화면 리뷰 때도 예시 사항으로 설명할 수 있습니다. 그리고 작업자가 화면 정의서의 예
시 글을 통해 이용 사항을 유추하며 기능을 이해하는 데에도 도움이 됩니다.

❹ 시각 요소를 활용하세요

웹 사이트에서 제공하는 기능을 유추할 수 있도록 작은 그림
으로 표현한 것을 아이콘(icon) 또는 픽토그램(pictogram)이라
고 합니다. 버튼에 기능명을 입력하는 대신 어떤 기능인지를
상징하는 아이콘으로 표현해도 좋습니다. 긴 설명 대신 아이
콘을 활용하면 화면을 간결하게 작성할 수 있고 이용자의 이
용성도 높일 수 있습니다. 이때 범용 아이콘을 사용하면 직관
적이고 익숙해서 이용자들이 어떤 의미인지 쉽게 알 수 있습
니다. 아이콘은 특히 화면이 작은 모바일 화면을 기획할 때
많이 사용하는데요. 아무래도 화면이 작다 보니 공간을 적게

✏️	작성하기, 수정하기
♡	좋아요, 위시리스트에 추가하기
⬇️	다운로드하기
☰	메뉴 보기, 목록 보기
🔍	검색하기
⚙️	설정 바꾸기
💬	메시지 보내기, 댓글 남기기
☆	즐겨찾기에 등록하기

범용 아이콘의 활용 예시

차지하는 아이콘이 의미 전달에 효과적이기 때문입니다.

❺ 데이터를 호출할 때는 중괄호({ })를 사용하세요

화면 정의서에서 고정된 내용이 아니라 데이터 호출이 필요한 부분은 {항목명}으로 표기합
니다. 예를 들어 쇼핑몰에서는 여러 제품을 판매하므로 제품명 역시 제각각입니다. 그렇다
면 이 많은 제품명을 모두 기획서에 작성해 두어야 할까요? 그렇지 않습니다. 프로그램에
등록한 제품에 따라 제품명을 호출하므로 개발자는 이 기호를 보고 프로그래밍할 부분을
쉽게 확인할 수 있습니다. 같은 화면을 여러 슬라이드에 나누어 설계하는 경우라면 첫 슬
라이드에는 호출해야 하는 항목명을 중괄호({ }) 안에 작성하고, 다음 슬라이드에는 실제 데
이터가 호출된 것처럼 실제 내용을 작성해 둔다면 작업자들이 더욱 이해하기 쉽습니다.

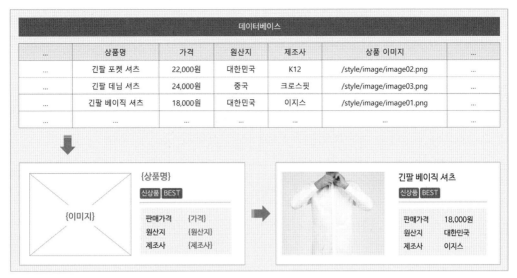

...	상품명	가격	원산지	제조사	상품 이미지	...
				데이터베이스		
...	긴팔 포켓 셔츠	22,000원	대한민국	K12	/style/image/image02.png	...
...	긴팔 데님 셔츠	24,000원	중국	크로스핏	/style/image/image03.png	...
...	긴팔 베이직 셔츠	18,000원	대한민국	이지스	/style/image/image01.png	...
...	...	...	...	...	...	...

데이터가 호출되는 요소의 화면 정의 표기 예시

⑥ 화면이 길면 슬라이드를 나누어 설계하세요

웹 화면은 세로 방향으로 긴 경우가 많습니다. 긴 화면을 파워포인트 슬라이드 한 장에 담을 수 없으므로 이럴 때에는 내용을 여러 슬라이드로 나누어 작성합니다.

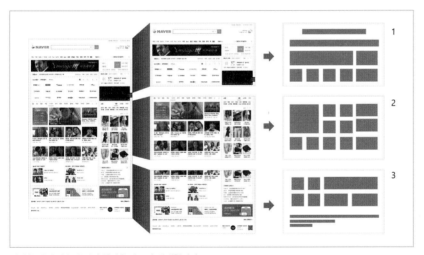

정의할 화면 내용이 길면 화면을 나누어 설계합니다.

화면을 나누었으면 다음 그림처럼 슬라이드 위 또는 아래에 컷아웃(Cutout) 도형을 삽입해서 화면이 서로 연결된다는 의미를 작업자에게 전달합니다. 그리고 화면이 길거나 같은 내용이 반복된다면 같은 방법을 써서 생략할 수 있습니다. 이 2가지 의미를 구별하기 위해 별도 문구가 필요한 것은 아닙니다. 화면 정의서의 내용과 컷아웃 도형이 놓여 있는 위치를 보고 작업자들이 직관적으로 해석하기 때문입니다. 만약 직관적으로 해석하기 어려운 물결 도형을 사용했다면 어떤 의미로 사용했는지 꼭 작성해 주세요.

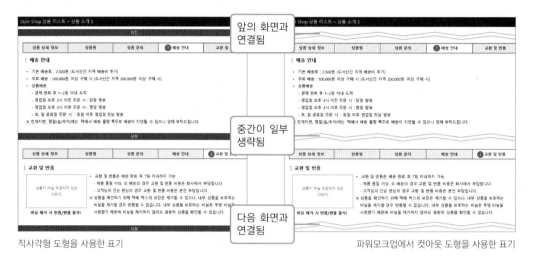

직사각형 도형을 사용한 표기   파워모크업에서 컷아웃 도형을 사용한 표기

7 기능 설명을 위한 번호를 부여하세요

웹 사이트의 화면과 유사하게 화면 설계를 했어도 기능 정의가 필요한 경우가 많습니다. 예를 들어 입력 창이나 버튼을 하나만 설계한다 해도 입력 기준은 무엇인지, 버튼을 활성화하는 기준은 무엇인지, 버튼을 눌렀을 때 어떻게 동작해야 하는지를 웹 퍼블리셔, 개발자에게 정확하게 전달해야 화면을 제대로 구현할 수 있습니다. 기능 설명이 필요한 요소가 있다면 그 위에 번호를 표기하고 내용은 디스크립션 영역에 작성합니다. 이때 숫자는 설계 화면과 구분할 수 있게 색상을 넣어 표기하는 것이 좋습니다.

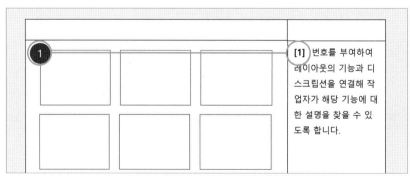

번호를 부여한 예시

8 웹 사이트의 메뉴에 따라 슬라이드를 구역으로 구분하세요

슬라이드를 메뉴별로 구역으로 나누어 구분하면 원하는 문서의 위치를 빠르게 찾을 수 있습니다. 화면 정의서 앞부분에 차례를 따로 만들기도 하지만, 이렇게 하면 훨씬 더 직관적이어서 효과가 있습니다. 특히 구역 기능은 화면 정의서의 슬라이드 수가 많을수록 유용합니다. 만약 기획자가 상품 리뷰 작성 화면을 수정해야 하는 경우 상품 리뷰 화면이 어디쯤 있다는 것을 짐작할 수는 있어도 정확히 어느 쪽에 있는지는 기억하기 어렵습니다. 이런 경우를 대비하여 화면 구역을 미리 구분해 놓으면 해당 슬라이드를 찾는 탐색 범위를 좁힐 수 있습니다. 200쪽에 달하는 화면 정의서가 구역으로 구분되어 있지 않다면, 화면 정의서의 앞뒤를 오가며 문서의 위치를 유추해야 하므로 해당 페이지를 찾기 매우 불편합니다.

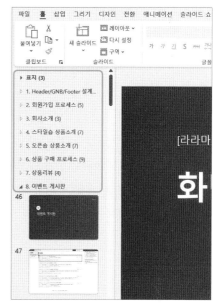

슬라이드 성격, 메뉴에 따라 구역이 구분된 예

9 관리자 화면을 고려하세요

쇼핑몰 이용자 화면은 관리자 화면과 밀접하게 관련되어 있습니다. 따라서 이용자 화면 정의서를 작성할 때에는 관리자 화면 설계까지 고려해야 합니다. 먼저, 이용자 화면에 보이는 내용은 관리자 화면에서 어떻게 설계해야 하는지를 함께 고민해 보는 것입니다. 예를 들어 상품 소개 페이지에 [인기상품], [추천상품] 등의 아이콘을 상품에 따라 다르게 등록하려면 관리자의 상품 등록 기능을 어떻게 설계해야 할지, 또는 이용자 화면에서 등록한 정보를 관리자 화면에서 어떻게 보여 주어야 할지 등을 생각해야 합니다. 이러한 고민 없이 화면 정의서를 작성하면 결국 구현할 수 없는 웹 사이트 설계서가 될 수 있습니다.

이용자 화면을 설계할 때에는 관리자 화면을 어떻게 구성할지 함께 고민해야 합니다.

디스크립션 작성 요령 8가지

설계 화면의 내용을 작업자에게 더욱 명확하게 전달하려면 디스크립션 영역에 글로 어떤 기능을 하는지 자세히 설명해야 합니다. 디스크립션의 핵심은 '웹 디자이너, 웹 퍼블리셔, 웹 개발자가 자신이 해야 할 업무를 얼마나 잘 이해할 수 있는가?'에 달려 있기 때문입니다. 작업자가 이해할 수 있는 기준으로 내용을 오해하지 않도록 추가 질문이 필요 없을 만큼 명확하고 상세하게 작성해야 합니다.

▌ 번호 순서대로 제목과 내용을 작성하세요

번호에 맞는 제목과 내용을 디스크립션에 작성합니다. 웹 디자이너, 웹 퍼블리셔, 웹 개발자는 설계된 레이아웃 위의 번호와 일치하는 디스크립션 내용을 찾아 읽습니다. 이 번호는 설계 화면과 디스크립션 내용을 연결해 주는 역할만 할 뿐 별다른 의미를 갖지 않습니다. 하지만 일부 작업자는 번호를 1, 3, 4 이렇게 사용하면 2번 내용을 찾을 수 없다며 기획자에게 문의하는 경우가 있습니다. 그러므로 가능하다면 숫자나 문자 순서대로 작성하면 불필요한 문의를 줄이는 효과가 있습니다.

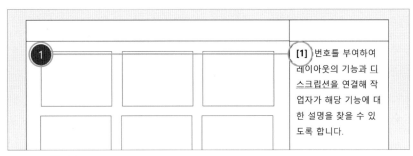

번호를 부여한 예시

▌ 작업자에게 특별히 전달할 내용이 있다면 제목을 넣어 따로 구분하세요

디스크립션은 모든 작업자가 자세히 읽는 것은 아닙니다. 작업자가 디스크립션의 내용을 놓치지 않도록 디자이너, 퍼블리셔에게 전달하는 디스크립션은 따로 구분하는 것이 좋습니다. 예를 들어 웹 디자이너에게 전달할 내용을 '디자인'이라는 제목으로 구분해 놓으면 다른 내용은 대강 읽더라도 '디자인'으로 체크해 놓은 곳은 관심을 갖고 자세히 읽어 볼 것입니다.

> **[1] 메인 배너**
> **• 디자인, 퍼블리싱**
> - size: 350*220
> - link: www.sitemade.co.kr
> - target: self
> - 제목은 진한 색으로 강조
> ※ ○○○ 사이트의 배너를 참고하여, 상품과 문구의 배치를 유사하게 구상

소제목을 넣어 작업자의 영역을 구분합니다.

❸ 기능 설명은 웹에서 동작하는 사항 그대로 설명하세요

기획자가 프로그램이나 퍼블리싱 지식이 있다면 어떤 작업을 진행해야 하는지 디스크립션에 직접 설명하는 것이 좋습니다. 만약 프로그램이나 퍼블리싱 지식이 없다면 웹에서 동작하는 상황 그대로 설명하여 개발자나 퍼블리셔가 어떤 작업을 하면 되는지 유추할 수 있게 해야 합니다. 회원 가입, 댓글, 게시판처럼 사람들에 많이 알려진 기능이라면 기능 이름만 작성하고 설명은 생략해도 작업자에게 의미를 전달할 수 있습니다.

기능을 설명하는 예시

❹ 정책 정의서에 작성된 내용이 기능의 정의가 될 수 있어요

웹 기획자는 미리 정의한 정책 정의서를 바탕으로 화면 정의서를 작성합니다. 개발자와 퍼블리셔가 정책에 맞는 프로그램을 개발할 수 있도록 정책 정의서의 내용을 해석한 뒤 화면 정의서에 정책 내용을 구현할 방법을 고민해서 설계합니다. 이렇게 하면 정책을 일관되게 구현할 수 있습니다. 예를 들어 리뷰는 제품을 구매한 이용자만 작성할 수 있도록 정책을 정했다면, 어떻게 기능을 설계하고 화면을 구성하면 좋을지를 고민하여 그에 맞도록 내용을 정의해야 합니다.

정책 정의서에 정의된 내용	디스크립션에 정의된 내용

리뷰 작성 권한
• 최근 10일 이내 구매 이력이 있는 이용자
• 구매한 제품에 대해서만 1회 작성 가능
	리뷰 작성 버튼 노출 기준 — 리뷰 작성 제품의 구매 이력 조회
	• Case1. 제품 구매 이력이 있는 경우
	  → 해당 제품 배송 완료일부터 +10일: 버튼 노출
	  → 결제 완료 후부터 배송 전 단계의 경우: 버튼 숨김
	  → 배송 완료일 기준 10일 이후: 버튼 숨김
	• Case2. 해당 제품의 구매 이력이 없는 경우
	  → 버튼 숨김
	
	※ 리뷰를 작성할 제품의 구매 이력이 있는 이용자만 배송 완료일 기준 10일 이내 작성 가능

정책 설명 예시

5 연결 화면은 화면 경로(화면 아이디), 링크 연결 형태로 나누어 작성하세요

디자인 작업을 완료한 후 퍼블리싱, 개발 단계에서 작업 완료 화면 간의 연결 작업을 할 수 있습니다. 화면에서 버튼과 배너 등을 클릭할 때 연결되는 화면이 있다면 퍼블리셔, 개발자가 화면을 연결할 수 있도록 어느 화면에 어떻게 연결해야 하는지를 작성합니다.

먼저 화면을 연결할 배너, 버튼 등의 이름을 작성하고, 클릭하면 어느 화면으로 이동해야 하는지 화면 경로를 표시합니다. 링크는 웹 사이트 내부 화면으로 연결할 때에는 현재 화면(self)이 바뀌도록, 외부 웹 사이트로 연결할 때에는 새 창(blank)에서 열리도록 정의합니다. 본 창에서 이동하는 것이 오히려 더 불편하거나 웹 사이트 이탈률을 높이는 등의 특수한 경우에는 새 창이나 팝업(pop-up)으로 열리게 설계합니다.

[1] 서비스 소개 보기 버튼
- 회사소개 > 서비스 소개 화면으로 이동
→ 화면 ID : FE-CP-SV-01
→ Target: Self

내부 화면에 연결하는 경우

[1] 페이스북 연결
- 이지스퍼블리싱 페이스북으로 이동
→ Link: www.facebook.com/easyspub
→ Target: Blank

외부 웹 사이트에 연결하는 경우

6 경고 창, 선택 창은 이용자의 편익을 고려해서 사용하세요

경고 창(alert)과 선택 창(confirm)은 회원가입 정보 입력, 주문서 작성 등 운영자에게 필요한 정보를 이용자로부터 받는 경우에 주로 사용합니다. 경고 창 또는 선택 창을 화면 정의서에 표현하는 방법은 크게 3가지가 있습니다.

첫째, 경고 창을 화면 설계 영역에 직접 작성하는 방법입니다. 이 방법은 경고 창이 사이트 전체에 노출되는 경우의 수가 많지 않은 경우, IT 지식이 없는 다른 산업 분야의 관련자에게 화면을 소개할 때 이해도를 높이기 위해 활용합니다.

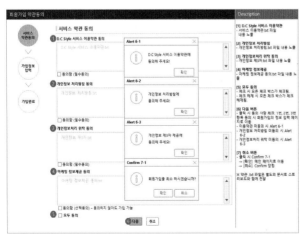

경고 창을 화면 설계 영역에 직접 작성하는 방법

둘째, 경고 창을 띄워야 하는 경우의 수가 많다면 표 형태로 정리합니다. 이렇게 하면 경고 창을 띄우는 작업을 하는 개발자가 어느 범위까지 고려해야 하는지, 개발 작업량은 어느 정도인지 비교·분석할 수 있고 기획자 역시 누락된 내용은 없는지 검토하기에 용이합니다. 셋째, 띄워야 하는 경고 창의 경우의 수가 1~2개로 적다면 디스크립션에 바로 기술합니다. 이때는 경고 창, 선택 창의 확인, 취소 버튼을 눌렀을 때 어떻게 동작하는지도 함께 작성합니다.

---

[1] 등록하기 버튼 클릭 Validation Check
• **제목 미입력 : Alert**
 - 제목을 입력해 주세요.
 → 확인 : Alert 닫힘
• **내용 미입력 : Alert**
 - 내용을 입력해 주세요.
 → 확인 : Alert 닫힘

[2] 등록취소 버튼 클릭
• **Confirm**
 - 등록을 취소하시겠습니까?
 → 확인 : 글목록 화면으로 이동
  (작성된 글은 저장되지 않음)
 → 취소 : Confirm 닫힘

경고 창을 디스크립션에 작성하는 방법

예측 Action	Type	Message	확인 클릭 시
아이디 중복검사를 하지 않음.	Alert	아이디 중복검사를 진행해 주세요!	Alert 닫힘
이름을 입력하지 않음.	Alert	이름을 입력해 주세요!	Alert 닫힘
이름을 입력하지 않았거나, 영문/숫자/특수기호, 한글 5글자 이상 입력함.	Alert	이름을 작성 정책에 맞게 입력해 주세요!	Alert 닫힘
아이디를 입력하지 않음.	Alert	아이디를 입력해 주세요!	Alert 닫힘
비밀번호를 입력하지 않음.	Alert	비밀번호를 입력해 주세요!	Alert 닫힘
비밀번호 생성 규칙에 어긋남.	Alert	비밀번호 생성 규칙에 맞게 다시 입력해 주세요!	Alert 닫힘
확인 비밀번호가 다름.	Alert	비밀번호가 일치하지 않습니다. 비밀번호를 다시 입력해 주세요!	Alert 닫힘
이메일을 입력하지 않음.	Alert	이메일 주소를 입력해 주세요!	Alert 닫힘
이메일을 작성 형식에 어긋남.	Alert	이메일 주소를 형식에 맞게 입력해 주세요!	Alert 닫힘
이메일 수신여부를 선택하지 않음.	Alert	이메일 수신여부를 선택해 주세요!	Alert 닫힘
입력 항목을 모두 정상 등록함.	Alert	회원가입이 완료 되었습니다. 회원가입에 감사 드리며, 다시 로그인 후 이용해 주세요!	Alert 닫힘

경고 창을 표로 정리하는 방법

⑦ 호출되는 데이터가 그리드 형태라면 정렬값을 정의하세요

데이터를 호출하여 표기할 경우 어떤 데이터를 얼마나, 어떻게 호출할 것인지 정의하는 것이 중요합니다. 게시판 목록 화면에 게시글을 몇 개까지 노출해야 할지, 상품 리스트 화면에 상품을 어떻게, 몇 개나 배치해야 할지 등 이러한 내용까지 상세히 정의해야 합니다. 그리고 게시글이 하나도 없는 경우처럼 호출할 데이터가 없을 때도 빠트리지 않고 정의합니다.

---

[1] 상품 리스트
 - Empty 문구 : 등록된 상품이 없습니다.
 - Default 정렬 : 최근 등록 순
 - 페이지당 상품 수 : 20개

리스트 정렬값을 디스크립션에 작성하는 방법

8 상황에 따라 다른 내용을 노출해야 한다면, 케이스로 구분하여 정의하세요

한 화면의 같은 공간에 로그인한 이용자에 따라, 또는 지금 보고 있는 화면의 앞 화면에서 어떤 정보를 선택했는지에 따라 다른 정보를 보여 주는 경우가 있습니다. 이런 경우에는 각각의 상황을 케이스(case)로 구분하여 하나씩 정의합니다.

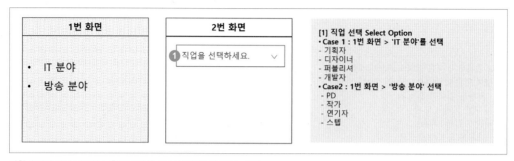

상황에 따라 다른 내용을 노출해야 할 때 디스크립션에 작성하는 방법

02-4 공통 UI 구성하기

공통 UI를 만들어야 하는 이유

화면을 설계하다 보면 유사한 기능을 여러 화면마다 설계할 수 있습니다. 닫기 버튼처럼 같은 팝업 기능도 A 화면에서는 오른쪽 상단에, B 화면에서는 오른쪽 하단에 나타나곤 합니다. 또는 A 게시판에는 [글쓰기], B 게시판에는 [글등록] 등 버튼명이 제각각인 경우도 있습니다. 이러한 사항은 한 웹 사이트를 여러 기획자와 분담하여 작업할 때 빈번하게 생겨납니다. 기획자 간에 화면 UI의 설계 형식을 서로 약속하지 않아서 생긴 실수입니다.

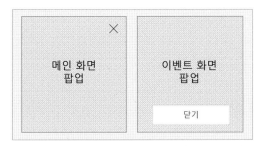

같은 팝업 기능이지만 닫기 버튼 UI가 다른 예시

같은 게시판 기능이지만 버튼명이 다른 예시

그래서 같은 목적을 수행하는 기능과 화면이라면 유사하거나 동일하게 구현하는 것이 작업의 효율성을 높이고 혼동을 줄이는 방법입니다. 그래서 일관된 화면 정의서를 제작하려고 공통 UI를 구성하는데요. 공통 UI는 한 웹 사이트의 여러 화면에서 공통으로 적용되는 기능 요소를 정의하여 화면을 설계할 때 참고하거나, 레이아웃을 복사하여 사용하는 역할을 합니다. 이렇게 공통 UI를 구성해 놓으면 여러 기획자가 작업을 해도 마치 한 명이 작성한 것과 같이 통일된 UI를 구성할 수 있습니다.

보통 2회 이상 동일한 화면 설계가 필요하다면 공통 UI로 설계합니다. 그리고 공통 UI에 웹 사이트의 기능이 대부분 정의되어 있다면 기획 설계 가이드가 될 수 있습니다. 이런 경우는 기획자가 공통 UI의 내용을 복사하여 화면을 조합하는 수준으로 화면을 간단히 설계할 수 있습니다.

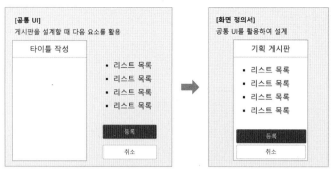

공통 UI의 완성도가 높아지면, 화면을 설계할 때 UI를 조합하는 수준으로 작업이 간단해
집니다.

공통 UI 정리하기

공통 UI는 IA, 기능 정의서 등을 확인하면서 제작할 웹 사이트에 필요한 UI 요소를 추측하여 정리합니다. 웹 사이트를 여러 번 제작해 보았다 하더라도 모든 UI 요소를 단번에 추측하여 완성할 수는 없습니다. 기본적으로 어느 웹 사이트에서나 흔히 사용하는 UI 요소를 먼저 정리한 후, 화면을 기획하며 공통 UI로 정의할 사항이 있다면 공통 UI 문서에 계속 추가하며 완성도를 높여 갑니다.

공통 UI는 기능이 유사한 것끼리 대분류로 분류하고, 화면에서 수행하는 중요도나 사용하는 케이스에 따라 중분류, 소분류 등 하위 분류로 구분하며 정리하는 것이 좋습니다. 공통 UI를 정의하는 양식에는 여러 종류가 있지만, 중요한 것은 문서를 보고 활용하는 사람이 쉽게 이해할 수 있어야 한다는 것입니다. 문서의 양식은 중요하지 않습니다. 여기에서는 버튼을 예제로 공통 UI를 정리하는 방법을 간단히 알아보고 데이터 입력, 팝업 요소가 정리된 예시를 소개합니다.

공통 UI 정리 — 버튼 UI 요소를 정리한 예시

❶ 어떤 분류의 UI 요소를 정의하는지 제목으로 정합니다.

❷ 제목으로 정한 분류의 하위 UI 요소로 재분류할 수 있다면 소분류 제목을 작성합니다. 재분류가 필요하지 않다면 생략합니다.

❸ 소분류로 구분한 사유를 설명하거나 목록을 참고할 때 유의할 사항을 간단히 작성합니다. 제목, 소제목만으로 목록을 이해할 수 있다면 생략해도 좋습니다.

❹ UI 요소명은 요소를 대표하는 이름으로 작성합니다. 같은 UI 요소를 상황에 따라 달리 사용하는 경우 타입(Type)으로 구분하고 ❻번 설명 항목과 ❽번 설계 가이드 항목에 어느 경우에 사용하는지, 어떤 형태로 구성하면 되는지를 설명합니다.

❺ 사용하는 UI 요소를 설계합니다. UI 요소에서 타이틀명, 버튼명 등은 화면에 따라 다르게 지정할 수 있도록 예외 조건도 고려해서 설계합니다.

❻ 해당하는 UI 요소는 어느 상황에 사용하면 되는지를 설명합니다.

❼ 버튼의 경우 사용할 수 있는 상태(enabled)와 사용할 수 없는 상태(disabled)를 구분하여 UI 요소를 설계합니다.

❽ 해당하는 UI 요소를 설계 화면에 사용할 때 지켜야 할 사항이나 유의할 사항, 사용할 때 추가로 정의해야 할 사항을 작성합니다.

공통 UI 정리 ― 데이터 선택 UI 요소를 정리한 예시

공통 UI 정리 — 팝업 UI 요소를 정리한 예시

02-5 글로벌 내비게이션 바(GNB)

글로벌 내비게이션 바(global navigation bar, GNB)는 웹 사이트의 주요 메뉴들을 화면 맨 위에 배치하여 이용자가 접속한 후 필요한 정보 화면으로 이동할 수 있도록 구성해 놓은 것을 말합니다. 실무에서는 줄여서 GNB라고 합니다.

카페 메일 뉴스 지도 증권 쇼핑 카카오TV 웹툰 캘린더 스토리 사전 게임 같이가치 더보기 ∧

정보 포털 사이트인 다음의 GNB

웹 사이트의 구조를 설계하는 이유는 작업자에게 웹 사이트의 생김새를 알려 주기 위해서입니다. 반면, GNB를 설계하는 이유는 이용자 길 안내와 서비스를 유도하기 위해서입니다. 상업 서비스는 이용자가 서비스를 편리하게 이용하는 것도 중요하지만, 서비스 제공자가 주력하는 서비스를 이용하게 만드는 것도 중요합니다. 웹 사이트는 이용하기 쉽다고 해서 매출이 오르는 것은 아닙니다. 따라서 이용자의 편리와 서비스 제공자의 이용 유도 전략 이 2가지를 넘나드는 경로로 설계하는 것이 중요합니다.

1 이용자의 동선 및 이용 유도를 고려해야 합니다

내비게이션은 이용자의 이동 경로를 뜻합니다. 이동 경로는 이용자가 필요한 기능을 쉽게 찾을 수 있도록 설계해야 합니다. 그리고 서비스 제공자가 이용자에게 서비스 이용을 유도하도록 설계하는 것까지도 함께 고려해야 합니다. 여기서 중요한 점은, 이용자에게 필요한 기능이면서 서비스 제공자에게도 이용자가 이용하도록 유도하는 메뉴인지, 중첩되는 사항이 있는지를 살펴봐야 합니다.

의류 쇼핑몰을 예로 들면 이용자는 제품을 구경하거나 구매하려고 할 것이고, 서비스 제공자도 이용자가 제품을 많이 구경하고 구매하기를 바랄 것입니다. 따라서 제품을 많이 볼 수 있도록 제품 카테고리를 GNB에 설계하여 이용자, 제공자 모두 만족하는 방법으로 해야 합니다.

여기에서 주의할 점은 이용자에게 가장 필요한 동선이 무엇인지를 결정해야 한다는 것입니다. 예를 들어 쇼핑몰에 접속하는 이용자 가운데에는 제품을 꼭 구매하지 않는 경우도 있습니다. 제품 문의를 하려고, 리뷰를 남기려고, 교환/환불을 하려고 등 이용자마다 쇼핑몰에 접속한 이유는 다양합니다. 이런 상황에서 모든 이용자에게 맞는 GNB를 구성하기는 어렵습니다. 따라서 이용자가 웹 사이트에 접속하여 주로 이용할 서비스를 파악하여 주 이용 동선을 기준으로 GNB를 설계해야 합니다.

② 웹 사이트 맵의 대분류를 반드시 내비게이션 메뉴로 해야 하는 건 아닙니다

웹 사이트 맵을 펼쳐 놓았을 때 눈에 보이는 메뉴는 어떤 메뉴라도 내비게이션 메뉴가 될 수 있습니다. 다음(Daum) 첫 화면에서 [더보기 → 서비스 전체 보기]를 클릭하면 다음처럼 화면이 나타나는데, 제공하는 서비스가 많아 GNB에 [더보기] 버튼을 별도로 설계한 것입니다.

GNB와 [전체서비스] 일부를 비교해 볼까요? [전체서비스]의 대분류명이 내비게이션 메뉴에 있는 것도 있지만 없는 것도 있습니다. [전체서비스]는 콘텐츠의 유사한 성격에 따라 그룹화했지만, 내비게이션 메뉴는 이와 무관하게 구성했습니다. 이처럼 GNB는 이용자가 많이 찾는 메뉴, 운영자가 보여 주고 싶은 메뉴 등 기획 의도에 맞게 얼마든지 다양하게 설계할 수 있습니다.

❸ 메뉴의 순서에 이용자의 흐름을 담아야 합니다

GNB의 순서도 반드시 고려해야 합니다. 예를 들어 [회원가입]과 [회사 소개] 중에서 어느 메뉴를 앞에 둘 것인지는 이용자의 이용 순서나 중요도에 따라 결정해야 합니다. 의뢰자(클라이언트)의 의견도 고려하고, 이용자의 자연스러운 이용 행태도 생각해야 합니다. 메뉴는 보통 이용자의 이용 흐름을 예상하여 나열합니다.

자료를 업로드/다운로드할 수 있는 클라우드 서비스를 제공하는 웹하드를 예로 들어 보겠습니다. 이 웹 사이트는 기본적으로 유료 서비스이며 후불제이지만 가입 정보와 함께 결제 정보를 등록해야 이용할 수 있습니다. 그래서 이용자로서는 다른 서비스처럼 일단 가입부터 하고 유료 사용 여부는 나중에 결정할 수 없어 다소 부담스러울 수 있습니다. 따라서 이용자가 어떤 서비스가 있는지 먼저 살펴본 후 결정하면 가입하는 흐름으로 GNB를 설계할 수 있습니다.

[서비스 소개], [서비스 가입] 순으로 GNB를 설계한 웹하드

❹ GNB가 복잡하다면 서브 내비게이션을 활용하세요

서브 내비게이션은 GNB의 메뉴가 복잡할 때 보완하는 역할을 합니다. GNB의 메인 메뉴 아래에 있는 서브 메뉴를 그대로 서브 내비게이션으로 활용할 수도 있습니다. 특히 상품군이 많은 웹 쇼핑몰에서는 서브 내비게이션의 역할이 중요합니다. 이용자에게 필요한 정보의 탐색 범위를 좁혀 주는 역할도 하기 때문입니다. 이는 이용자의 시간을 아껴 주는 의미이기도 합니다.

웹 사이트에 분명 필요한 정보가 있는데 탐색하기가 어려워 찾지 못한다면 이용자는 '내가 찾는 정보는 이 웹 사이트에 없네'라고 판단할 뿐 '정보는 있는데 내가 못 찾는 거야'라고 생각하지 않습니다. 이런 경험이 이용자에게 축적되면 결국 해당 웹 사이트에 방문하지 않을 것입니다.

GNB 하위에 서브 내비게이션을 제공해 이용자가 더욱 쉽게 접근할 수 있도록 설계한 멜론

5 이름은 이용자 입장에서 지어야 합니다

기능 정의서나 웹 사이트 구조를 설계하는 단계에서 메뉴(기능) 이름은 기능 중심, 공급자 중심으로 정했을 가능성이 큽니다. 메뉴명을 생각하는 데 시간이 오래 걸려 작업 속도가 나지 않고, 곰곰이 생각해서 정했다 해도 나중에 더 좋은 메뉴명이 생각날 수도 있기 때문에 의미만 알 수 있도록 일단 정해 놓고 나중에 수정합니다.

후속 작업으로 메뉴명을 이용자가 이해하기 쉽게 정하는 것을 레이블링(labeling)이라고 합니다. 겉보기에는 간단할 수도 있지만 웹 사이트에서 제공하는 서비스나 상품의 특징을 강조하려면 생각보다 많이, 깊이 고민해야 합니다. 그래서 웹 사이트를 공개하기 직전까지도 메뉴명을 수정하는 일이 비일비재합니다. 웹 사이트의 운영 기간이 오래되고, 인지도가 높고, 이용자 수도 많다면 독특한 메뉴 이름으로 재미를 주는 것도 좋은 방법입니다. 공감을 얻어 고유어로 정착된다면 이용자의 기억에 더 오래 남을 수 있고, 이용자의 입소문은 홍보 역할도 합니다.

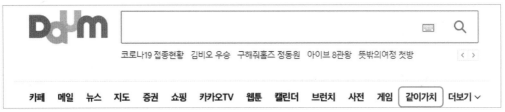

정보 포털 사이트 다음의 [같이가치]는 기부 모금과 관련된 콘텐츠입니다. 메뉴명만으로는 무엇을 소개하는지 알 수 없으나, 의미를 알면 더욱 큰 공감대를 형성하여 이용자의 기억에 오래 남을 수 있습니다.

요리의 즐거움을 표현하려고 GNB 메뉴명도 친근하게 레이블링한 새미네부엌

시의성 있게 GNB 운영하기

GNB에 시대의 유행을 그때그때 반영할 수도 있습니다. 예를 들어 뮤직비디오 영상을 제공하는 서비스를 운영한다면 GNB를 다음처럼 이용자가 많이 찾을 것 같은 메뉴로 구성할 수 있습니다.

인기영상 | 최신영상 | 장르별 영상 | 가수별 영상 | ...

일반적인 GNB 설계 예시

일반적인 GNB 설계 방식으로 설계하면 이용자에게 필요한 영상을 찾는 데 큰 문제는 없습니다. 하지만 서비스 제공자는 이용자가 정보만 보고 나가는 것을 바라지 않을 것입니다. 이용자가 더 많은 영상을 시청해야 조회수를 올려 추가로 광고 수익을 내고 유료 서비스로 유도하는 기회도 많아지기 때문입니다. 때마침 이러한 시기에 아이돌 그룹이 큰 인기를 얻었다면 어떻게 해야 할까요? 물론 관련된 아이돌 뮤직비디오 영상도 [인기영상], [최신영상], [장르별 영상] 메뉴 가운데 어딘가에서 제공할 것입니다. 하지만 이용자의 눈에는 보이지 않으니 이 서비스에서는 아이돌 뮤직비디오 영상을 제공한다는 것을 인지할 수 없습니다. 그래서 다음처럼 GNB 메뉴를 추가했습니다.

인기영상 | 최신영상 | 장르별 영상 | 가수별 영상 | ... | 아이돌 인기 뮤비

트렌드를 착안하여 설계한 GNB 예시

[인기영상], [최신영상], [장르별 영상] 메뉴에 포함된 아이돌 뮤직비디오를 [아이돌 인기 뮤비]라는 메뉴명을 추가하고 다시 그룹으로 묶은 것입니다. 이 메뉴를 클릭하면 아이돌 뮤직비디오 영상으로 검색할 때처럼 검색 결과 화면으로 이동만 해주면 되므로 작업도 크게 어렵지 않습니다. 이렇게만 해도 필요한 영상만 보러 왔다가 호기심에 다른 메뉴를 클릭해 보는 이용자가 늘지 않을까요?

레이블링할 때는 한 번에 확정하지 않고 일단 떠오르는 이름을 가안으로 정한 후, 화면 정의서를 작성하는 동안 계속 검토하고 수정하면서 작업합니다. 단, 메뉴 이름은 주관적으로 결정하면 안 됩니다. 유행어, 줄임말, 은어를 쓰면 직관적이지 않을 뿐만 아니라 시간이 지나면 의미가 퇴색하기 때문입니다.

이제 기획자의 주된 업무인 화면 설계 방법을 배워 볼 것입니다. 눈으로 읽고 이해하는 것만으로는 부족합니다. 함께 작업해 보며 이런저런 고민을 해보는 것이 나의 손과 머릿속에 더욱 오래 남을 것입니다.

그리고 검토와 수정을 반복하여 완성도를 높이는 과정은 매우 중요합니다. 실무에서도 검토와 수정은 필수니까요. 이 과정을 여러 번 거치면 더 좋은 표현법, 더 간결한 문장, 쉽고 편리한 UI가 저절로 생각납니다.

03

화면 정의를 위한 준비

앞서 기획자에 관한 이야기를 많이 들었는데 또 준비라는 단어를 보니 부담스러운가요?
하지만 기획자는 모든 일을 준비하고 기획하는 사람입니다. 이번 장에서는 본격적인 화면 정의서
작성에 앞서 어떤 방향으로 웹 사이트를 기획할 것인지에 관한 '서비스 기획서'를 먼저 살펴보겠습
니다. 그리고 화면 정의서를 작성할 대표적인 서비스를 소개하겠습니다. 이 책에서는 가장 대중적
인 파워포인트를 기준으로 작성했습니다.

03-1 라라마켓 서비스 기획서 살펴보기

지금부터 우리는 '라라마켓(LaLa Market)'이라는 가상의 여성 의류 쇼핑몰을 설계해 볼 것입니다. 그전에 실습할 쇼핑몰이 어떤 배경에서 기획되었는지 살펴볼 필요가 있습니다. 쇼핑몰의 목적을 충분히 이해했을 때 목적에 맞는 화면 기획과 방향을 스스로 점검해 볼 수 있고, 추가 아이디어를 생각할 수 있기 때문입니다. 서비스 기획서를 살펴보면서 쇼핑몰의 특징과 라라마켓을 구현하는 데 필요한 기능은 무엇인지 산출해 볼 것입니다. 여러분도 기획서를 보며 필요한 기능이 무엇인지 산출해 보세요.

의류 쇼핑몰 시장은 이미 많은 업체가 뛰어들었고, 그만큼 경쟁이 치열합니다. 이러한 시장에서는 다른 업체보다 사용자에게 더 많이 노출하려고 마케팅에 의존하는 경향이 강합니다. 하지만 마케팅은 곧 비용입니다. 따라서 자본이 부족한 신생 쇼핑몰은 마케팅보다 서비스 자체에 차별점을 두어 사용자가 광고가 아닌 필요성으로 쇼핑몰에 접속할 수 있도록 하는 전략이 필요합니다. 물론 서비스를 공개할 시기에는 마케팅을 진행하겠지만, 서비스를 정착한 후 마케팅 비용을 줄여도 이용자 수, 매출이 감소하지 않도록 유지하는 것이 이번 서비스 기획의 목표입니다. 라라마켓의 서비스 기획안은 총 4단계로 구분됩니다.

라라마켓의 서비스 기획안 작성 4단계 예시

1단계: 사업의 필요성 공유하기

기획안을 본격적으로 작성하기 전에 '사업을 시작하는 이유는 무엇인가?'라는 사업의 배경 설명이 필요합니다. 서비스 기획안을 보며 함께 고민하는 업무 관계자들에게 같은 목표 의식을 심어 주기 위해서입니다. 예를 들어 보겠습니다.

"새 옷을 구매하는 속도가 점점 빨라지고 있습니다. 패스트 패션의 영향으로 적은 비용으로도 얼마든지 최신 유행하는 옷을 구매할 수 있게 되었습니다. 이용자는 유행을 좇고 싶은 욕구를 포기할 순 없지만, 옷장은 점점 입지 않는 옷으로 가득 찹니다. 유행이 지났다는 이유로 한두 번 입은 멀쩡한 옷을 쉽게 버리기도 합니다. 하지만 내가 입지 않는 옷이 누군 가에게는 필요한 옷이 될 수 있지 않을까요?"

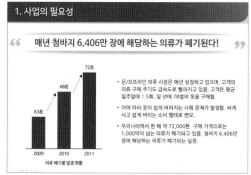

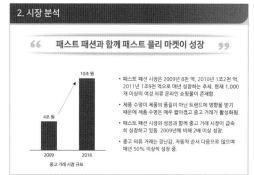

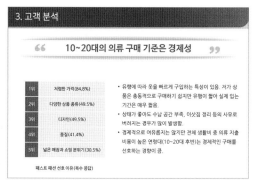

2단계: 웹 쇼핑몰 소개하기

라라마켓은 이러한 필요성에 착안하여 수많은 여성 의류 쇼핑몰과 차별성을 제공하기 위해 '중고 거래' 서비스를 도입하여 궁극적으로 사용자에게 모든 혜택이 돌아갈 수 있도록 기획했습니다.

라라마켓은 한 쇼핑몰 안에 숍 2개를 운영하는 것이 특징입니다. 먼저 오픈 숍(open shop) 은 중고 거래 채널로 사용자끼리 상품을 거래할 수 있고, 스타일 숍(style shop)은 신상품 구매 채널로 일반 상품을 구매할 수 있습니다. 사용자는 자신의 상품을 오픈 숍에서 판매하면 포인트를 얻을 수 있는데, 이 포인트로 스타일 숍에서 상품을 저렴하게 구매할 수 있습니다. 사용하던 자동차를 팔아서 나온 수익금으로 새 차를 구매할 때 보태는 것처럼 말이죠.

이렇듯 쇼핑몰 하나에 2개의 숍이 상품의 선순환을 이끌며 긴밀하게 연결되어 있으므로, 사용자는 라라마켓에서 버리기 아까운 의류를 해소하고 필요한 새 옷을 알뜰하게 구매할 수 있어 고객의 페인 포인트(pain point)를 한 번에 해결할 수 있습니다. 이로써 웹 쇼핑몰을 제작할 목적이 확실해졌습니다.

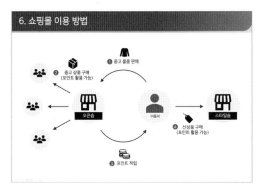

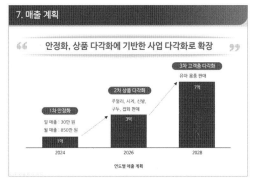

중고 거래로 발생한 수익금으로 새 옷을 구매할 수 있는 시스템이 사용자에게 호응을 얻는다면, 같은 시스템을 이용해 얼마든지 사업을 확장할 수도 있습니다. 사업 초기에는 의류에만 국한되었던 상품을 신발, 액세서리 등으로 종류를 늘릴 수도 있고 예비 부모, 영유아 부모를 대상으로 이용 주기가 짧은 유아 의류와 용품을 거래할 수 있도록 영역을 확장할 수도 있습니다.

3단계: 경쟁사 분석 및 쇼핑몰 제작 계획하기

경쟁사를 찾아보니 아직 중고 거래와 새 상품을 함께 판매하는 쇼핑몰은 없어 보입니다. 그럼 상품의 구매와 판매를 모두 할 수 있는 웹 쇼핑몰을 마음 놓고 만들어 볼 수 있겠습니다. 라라마켓을 일반 쇼핑몰과 비교할 때 가장 큰 특징은, 사용자가 상품을 직접 판매하도록 등록하는 기능과 등록된 상품을 다른 사용자가 구매할 수 있도록 하는 기능, 즉 오픈 숍을 기획해야 한다는 점입니다. 구조는 일반 웹 쇼핑몰보다 복잡하지만 조금만 응용하면 새로운 개념의 웹 쇼핑몰을 기획할 수 있으며, 배우는 것도 많을 것입니다. 그리고 사용자끼리 상품을 거래하는 구조이므로 구매자와 판매자 사이에 문제가 발생하지 않도록 개인정보 보호와 상품 유통 부분에서 높은 수준의 서비스를 제공해야 합니다.

마지막으로 제작 계획, 디자인 방향, 마케팅 계획까지 쇼핑몰 제작 계획을 구체화합니다.

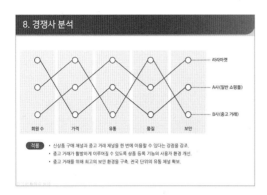

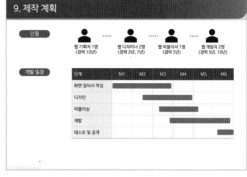

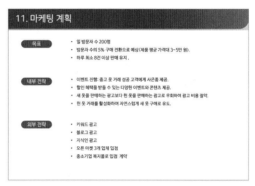

▶ 이 서비스 기획안은 가상의 시나리오로 작성한 것입니다. 실제 서비스 기획안은 이보다 더 구체적으로 작성해야 합니다.

4단계: 필요한 기능 정리하기

지금까지 작성한 서비스 기획안은 실습을 위해 준비한 것이므로 간소해 보이지만 이 정도 수준의 기획안을 토대로 쇼핑몰에 필요한 기능은 충분히 유추할 수 있습니다. 라라마켓 쇼핑몰을 제작하려면 대략 5가지 기능과 프로세스가 필요합니다. 물론 실무에서는 앞서 배운 기능 정의서, 정책 정의서와 같은 형태로 구체적으로 정리해야 합니다. 화면 정의서를 작성하는 실습에서 구체적인 기능을 확인할 수 있으니 자세한 내용은 그때 살펴봅시다.

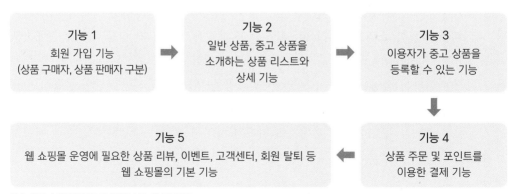

여성 의류 쇼핑몰에 필요한 5가지 기능과 프로세스

03-2 화면 정의서 작성 도구 소개

화면 정의서 작성 도구는 우후죽순 생겨나고 있지만, 비용이 들거나 새로운 도구 자체를 익히려면 시간이 오래 걸린다는 단점이 있습니다. 기능이 뛰어난 유료 프로그램은 대중화되어 있지 않아서 협업할 때 호환성에 문제가 생기기도 합니다. 그래서 화면 정의서를 작성할 때는 파워포인트를 가장 많이 사용합니다. 게다가 파워포인트 프로그램은 기업 대부분이 가지고 있기 때문에 작업자나 클라이언트와 원활하게 협업하고 소통할 수 있습니다.

접근성이 가장 좋은 도구, 파워포인트

파워포인트는 본래 소개서, 프레젠테이션 용도로 사용하는 프로그램이지만, 웹이나 앱 화면을 유사하게 표현하는 데 유용한 기능들이 사용하기 쉽게 구성되어 있어 웹 화면을 설계할 때도 사용하게 됩니다. 파워포인트를 추천하는 또 다른 이유는 다음과 같습니다.

도형과 색, 그리고 맞춤(정렬) 3가지 기능만으로 간단한 화면 설계 가능

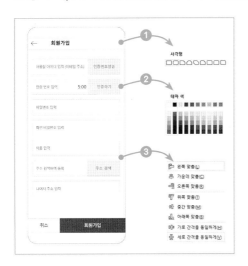

❶ [홈 → '직사각형', '사각형 : 둥근모서리'] 도형을 이용해 모바일 화면 레이아웃과 타이틀 영역, 입력 필드, 버튼을 설계했습니다.

❷ [홈 → 도형, 글꼴 색]을 이용해 플레이스 홀더 문구 표현, 도형 채우기, 도형 윤곽선을 이용해 입력 필드와 버튼을 구분하였고, [회원가입] 버튼을 강조했습니다.

❸ [도형 서식 → 맞춤] 기능을 이용해 입력 필드의 좌, 우 정렬과 필드간 위, 아래 간격을 동일하게 설정해 화면을 일관성 있게 정돈했습니다.

동일한 레이아웃을 여러 장에 기술할 때 유용한 슬라이드 마스터 기능

화면을 설계할 때 동일한 패턴의 레이아웃을 반복해 설계하는 경우가 많습니다. 앞서 설계한 레이아웃을 복사해 사용해도 되지만, 수정 사항이 발생하면 동일한 레이아웃 모두를 수정해야 합니다. 이럴 때 슬라이드 마스터 기능을 활용하면 동일한 레이아웃 설계 시에도 편리하고, 수정 작업을 반복해서 진행하는 번거로움을 줄일 수 있습니다.

[보기 〉 슬라이드 마스터]에 진입해 ❶ 마스터 슬라이드에는 모든 화면에 필요한 레이아웃을 설계하고, ❷ 마스터 슬라이드 하위의 서브 슬라이드에는 메뉴별 화면을 설계합니다. 본 슬라이드로 돌아오면 설계한 레이아웃을 슬라이드의 배경으로 사용할 수 있습니다.

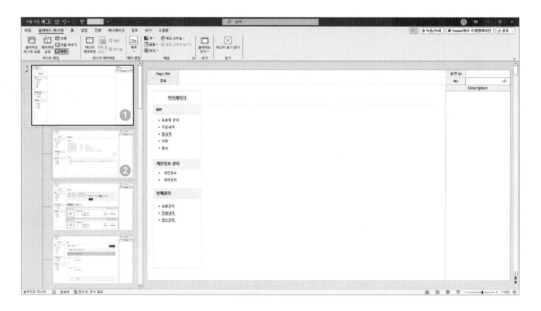

본 슬라이드에 마우스 커서를 올리고 마우스 오른쪽 버튼을 누른 후 레이아웃을 선택하면, 슬라이드 마스터에 설계된 레이아웃을 선택해 적용할 수 있습니다.

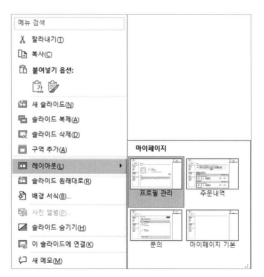

쉽게 쓰는 화면 정의서 제작 도구, 파워모크업

파워모크업은 파워포인트에 붙여 쓸 수 있는 애드온(add-on) 프로그램으로, 화면 정의서에 필요한 도형, 아이콘, 이미지 등을 제공합니다. 자주 사용하는 도형이 있다면 직접 저장해 놓고 불러올 수도 있습니다. 사용법은 파워포인트와 똑같아서 사용법을 별도로 익힐 필요가 없다는 점도 파워모크업의 장점입니다. 따라서 초보자도 쉽게 사용할 수 있습니다. 파워모크업을 추천하는 두 가지 이유는 다음과 같습니다.

▶ 파워모크업은 윈도우용 파워포인트 2007 버전 이상부터 사용할 수 있습니다.

파워모크업은 파워포인트 애드온 프로그램입니다.

첫째, 필요한 도형을 드래그로 불러올 수 있다!

파워모크업을 설치하면 화면 오른쪽에 작은 창이 하나 생깁니다. 이 창에서 아이콘, 버튼, 윈도우 창과 같은 다양한 도형을 볼 수 있습니다. 지금까지는 경고창, 버튼, 메뉴 바 등을 직접 그려 사용했는데, 이제는 그럴 필요가 없습니다. 필요한 도형이 있으면 해당 도형을 슬라이드 위로 드래그하거나 더블클릭합니다. 파워모크업에서 불러온 도형을 다루는 방법은 파워포인트에서 도형을 다루는 방법과 똑같습니다. 채우기 색, 선 색, 회전, 정렬 등으로 서식을 적용하거나 재편집할 수 있습니다.

원하는 도형을 찾을 때는 검색 기능을 사용하는 것이 편리합니다. 검색만으로도 필요한 도형을 빠르고 정확하게 찾을 수 있습니다. 입력하는 동안 목록이 자동으로 필터링되어 화면에 나타나고, 철자뿐만 아니라 단어의 의미도 찾아줍니다. 만약 'Input'이라고 검색하면, 검색 결과에 'Text Box'나 'Text Area'와 같은 도형도 함께 검색됩니다.

파워모크업 작업 화면 예시, QR코드로 파워모크업 소개 영상을 확인하세요!

둘째, 나만의 도형을 만들고 저장할 수 있다!

내가 직접 만든 도형이나 외부 그림 파일(PNG, JPG 등)을 파워모크업 라이브러리에 저장해 둘 수 있습니다. 이제는 같은 도형을 반복해서 만들지 않아도 되고, 직접 만든 도형을 그림 파일로 저장해 두지 않아도 됩니다. 파워모크업 라이브러리에 한 번만 저장해 두면 언제든지 불러와서 사용할 수 있습니다.

파워모크업 라이브러리에 있는 카테고리도 편집할 수 있습니다. 카테고리를 만들고 상위, 하위 레벨로 구분할 수 있기 때문에 나만의 도형을 더욱 편리하게 관리할 수 있습니다.

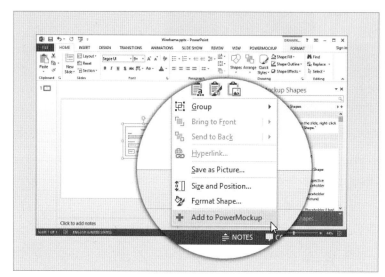

파워모크업은 리본 메뉴의 탭 메뉴로 설치됩니다.

파워모크업을 설치하고 활용하는 방법은 이 책에서는 따로 다루지 않지만 필요한 분들을 위해 따로 제공합니다. 아래 URL을 입력하거나 QR코드를 스캔해 관련 내용을 내려받으세요!

파워모크업 활용법: bit.ly/easys-pmu

UI 설계 및 디자인 도구, 피그마

과거의 UI 설계 프로그램은 기능이 제한적이여 구체적인 기능 설계까지 표현하기에는 적합하지 않았습니다. 하지만 지금은 상황이 좋아졌습니다. UI 설계, UI 디자인, UI 프로토타이핑 전문 도구인 피그마(Figma)가 있기 때문입니다. 화면 설계 도구로 피그마가 좋은 이유는 다음과 같습니다.

첫째, 컴포넌트 기능으로 동일한 요소를 여러 화면에 사용할 수 있어요

피그마의 컴포넌트(component) 기능이란, 여러 화면에 사용될 공통 요소를 미리 제작해 두어 필요한 화면에 복사하여 사용할 수 있는 기능을 말합니다. 파워포인트의 그룹 기능과 비슷하지만, 그룹 기능은 요소를 그룹화해 여러 곳에 사용 시 수정 사항이 생기면 사용한 모든 요소를 각각 수정해야 하는 불편함이 있습니다. 피그마의 컴포넌트는 메인 컴포넌트 하나만 수정하면, 다른 화면에 사용된 복사본(instance)도 함께 수정됩니다.

컴포넌트를 제작하는 방법 역시 간단합니다. ❶과 같이 그룹화할 요소를 선택하고, 상단의 컴포넌트 생성 아이콘을 클릭하면 끝입니다. 이렇게 제작한 컴포넌트는 ❷와 같이 원하는 화면에 복사해 사용합니다.

둘째, 프로토타입을 쉽게 만들어 보세요!

화면 설계가 완료되면, 화면 이동 액션이 있는 버튼과 이동될 화면을 연결해 프로토타입을 구성할 수 있습니다. 먼저 작업 환경을 [Design 모드]에서 ❶ [Prototype 모드]로 변경해 주세요. 전환 후 ❷ 요소에 마우스를 가져가면 더하기 아이콘이 보입니다. [더하기]를 드래그해 연결할 화면에 가져다 놓으면 버튼과 화면이 연결됩니다. 그리고 ❸ [Present]를 실행하면 [뷰 모드]로 전환되어 ❷ [회원가입] 버튼 클릭 시 화면이 이동되는 것을 확인할 수 있습니다.

Prototype 모드에서는 요소와 화면을 연결할 수 있습니다.

셋째, 수정사항을 수집하기 위해 문서를 공유하지 않아도 됩니다.

검토자에게 문서를 공유할 때 ❶ [Share]를 누르면 작업 화면에 진입할 수 있는 경로를 공유할 수 있습니다. 경로를 전달받은 검토자는 ❷ [Add Comment]를 눌러 수정을 원하는 요소를 클릭하면 ❸과 같이 댓글을 남길 수 있습니다.

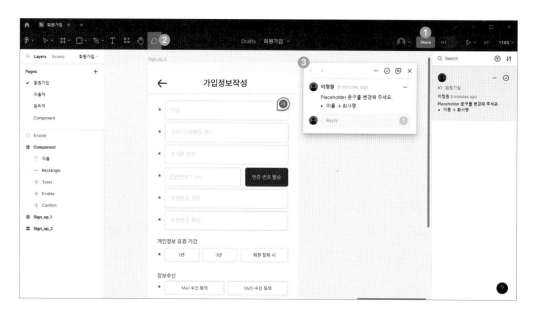

이용자 화면 설계

이용자 화면 정의서 작성 실습에서는 현재 가장 많이 사용되는 형태인 웹 쇼핑몰을 예시로 레이아웃 및 설계 프로세스를 배워 볼 것입니다. 기본적으로 사이트는 헤더(header), 보디(body), 푸터(footer)의 연결 구조로 되어 있습니다. 가장 먼저 헤더와 푸터를 설계한 다음 보디에 들어갈 화면을 하나씩 설계하는 순서로 진행하겠습니다. 헤더와 푸터의 내용은 앞단에 한 번 설계하고 나면 보디 영역에는 추가로 다루지 않습니다. 모든 보디에 호출된다는 것을 헤더와 푸터에 정의할 것이며, 실제 웹 사이트를 구현할 때도 헤더와 푸터는 별도 정의 없이도 기본으로 지켜지는 사항이기 때문입니다.

실습은 기본적인 내용을 주로 다루므로 숙련도를 높이기 위해서는 화면 정의서 작성 방법을 모두 익힌 후 이 책의 실습 내용을 응용해 창의적인 방법으로 설계하는 연습이 필요합니다. 웹 쇼핑몰 기획은 다양한 화면과 기능을 경험할 수 있으므로 여러분이 실력 있는 웹 기획자로 성장하는 데 많은 도움이 될 것입니다.

학습 파일 • 라라마켓_이용자_화면정의서.pptx

04-1 헤더와 푸터

헤더와 푸터는 대부분 웹 사이트의 모든 페이지에 배치됩니다. 웹 퍼블리셔와 웹 개발자는 보통 하나의 파일만 제작해 여러 페이지에 호출하는 방식을 사용하는데, 이를 인클루드(include) 방식이라고 합니다. 이 방식을 그대로 사용해 화면 정의서를 작성하면 파워포인트 슬라이드의 공간을 효율적으로 사용할 수 있습니다.

1 헤더 설계하기
2 GNB 서브 메뉴 설계하기
3 푸터 설계하기

◼️1 헤더 설계하기

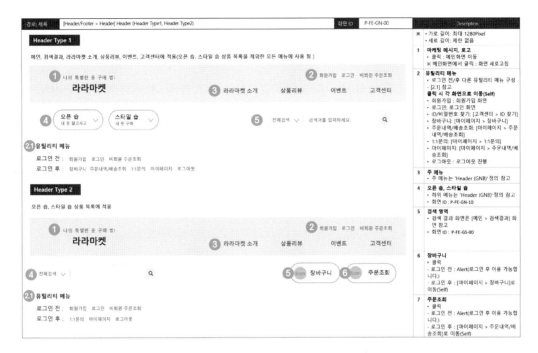

1. 헤더는 기본적으로 모든 화면의 상단에 적용됩니다. 하나의 헤더를 모든 화면에 적용하도록 설계할 수도 있지만, 경우에 따라 2개 또는 3개를 설계하여 각 화면에 알맞은 헤더를 설계해서 호출할 수 있습니다. [Header Type 1]은 메인, 검색 결과, 라라마켓 소개 등 오픈 숍과 스타일 숍 이외의 화면에 적용되는 타입으로, GNB 영역 하단에는 오픈 숍과 스타일 숍의 진입 경로를 두어 이용자에게 잘 노출되도록 설계했습니다. [Header Type 2]는 오픈 숍과 스타일 숍에 사용되는 타입으로, 쇼핑 시 자주 사용하는 장바구니, 주문조회 메뉴를 GNB 하단에 배치하여 이용자의 사용 시나리오를 고려해 설계했습니다.

2. 헤더에서 가장 중요한 요소는 ❸ 라인의 GNB입니다. GNB는 이용자의 시선이 먼저 향하는 왼쪽부터 중요한 순으로 배치합니다. 따라서 상품 판매가 중요한 웹 쇼핑몰에서는 주로 상품 카테고리 메뉴를, 브랜드를 중점적으로 알려야 하는 신생 브랜드 등은 브랜드 소개 메뉴를 가장 왼쪽에 배치합니다. GNB는 구성하다 보면 수정할 일이 많이 생기므로 처음부터 완벽하게 설계하지 않아도 됩니다. 초안을 만들고, 사이트를 설계하며 수시로 보완해 완성도를 높일 수 있도록 합니다.

3. 회원 가입 기능이 있는 사이트는 로그인 전후 화면을 구분해 설계합니다. 로그인 전 화면에는 웹 쇼핑몰의 특징을 강조해 회원 가입을 유도하는 것이 좋습니다. 비회원보다 회원으로 구매했을 때 받을 수 있는 혜택이 많다는 점을 알리는 식입니다. 반면, 로그인 후 화면에는 이용자의 맞춤 정보나 로그인 후 이용할 수 있는 메뉴를 설계합니다. ❶ 쇼핑몰 이름 상단에 있는 홍보 메시지도 비회원과 회원에게 필요한 메시지를 각각 따로 기획할 수 있습니다. ❷ 유틸리티(utility) 메뉴는 GNB의 보조 메뉴 역할을 합니다. 로그인 전에는 [회원가입]과 [로그인] 메뉴를 반드시 배치하고, 로그인 후에는 이용자가 회원 정보와 주문 정보를 확인할 수 있는 메뉴, 이용자가 자주 이용하는 메뉴 등으로 구성할 수 있습니다.

▶ 유틸리티(utility)는 소프트웨어의 보조 메뉴라는 뜻으로, 이를 웹 분야에도 차용하면 GNB 메뉴의 보조 역할을 하는 메뉴로 통용됩니다.

4. ❸ GNB 메뉴와 ❹ 오픈 숍과 스타일 숍은 다음 슬라이드에 정의할 것이므로 해당 기능을 설명하는 화면의 쪽 번호, 화면 아이디, 화면명 등을 디스크립션에 기입하여 작업자가 해당 화면을 쉽게 찾아갈 수 있도록 합니다.

5. ❺ 검색어를 입력하는 공간에 '검색어를 입력하세요!'라는 기본 문구가 있습니다. 이용자가 이 부분을 클릭하면 기본 문구는 사라지고 검색어를 입력할 수 있습니다. 이러한 기능을 플레이스홀더(placeholder)라고 하며, 이용자가 어떤 내용을 입력하면 되는지 알려 주는 가이드 역할을 합니다. 검색 기능은 가장 마지막에 할 메인 화면 설계 시 다룰 것입니다. 마찬가지로 이 기능을 설명한 화면의 위치 정보를 디스크립션에 남겨 놓습니다.

메인 화면에 Header Type 1을 적용한 예시

스타일 숍 화면에 Header Type 2를 적용한 예시

☑ GNB 서브 메뉴 설계하기

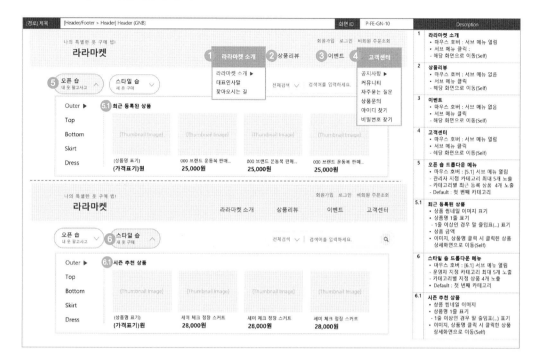

1. 마우스 커서를 ❶, ❹, ❺, ❻ 메뉴 위에 올리면 서브 메뉴가 펼쳐집니다. 이런 기능을 마우스 호버(hover)라고 합니다. 마우스 호버는 작은 영역에 핵심 정보 하나만 표시해 놓고 마우스 커서를 그 위로 가져가면 자세한 정보를 펼쳐서 보여 줍니다. 좁은 영역에 많은 정보 노출이 필요한 경우인 메인 메뉴에 속한 서브 메뉴를 출력할 때에 자주 사용합니다. ❷ 상품 리뷰와 ❸ 이벤트 메뉴에는 서브 메뉴가 없으므로 별도 기능을 설계하지 않아도 됩니다.

> ☝ 모바일 환경에서는 마우스 커서가 아닌 손가락 터치를 이용하기 때문에 마우스 호버 기능을 사용할 수 없습니다.

2. ❺ [오픈 숍]과 ❻ [스타일 숍]의 서브 메뉴는 상품 카테고리로 구성합니다. 이용자의 관심을 끌 수 있도록 마케팅 전략에 따라 최신 등록 상품, 시즌 추천 상품 등도 카테고리로 설계할 수 있습니다.

3. [오픈 숍]은 이용자가 제품을 직접 등록하고 판매하는 중고거래 메뉴입니다. 여기서는 최근 등록된 상품을 먼저 볼 수 있게 설계했습니다. 새로운 상품이 계속해서 업데이트되는 상황을 보여 주며, 사이트의 활성화 정도를 이용자에게 간접적으로 알려 줍니다. 등록된 상품을 더 많은 이용자에게 홍보해 판매 촉진 역할을 하기도 하죠. 최근 등록된 상품이 효

과가 없다면 이용자들이 등록한 상품 중 노출 가치가 높은 상품을 선정해 보여 주는 추천 상품을 기획하는 등 기획자의 아이디어에 따라 마음껏 설계할 수 있습니다.

4. [스타일 숍]은 운영자가 직접 판매하는 상품을 진열한 메뉴입니다. 서브 메뉴의 ❻ 상품 미리 보기 영역은 시즌 추천 상품, 많이 판매된 상품, MD 추천 상품, 할인 중인 상품 등으로 다양하게 설계할 수 있습니다. 상품을 자동으로 호출해 표기하는 방식이라면 어떤 방법으로 호출할 것인지도 고민해야 합니다.

이용자의 웹 사이트 이용 데이터를 활용하는 방법	이용자가 웹 사이트를 이용하며 남기는 데이터를 기준으로 상품을 호출합니다. • BEST 상품은 이용자가 구매한 상품의 개수를 기준으로 가장 많이 판매되는 상품 1~5위 또는 1~10위 등 상황에 맞게 설계합니다. • 최근 등록된 상품은 이용자(운영자)가 상품을 등록한 날짜를 기준으로 가장 최근에 등록한 상품 1~5개 또는 1~10개 등 상황에 맞게 설계할 수 있습니다.
운영자가 직접 상품을 선택하는 방법	시즌 추천 상품, MD 추천 상품, 요즘 유행 상품 등은 프로그램이 상품을 구별할 수 있는 특정한 기준이 없으므로 운영자가 직접 상품을 선별합니다. 운영자가 직접 관리자 화면에 접속해 제목을 정하고 해당 영역에 호출할 상품을 하나씩 지정합니다. 따라서 이 기능을 구현할 때는 관리자 화면을 어떻게 구성하면 좋을지도 함께 고민해야 합니다.

5. ❹ [고객센터] 메뉴는 웹 쇼핑몰 이용에 보조적인 역할을 하는 메뉴입니다. 따라서 오픈 초기에는 이용자의 불편이 직접적으로 접수되지 않을 시기이므로 기능을 간소화하는 것이 좋습니다. [고객센터]에 등록된 게시글도 최근 등록된 상품, 시즌 추천 상품 영역과 같이 최근 등록글, 중요 공지글 등을 호출하도록 구현할 수 있지만, 오픈 초기에는 개발 대비 효율성이 낮으므로 간단히 메뉴명만 제공합니다. 이용자가 늘어나고 고객 문의가 많아지면 그때 효과적인 방법으로 개선하는 것이 바람직합니다.

6. 상품명 등의 문자를 호출할 때는 문자의 길이를 디스크립션에 정의합니다. 그렇지 않으면 글자가 넘쳐 다른 내용을 가리거나 퍼블리싱이 어긋나 화면 정렬이 흐트러질 수 있습니다. 문자의 길이는 표기 줄 수로 작성하면 좋습니다. 바이트(byte) 또는 글자 수로 작성하는 것이 가장 정확하지만, 파워포인트에서 작성한 문서와 포토샵 또는 HTML 웹 문서에서 출력하는 화면 사이즈에 차이가 있기 때문에 기획 단계에서는 노출되는 정확한 글자 수를 파악하기 어렵습니다. 그러므로 노출되는 줄 수를 디스크립션에 정의한 후 디자인이나 퍼블리싱 작업이 완료됐을 때 결과물을 검토하며 값을 보완해야 합니다.

❸ 푸터 설계하기

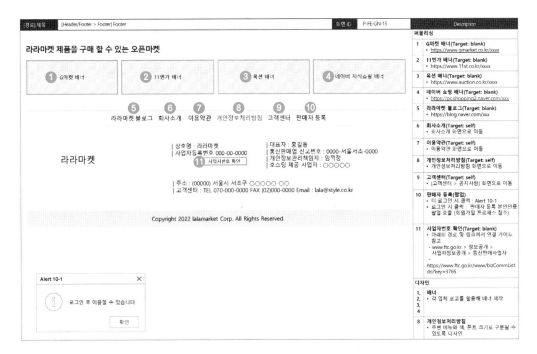

1. 웹 사이트의 모든 화면 아래쪽에는 푸터가 있습니다. 푸터는 화면의 가장 하단에 위치하므로 상단 영역에서 제공하지 않는 서비스 중 이용 빈도나 중요도가 낮은 메뉴를 주로 배치합니다. 이용자에게 추가로 알리고 싶은 정보, 웹 쇼핑몰과 관련된 다른 웹 사이트 정보, 이용자의 궁금증을 해소할 수 있는 정보, 웹 쇼핑몰 관련 법률 표기 사항 등이 예입니다. 대부분의 웹 사이트는 회사 소개, 이용 약관, 개인정보 처리방침, 인재 채용, 제휴/제안 등을 푸터의 메뉴로 구성합니다. 이용자들도 위와 같은 메뉴들은 사이트 하단에 있다는 것을 학습으로 알고 있습니다. 만약 푸터로 구성할 메뉴가 없다면 억지로 설계하지 않아도 됩니다. 간단하게 법적 표기 의무만 지킬 수 있도록 설계해도 좋습니다.

2. 법적 표기 의무 사항은 전자상거래 등에서의 소비자 보호에 관한 법률 제10조(사이버몰의 운영)와 전자상거래 등에서의 소비자 보호에 관한 법률 시행 규칙 제7조(사이버몰 운영자의 표시 방법)에 의해 아래와 관련된 사업자 정보를 첫 화면에 모두 표시하고, 이용 약관은 링크로 연결해야 합니다.

▶ 관련 법률은 국가법령정보센터 홈페이지(www.law.go.kr)나 구글(www.google.com)에서 전자상거래 등에서의 소비자 보호에 관한 법률을 검색하면 쉽게 찾을 수 있습니다.

법적 표기 의무 사항	상호 및 대표자 성명, 영업소가 있는 곳의 주소, 전화번호, 전자 우편 주소, 사업자 등록 번호, 사이버몰의 이용 약관

3. 전자상거래 소비자 보호법에 따라 허가를 받아 운영하는 사이버 사업장이라는 것을 이용자에게 확인시켜 주기 위해 사업자 등록 번호 아래에 ⑪ [사업자번호 확인] 메뉴를 설계합니다.

4. ⑧ 개인정보 처리 방침은 표준 개인정보 보호지침 제20조(개인정보 처리방침의 공개)에 의해 첫 화면에 링크로 표기하고, 이용자가 쉽게 찾을 수 있도록 글자 크기, 색상 등을 다른 메뉴와 구별되게 적용해야 합니다. 따라서 이와 같은 사항이 디자인에 포함될 수 있도록 디스크립션에 작성해 두는 것이 좋습니다.

5. 가장 아랫줄에는 저작권(Copyright...)을 표기합니다. 저작권은 저작물을 창작한 순간에 자동으로 발생하기 때문에 저작권 표시(ⓒ)가 없어도 저작권법에 따라 보호를 받을 수 있지만, 방문자의 무단 카피 예방을 위해 예시와 같이 설계합니다.

6. ① ~ ⑪ 각 메뉴에 맞는 링크 주소와 링크 방식(blank, self)을 디스크립션에 작성합니다. 그중 ⑪ [사업자번호 확인] 메뉴는 단순한 링크로는 연결할 수 없습니다. 공정거래위원회 웹 사이트(www.ftc.go.kr)에서 사업자 번호를 이용해 링크를 연결해야 하기 때문입니다. 그러므로 연결할 수 있는 가이드가 있는 화면 경로나 링크를 디스크립션에 작성해 두면 개발자가 정보 찾는 시간을 절약할 수 있습니다.

사실 이렇게 개발 가이드까지 모두 챙기는 것은 기획자의 필수 업무는 아닙니다. 어쩌면 개발자들이 더 잘 알고 있을 수 있습니다. 따라서 경험을 통해 알게 된 사실, 간단한 검색으로 알게 된 정보 내에서만 작성하면 됩니다.

이용 약관, 개인정보 처리방침 화면은 단순히 텍스트로 정보를 안내하는 화면입니다. 화면이 매우 단순하기 때문에 설명 없이도 충분히 설계할 수 있어 이 책에서는 생략했지만, 실무에서는 중요한 사항이므로 누락 없이 화면을 설계하도록 주의하세요.

비상! 퇴근 전 의뢰인의 메일

← ⤓ ⓘ 🗑

연관 웹 사이트를 푸터에 추가해 주세요.

 세바스찬 ceo@lalamarket.co.kr   ☆ ↩ ⋮
나에게 ☑

기획자님, 안녕하세요?

저희 회사에서 운영하는 웹 쇼핑몰이 3개 있습니다. 각 쇼핑몰 간 상호 작용을 할 수 있도록 서비스 구상 중인데요. 우선은 쇼핑몰 하단 푸터에 아래의 쇼핑몰을 추가하여 이용자가 링크를 타고 이동할 수 있도록 수정해 주세요.

언제까지 완료될까요? 간단한 사항이니 금방 되겠죠? 다음 주 상무님 보고가 있어서 금주 중으로 완성되었으면 합니다!!!

① 남성 구두 쇼핑몰: www.aaa.co.kr
② 남성 의류 쇼핑몰: www.bbb.co.kr
③ 남성 속옷 쇼핑몰: www.ccc.co.kr

수고하세요!

(← 답장)   (→ 전달)

(선배 기획자의 조언!)

쇼핑몰 사이트를 배너로 연결하는 것도 방법이지만 배너가 많아서 푸터가 복잡하다면 배너를 모두 없애고 드롭다운 메뉴로 간편하게 설계하는 것도 한 가지 방법입니다. LG 유플러스(www.uplus.co.kr) 웹 사이트 아래쪽에 있는 [바로가기] 메뉴나 카카오(www.kakaocorp.com) 사이트 아래쪽에 있는 [관련사이트] 기능을 참고해 보세요!

04-2 회원 가입

회원 가입 프로세스를 설계하기 위해 가장 먼저 확인할 사항은 구현하려는 사이트에 회원 가입이 필요한지 검토하는 것입니다. 웹 쇼핑몰, 플랫폼, 포털 등과 같이 이용자 개인별로 제공되는 서비스나 정보가 있다면 이용자마다 구분이 필요하므로 회원 가입 프로세스 설계가 필요합니다. 반면 회사 홈페이지나 마이크로사이트(microsite: 한 기업에서 여러 브랜드를 운영할 때 특정 브랜드만 소개하는 사이트), 국가 기관의 정보 제공 사이트 등 누구에게나 제한 없이 정보를 제공하거나 이용자 개인별로 제공되는 서비스가 없는 경우, 이용자가 사이트에 정보(정보성 글, 문의 등)를 남기는 사항이 없다면 회원 가입 프로세스는 설계하지 않습니다.

회원 가입 프로세스를 설계할 때는 사이트를 효과적으로 이용하기 위해 이용자로부터 어떤 항목을 수집할 것인지를 먼저 분석합니다. 그러기 위해서는 사이트 내에서 제공하는 서비스를 살펴봐야 합니다. 아직 사이트 화면을 눈으로 볼 수 있는 단계가 아니므로 서비스 기획서, 기능 정의서, 정책 정의서 등을 참고하여 사이트에서 제공할 기능과 이용자의 이용 형태를 최대한 유추해 이용자 유형을 분류(개인/사업자, 학생/교수, 일반/프리미엄 등)하고 필요한 항목을 최대한 수집합니다. 그리고 이렇게 취합한 내용을 바탕으로 회원 가입 프로세스를 설계합니다.

1 회원 가입 프로세스 설계하기
2 약관 동의 화면 설계하기
3 회원 정보 입력 화면 설계하기
4 회원 가입 타당성 검증 화면 설계하기
5 본인 인증 화면 설계하기

1 회원 가입 프로세스 설계하기

회원 가입 프로세스를 설계한다는 것은 어떤 순서로 회원 가입을 진행할 것인지 순서를 정하는 것입니다. 먼저 회원 가입 단계에서 회원에게 알려야 하는 사항과 회원으로부터 받아야 하는 정보 등을 모두 모은 다음 어떻게 단계를 나누어 효과적으로 설계할지 고민해야 합니다. 회원에게 알려야 할 사항도 많고 수집해야 할 항목도 많다면 아래의 큰 기본 프로세스를 먼저 설계한 후 그 외 단계는 이를 기준으로 앞 또는 사이사이에 넣어 프로세스를 완성하면 쉽습니다.

❶ 먼저 약관 동의, 정보 입력, 가입 완료의 3단계를 기본 프로세스로 설계합니다.

회원 정보를 수집하려면 먼저 개인정보 수집을 위한 동의와 사이트를 이용하기 위한 조건에 대한 동의가 먼저 이루어진 다음에 진행하는 것이 기본 원칙입니다. 회원 정보를 먼저 수집하고 나서 약관 동의를 받는 것은 계약서에 서명부터 하고 세부 내용을 읽어보는 것과 같은 행위이므로 이용자가 사이트 약관에 동의하는지 의사를 먼저 묻는 것이 기본입니다. 가입 완료 단계는 항상 가입 프로세스를 모두 마친 마지막 단계로 설계합니다.

약관 동의, 정보 입력, 가입 완료 순으로 기본 프로세스를 설계합니다.

❷ 약관 동의, 정보 입력, 가입 완료 이외의 단계가 있다면 가장 앞 또는 단계 사이사이에 넣어 정보 수집의 흐름을 구상합니다.

이용자의 선택에 따라 약관 동의 내용이 변경되거나 정보 입력 항목이 변경되는 등의 영향이 있는 경우라면 약관 동의 앞 단계로 설계합니다. 가장 흔한 예가 바로 이용자 분류입니다. 가입하는 이용자가 개인회원인지 기업회원인지에 따라 약관 내용과 수집되는 정보가 달라질 수 있습니다. 따라서 이용자에게 알맞은 회원 정보 양식을 제공하기 위해 약관 동의 앞 단계에 설계합니다.

정보 입력 단계에서 수집된 정보 외의 추가 정보를 수집하거나 결제하는 등의 단계가 필요하다면 정보 입력 단계와 가입 완료 단계 사이에 해당 정보를 수집할 수 있도록 설계합니다. 회원 가입 절차를 간단히 하는 것이 이용자 확보에 도움이 되지만, 서비스의 특성상 어쩔 수 없이 특정 조건을 만족해야만 가입이 가능할 수도 있습니다. 특정한 자격 조건을 확인하기 위해 서류를 업로드하거나, 유료로 정보를 제공하는 사이트에서 가입비를 결제해야 하는 경우가 예입니다.

물론 정보 입력 단계에서 이 정보를 한 번에 모두 받을 수도 있습니다. 그러나 굳이 단계를 나누어 설계하는 이유는 최초 정보 입력 항목을 간소화하여 이용자의 사이트 이탈률을 줄이고, 각 단계마다 임시 저장 기능을 두어 중간에 화면을 이탈해도 회원 가입을 이어서 할 수 있도록 편의성을 높이기 위해서입니다. 따라서 회원 가입 시 정보 입력 단계는 최대한 간소화하고, 추가로 갖춰야 하는 요건이 많다면 각 단계에 임시 저장 기능을 두어 기존에 작성된 내용을 불러올 수 있도록 이용자 편의를 돕는 편이 효과적입니다. 정보 입력 단계에서 아이디와 비밀번호를 입력 후 임시 저장했다면, 로그인 시 이후 단계로 바로 이동하여 추가 정보를 입력할 수 있도록 말이죠.

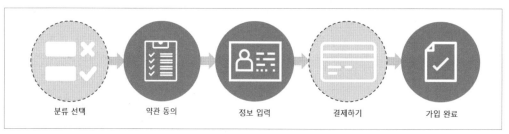

기본 프로세스 이외의 단계는 앞뒤 맥락을 구분하여 앞 단계 또는 중간 단계에 넣어 설계합니다.

② 약관 동의 화면 설계하기

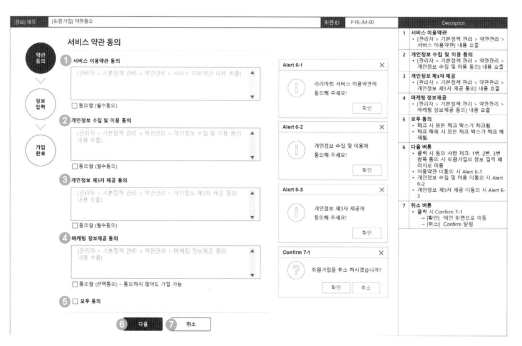

1. 약관 동의란 이용자와 정보 제공자 간 서로 지켜야 하는 약속을 명시한 내용을 이용자가 동의하는 것을 말합니다. 또한 사이트 이용 중 작성되는 개인정보를 사이트에서 수집하는 것에 동의하고 운영자는 이를 철저히 관리하겠다는 개인정보 수집 및 이용 동의가 있습니다. 그 밖에도 이용자의 개인정보가 사이트 이용 목적 외에 사용될 경우, 마케팅 용도로 사용될 경우 등에는 별도의 항목을 구성하여 이용자의 동의를 받아야 합니다.

2. 본 약관 동의 화면은 서비스 이용 약관에 대한 동의를 받을 때 개인정보 수집 및 이용 동의와 개인정보 제3자 제공 동의, 마케팅 정보 제공도 함께 진행합니다. 각 항목은 필수 동의와 선택 동의로 나눕니다. 필수 동의 항목에 동의하지 않으면 더 이상 회원 가입 프로세스를 진행할 수 없으므로 적절한 경고창을 띄워야 합니다.

3. 개인정보 수집 및 이용도 필수 동의 항목입니다. 이용자가 개인정보 수집 및 이용에 대한 내용을 모두 인지하고 동의한 후에 회원 정보를 받는 것이 순서이기 때문에 약관 동의 화면과 회원 정보 작성 화면의 순서를 바꾸거나 이 두 가지를 한 페이지 내에서 일괄 진행하지 않도록 주의해야 합니다.

4. 여기서는 레이아웃을 2단으로 구성하여 왼쪽 레이아웃에 회원 가입 절차를 스텝퍼(stepper)로 표기했습니다. 회원 가입 절차는 이용자가 회원 가입의 복잡성을 판단하는 척도가 되며, 가입 절차 단계 중 현재 어느 단계를 진행하고 있는지 알려 줍니다. 설계 시 이용자가 현재 어느 단계에 있는지 알 수 있도록 해당하는 단계에 하이라이팅(highlighting)으로 표시해 주면 좋습니다.

> ▶ 핀터레스트(www.pinterest.co.kr)에서 Stepper UI를 검색하면 다양한 형태의 UI를 참고할 수 있습니다.

5. ❶ ~ ❹ 약관의 내용을 한 화면에서 모두 볼 수 있게 스크롤 창으로 설계합니다. 스크롤은 특정 영역 안에 그보다 많은 내용이 담기면 자동으로 생기는 HTML 기능으로, 설계에 필수 요소는 아니지만 화면 설계 리뷰 시 이해를 돕기 위해 넣어 두는 것이 좋습니다.

6. 상품 거래가 성립하기 위해 이용자와 관리자가 서로 지켜야 할 중요한 항목은 필수 동의로 구분하고, 서비스 이용이나 상품 거래와 직접적인 관련이 없는 항목은 선택 동의로 구분합니다. 이용자 편의를 위해 ❺ [모두 동의] 체크 박스도 설계합니다.

> ▶ 가입된 회원에게 광고성 메시지를 보낼 때 이용자의 동의가 꼭 있어야 하는 이유가 궁금하다면 [정보통신망이용촉진및정보보호등에관한법률 > 제50조(영리목적의 광고성 정보 전송 제한)]를 참고해 보세요!

7. 약관 내용은 관리자 화면에서 등록한 약관 내용이 호출되도록 설계합니다. 만약 관리자 화면에 약관 등록 기능을 설계하지 않는다면, 퍼블리셔는 HTML 파일 안에 전체 약관 내용을 직접 삽입해야 합니다. 약관 내용은 별도의 파일로 준비해서 화면 정의서와 함께 전달하고 화면 정의서에는 작업자가 쉽게 이해할 수 있도록 약관 파일명만 기입합니다.

8. PC 화면의 경우(마우스 환경) 긍정적인 요소의 버튼(확인, 전송, 완료, 다음 등)을 왼쪽에 배치합니다. 글을 읽는 방향을 기준으로 부정적인 요소의 버튼(취소, 삭제, 뒤로 등)보다 먼저 눈에 띄게 하기 위해서입니다. 반대로 모바일 화면의 경우(터치 환경) 부정적인 요소가 왼쪽, 긍정적인 요소가 오른쪽에 위치하도록 설계합니다. 화면이 작은 모바일 화면에서는 이용자의 시선보다 쉬운 터치를 우선시하므로 오른손 엄지 손가락이 터치하기 쉬운 자리에 설계하는 것입니다. 따라서 회원 정보 입력 화면으로 이동하는 ❻ [다음] 버튼은 왼쪽에, 가입을 원하지 않는 이용자가 누를 수 있는 ❼ [취소] 버튼은 오른쪽에 설계합니다. 현재 화면은 GNB 메뉴가 생략된 상태이지만 GNB 메뉴를 눌러도 화면이 이동하므로 [취소] 버튼은 생략할 수 있습니다.

9. 이용자는 필수 동의 항목을 모두 체크해야만 다음 단계로 넘어갈 수 있습니다. 만약 필수 동의 항목에 체크하지 않고 ❻ [다음] 버튼을 눌렀다면 상황에 맞는 경고 창(alert)이 표시되어야 하고, 이용자가 [취소] 버튼을 눌렀다면 실행 여부를 다시 묻는 확인 창(confirm)이 표시되어야 합니다.

⭐ 기획자 상식 사전　　**약관 준비하는 방법**

웹 기획자가 약관을 준비해야 할 경우 이미 완성된 다른 웹 쇼핑몰의 약관을 참고하거나 다음에서 소개하는 방법으로 준비해 보세요.

❶ 서비스 이용 약관: 공정거래위원회(www.ftc.go.kr) 접속 후, [정보공개 → 표준계약서 → 표준약관 약식] 메뉴에서 전자상거래 표준약관을 확인합니다.
❷ 개인정보 처리방침: 개인정보보호 종합포털(www.privacy.go.kr) 접속 후, [지원마당 → 개인정보 도우미 → 개인정보처리방침 만들기] 메뉴를 이용합니다.
❸ 개인정보 처리 위탁 및 개인정보 제3자 제공 약관: 개인정보보호 종합포털(www.privacy.go.kr) 접속 후, [자료마당 → 지침자료] 메뉴에서 개인정보 처리방침 작성 예시 문서를 참조하세요.

❸ 회원 정보 입력 화면 설계하기

1. 이용자가 입력해야 할 정보를 표와 도형을 사용하여 공간을 적절하게 구분하여 설계합니다. 회원 정보 입력 화면에서는 수집 항목 및 입력 조건을 설계하는 것이 중요합니다. 여기서는 이름, 아이디, 비밀번호, 이메일 4가지 항목을 수집합니다. ❶ 이름을 짓는 규칙에 관한 법률에 의거 이름은 성을 포함해 최대 6자까지 입력받을 수 있도록 설계합니다. 단, 외국인도 회원 가입을 받는다면 최대 30자까지 입력할 수 있도록 하는 것이 좋습니다.
❷ 아이디, ❹ 비밀번호, ❺ 이메일도 최대 글자 수, 한글/영문 사용 여부, 띄어쓰기/특수문자 사용 여부 등과 같은 입력 조건이 필요합니다. 정책 정의서를 보고 각각의 입력 조건을 확인한 후 이용자가 알 수 있도록 안내 문구를 삽입합니다.

2. 회원 정보에 이름을 입력할 때는 이용자가 직접 입력하는 방법과 본인 인증 서비스를 사용하여 확인된 이름을 그대로 가져오는 방법이 있습니다. 은행, 공공 기관, 대학교, 카드 회사와 같이 보안이 중요한 웹 사이트의 경우 입력된 회원 정보가 실제 이용하는 사람의 정보라는 것을 확인하기 위해 본인 인증 서비스를 이용하는 것이 좋습니다. 이는 본인 명의 휴대폰을 가지고 있다는 전제하에 통신사에 가입된 정보를 토대로 본인임을 인증하는 서비스입니다.

▶ 본인 인증에 대해 더 궁금하다면 NICE 아이디(www.niceid.co.kr)에서 휴대폰 본인 확인 서비스를 확인해 보세요.

3. ❷ 아이디는 웹 사이트에서 이용자를 식별할 수 있는 유일한 값입니다. 이용자 간 같은 아이디는 사용할 수 없으므로 반드시 아이디 중복 확인 기능을 설계합니다. 웹 사이트 가입 시 자신이 사용하려는 아이디를 입력하고 [중복 확인] 버튼을 누르면 내가 설정한 아이디를 다른 이용자가 사용하고 있는지 확인합니다. 이때 같은 아이디가 있는 경우와 없는 경우 모두를 고려해 이용자에게 노출할 메시지를 정합니다.

4. ❹ 비밀번호는 ●●●●처럼 특수 문자로 표기되도록 설계합니다. 이를 마스킹(masking) 처리 또는 패스워드(password) 처리라고 합니다. 비밀번호는 아이디와 달리 보안이 중요하므로 무엇을 입력했는지 알 수 없도록 해야 합니다. 그래서 원하는 비밀번호로 정확하게 입력했는지 확인하기 위해 비밀번호 확인란도 함께 두어 두 개의 비밀번호가 동일한 경우에만 가입에 성공하게 합니다.

5. ❺ 이메일 입력란을 설계합니다. @ 앞에는 영문과 숫자만, 뒤에는 이메일 형식만 입력할 수 있도록 합니다. 모든 이메일 도메인을 드롭다운 목록에 담을 수 없으므로 이용자가 직접 입력할 수 있는 기능도 함께 설계합니다. 드롭다운 목록에 들어갈 이메일 형식의 종류는 디스크립션에 기입합니다.

6. 이 웹 쇼핑몰은 회원 유형에 따라 [회원가입] 버튼이 2개입니다. 첫 번째 버튼은 상품만 구매할 수 있는 계정이고, 두 번째 버튼은 상품을 구매할 뿐만 아니라 자신의 상품을 직접 등록하여 판매할 수 있는 계정입니다. 이 점에 유의하며 가입하기 버튼을 설계합니다.

7. 회원 가입 유형을 안내하는 ❻ ~ ❼ 문구는 말풍선(tooltip)으로 표기합니다. 매번 내용을 보아야 사이트를 이용할 수 있는 사항은 별도 클릭이 없어도 내용을 볼 수 있도록 화면에 직접 안내 문구를 작성합니다. 하지만 이용자 대부분이 알고 있거나 쉽게 유추할 수 있는 내용, 한 번만 알면 쉽게 할 수 있는 안내는 말풍선을 사용하는 것이 좋습니다.

8. 회원 정보 필수 작성 항목은 이용자가 반드시 입력해야 사이트를 이용할 수 있는 정보들입니다. 이용자가 쉽게 구분할 수 있도록 ❶, ❷, ❹, ❺에 눈표(*)를 삽입합니다. ❽ [취소] 버튼처럼 이용자가 입력한 내용을 무효화할 때는 확인 창을 한 번 더 띄웁니다.

9. 화면 위와 아래에는 안내 문구를 배치합니다. 이용자가 반드시 알아야 하는 내용은 시선이 집중되는 위쪽에 배치하는 것이 좋습니다. 하지만 이용자는 회원 가입 화면의 안내 문구를 잘 읽지 않는 경향이 있습니다. 따라서 중요한 안내 사항은 아래쪽에 중복으로 배치하는 것이 좋습니다.

금융, 클라우드 등 중요한 정보를 다루는 웹 사이트는 보안 수준을 높이기 위해 까다로운 조합으로 비밀번호를 요구할 수 있습니다. 이때는 비밀번호를 모두 입력하고 [회원가입] 버튼을 눌렀을 때 비밀번호 생성 규칙에 어긋나는지 확인하는 것이 아니라 비밀번호를 입력하는 즉시 사용 가능 여부를 알려 주도록 설계하는 것이 좋습니다. 어떤 정보를 입력할 때 필요한 안내 메시지는 이용자가 입력하는 필드와 인접한 영역에 나타내는 것이 가장 효과적입니다. 따라서 입력 필드 하단에 주로 설계합니다. 이렇게 이용자가 정보를 입력할 때 규칙에 어긋나지 않도록 보여 주는 안내 메시지를 가이드 메시지, 도움말 텍스트, 인라인 메시지 등으로 부릅니다.

비밀번호 가이드 메시지 영역 예

가이드 메시지는 이용자가 변칙적으로 입력하는 모든 경우의 수를 파악한 다음 각 상황에 맞는 가이드 메시지가 보이도록 설계합니다.

예를 들어 다음과 같은 비밀번호 생성 정책이 있다면 이렇게 정리해 보세요.

• 영문, 숫자, 특수문자를 조합하여 최소 8자부터 최대 20자까지 입력

메시지 노출 영역	케이스	가이드 메시지	메시지 컬러
가이드 메시지 영역 01	8자 이하 입력 시	최소 8자부터 최대 20자 이내로 입력해 주세요.	빨강
	8자 이상 입력 〉 영문, 숫자, 특수문자 조합이 아닌 경우	영문, 숫자, 특수문자 조합으로 입력해 주세요.	빨강
	규칙에 맞게 입력된 경우	사용할 수 있는 비밀번호입니다.	초록
가이드 메시지 영역 02	비밀번호 입력 필드 〉 입력되지 않은 경우	노출 메시지 없음	-
	비밀번호 입력 필드 〉 입력 필드 클릭 및 입력 중인 경우	확인 비밀번호를 입력해 주세요.	빨강
	비밀번호과 확인 비밀번호가 다른 경우	비밀번호를 확인 후 다시 입력해 주세요.	빨강
	비밀번호가 일치하는 경우	비밀번호가 확인되었습니다.	초록

4 회원 가입 타당성 검증 화면 설계하기

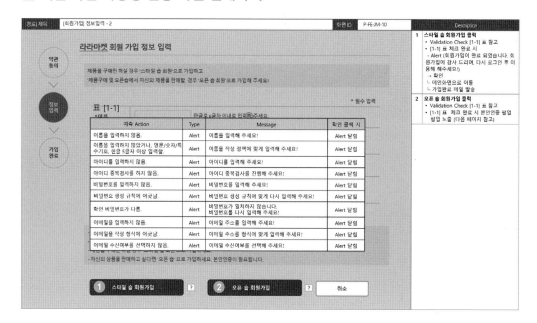

1. 회원 가입 정보를 모두 입력했다면 이제 [가입하기] 버튼을 누르면 끝입니다. 하지만 입력 조건에 맞는지, 필수 항목을 작성했는지 등 이용자가 작성한 정보가 정책에 맞게 작성되었는지 검증해야 합니다. 이러한 과정을 타당성 검증(validation check)이라고 합니다.

2. 타당성 검증은 이용자가 모든 정보를 입력하고 다음 단계로 넘어가는 가장 마지막 시점인 [가입 완료] 버튼을 클릭했을 때 체크되도록 설계합니다(본 예시에서는 [스타일 숍 회원 가입], [오픈 숍 회원가입] 버튼이 가입 완료와 같은 역할을 합니다). 간단한 타당성 검증은 디스크립션에 작성해도 좋지만, 회원 정보 입력 화면처럼 작성해야 할 항목이 많다면 표로 이해하기 쉽게 정리하는 것이 좋습니다. 회원 가입 정보 입력 화면 다음에 슬라이드를 새로 만들어 정리합니다.

3. 웹 기획자는 가입 정책으로 정해 놓은 항목 외에도 이용자가 행할 수 있는 모든 변칙 상황을 예상하여 그에 맞는 대처 방안을 설계해야 합니다. 가장 첫 번째 항목인 이름 항목을 예로 들면, 이용자가 이름을 입력하지 않고 바로 [가입 완료] 버튼을 눌렀을 경우부터 작성해 나가면 됩니다.

4. 타당성 검증은 보통 개발자들이 가장 첫 번째 항목부터 순차적으로 검사할 수 있도록 개발합니다. 따라서 회원 가입 항목의 여러 곳이 잘못 작성되어도 동시에 경고 창이 노출되는 것은 아닙니다. 검사 과정 중 가장 첫 번째로 잘못된 항목을 체크하여 경고 창을 노출하고 이용자가 내용을 수정할 수 있도록 합니다. 재검사 시 첫 번째로 항목이 다시 올바르게 작성되었다면 다음 항목의 잘못된 사항을 체크하여 경고 창을 노출하게 됩니다.

○ 경고 창(alert), 선택 창(confirm)은 이용자가 사이트를 실수 없이 이용할 수 있도록 하는 안내자 역할을 합니다.

5. 앞서 〈기획자 상식 사전〉에서 배운 가이드 메시지를 설계한다면 굳이 경고 창을 노출하지 않아도 됩니다. 타당성 검증 과정에서 잘못 입력된 항목이 있다면 해당 항목으로 커서를 위치시켜 이용자가 알 수 있도록 설계할 수도 있습니다(본 도서에서는 학습을 위해 경고 창으로 설계하였습니다).

6. ❶ [스타일 숍 회원가입] 버튼을 클릭한 후 가입이 완료되면 이용자에게 가입 완료 메일을 발송하도록 정의합니다.

7. 가입 완료 메일, 구매 완료 메일 등 특정 시점에 발송되는 메일은 별도 슬라이드나 별도 문서로 정리하면 좋습니다. 개발자들이 대부분 가장 마지막에 일괄 작업하기 때문입니다. 발송되는 메일을 정리할 때는 발송 시점, 메일 제목, 메일 내용, 수신자(이용자, 관리자)의 항목을 구성하여 정리하면 됩니다.

5 본인 인증 화면 설계하기

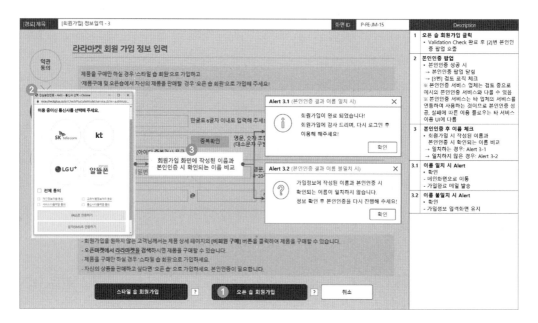

1. 오픈 숍은 이용자가 제품을 등록하고 판매할 수 있는 메뉴도 제공하므로 거래 사고를 예방하기 위해 본인 인증을 진행해야 합니다. [스타일 숍 회원가입]을 선택하면 본인 인증 없이 정보 입력 화면으로 이동하고, ❶ [오픈 숍 회원가입]을 선택하면 ❷ 본인 인증을 진행한 후 정보 입력 화면의 이름 항목과 본인 인증에서 확인된 이름을 비교해 작성된 정보가 올바른지 확인할 수 있도록 합니다.

2. 본인 인증은 타 업체에서 제작이 완료된 모듈을 연결하여 진행하는 방식이므로 디스크립션에 작동 원리까지 상세히 작성하지 않아도 됩니다. 다만 본인 인증 완료 후 해당 모듈에서 보내온 결괏값을 어떻게 사이트에서 활용할 것인지를 정의해야 합니다. 본인 인증 성공 시 웹 사이트로 국적, 생년월일, 성별, 이름, 휴대폰 번호 등의 이용자 정보를 알려 줍니다. 여기서 우리는 이름 항목으로 정보의 정확도를 체크할 것입니다.

3. ❸ 체크 로직을 넣어 본인 인증 완료 후 회원 가입 정보에서 작성한 이름과 일치할 때만 가입이 완료되도록 설계합니다. 이름이 일치할 경우와 일치하지 않을 경우 모두 경고창으로 안내합니다. 보안이 중요한 웹 사이트라면 본인 인증 실패 횟수를 계산하여 일정 횟수 이상 일치하지 않으면 더 이상 같은 정보로 회원 가입이 진행되지 않도록 설계할 수도 있습니다.

회원 가입 단계에서 이용자 정보를 최대한 많이 수집하는 것이 좋다고 생각할 수 있지만, 이는 잘못된 생각입니다. 개인정보에 민감한 이용자에게 반감을 살 수 있고, 이용자는 회원 가입을 빨리 끝내고 싶어 정보를 임의로 작성하는 경우가 많아 정보의 신뢰도가 떨어질 수 있기 때문입니다.

휴대폰 번호와 주소 정보는 어떨까요? 웹 쇼핑몰에서 구매한 상품을 받으려면 당연히 휴대폰 번호와 주소 정보는 필수입니다. 하지만 회원 가입 단계에서는 아닙니다. 웹 쇼핑몰에 가입한 이용자가 모두 제품을 구매하는 것은 아니고, 자신이 아닌 다른 사람에게 배송하는 경우도 많기 때문입니다. 게다가 이용자는 제품을 구매할 때 휴대폰 번호와 배송지를 입력하는 과정을 당연하게 생각합니다.

휴대폰 번호, 주소 정보는 필수가 아닌 선택 항목으로 설계하는 것도 한 가지 방법입니다. 이번 실습에서도 불필요한 정보는 생략하고, 이용자가 회원 가입을 가장 쉽고 빠르게 할 수 있도록 화면 정의서를 설계했습니다.

▶ 개인정보 보호 위원회(www.pipc.go.kr) 홈페이지의 [정책 > 법령 > 법령정보 > 지침·가이드라인]에서 '알기쉬운 개인정보 처리 동의 안내서'를 참고해 보세요.

SSL(secure socket layer)은 개인정보를 서버로 전송할 때 해킹으로부터 개인정보를 보호하는 기술입니다. 즉, 서버로 전송되는 개인정보를 암호화하고, 서버에 도착하면 복호화하여 서버에 저장합니다. SSL은 개발자가 직접 개발하지 않고, 이미 개발된 모듈을 구매하여 적용합니다. 개인정보가 오가는 전송 구간(회원 가입, 주문서 작성, 개인정보 수정 등)에는 SSL을 꼭 적용해야 합니다.

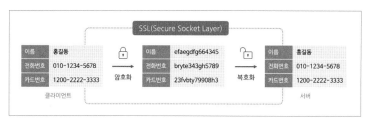

▶ 개인정보의 암호화 및 복호화 과정. 정보통신망법(2012년 8월 18일 시행)에 따라 보안 서버(SSL) 구축 의무 사항을 위반하면 사전 경고 없이 최고 3,000만 원의 과태료가 부과됩니다.

비상! 퇴근 전 의뢰인의 메일

올바른 이메일 주소를 입력하게 하는 방법은 없을까요?

 세바스찬 ceo@lalamarket.co.kr   ☆ ← ⋮
나에게 ▽

기획자님, 안녕하세요?

이용자들이 알아야 하는 중요한 정보를 메일로 발송하는데, 잘못된 메일 주소로 발송을 실패하는 경우가 전체 이용자 중 30%나 됩니다.

이용자가 올바른 이메일 주소를 입력할 수 있도록 유도하는 방법은 없을까요?

괜찮은 방법이 있다면 소개해 주시고, 간단한 이용 프로세스도 작성해 개발자들과 논의되었으면 합니다.

언제까지 가능한가요? 내일까지 가능할까요?

ASAP로 부탁드립니다.

수고하세요.

← 답장   → 전달

선배 기획자의 조언!

메일 인증 방법을 사용하면 어떨까요? 메일 인증은 이용자가 가입 시 입력한 메일 주소에 인증번호를 발송하고 이를 다시 웹 사이트에 입력하는 방식입니다. 물론 웹 사이트에서 발송한 인증번호와 이용자가 입력한 인증번호가 일치해야만 가입이 완료됩니다. 이용자는 이메일 비밀번호를 알아야 인증번호를 볼 수 있으므로 이것이 유효한 메일 주소라는 것을 알 수 있습니다.

그러면 이미 가입이 완료된 이용자들은 어떻게 메일 정보를 올바른 정보로 수정할 수 있도록 유도할 수 있을까요?

04-3 회사 소개

우리가 채소, 과일 등 신선 식품을 구매할 때는 생산지를 유심히 살펴봅니다. 겉은 신선해 보이지만 건강하게 자란 상품인지 궁금한 것이죠. 회사 소개 화면은 소비자의 이러한 궁금증을 해결하는 역할을 합니다. 회사에 대한 기본 정보를 소개하여 이용자에게 제품에 대한 신뢰도를 높이는 것이죠. 따라서 웹 기획자는 회사의 인지도를 높이고, 제품이나 서비스의 우수성을 잘 알릴 수 있도록 회사 소개 화면을 기획해야 합니다. 이번 실습에서는 회사 소개 화면을 설계해 보겠습니다.

1 소개 화면 설계하기

1 소개 화면 설계하기

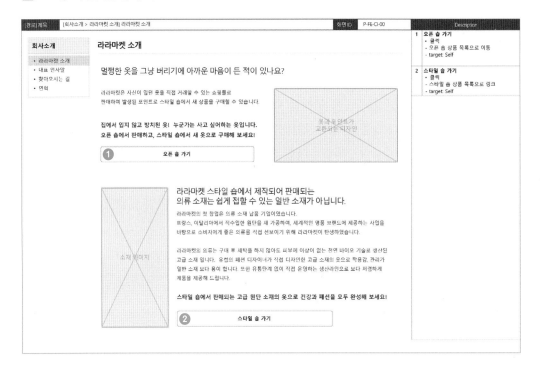

1. 회사 소개 화면은 보통 클라이언트에게 요청하여 받은 자료를 바탕으로 구성합니다. 하지만 이를 그대로 반영하기는 어렵습니다. 클라이언트는 회사 소개를 어떤 방식으로 구성해야 하는지는 모르는 경우가 많기 때문입니다. 웹 기획자는 제품의 성격, 회사의 규모, 브랜드 인지도 등을 파악하여 무엇을 어떻게 소개할 것인가를 고민해야 합니다. 여기서는 제품의 우수성을 강조함과 동시에 하나의 웹 사이트에서 두 가지 쇼핑몰을 즐길 수 있다는 점을 강조했습니다.

회사의 규모가 작거나 1인 쇼핑몰의 경우	쇼핑몰 운영 마인드, 창업 스토리, 의류를 제작하는 기준 관점, 독특한 스타일, 품질에 대한 자신감을 강조
아이디어 상품인 경우	제품이 현실화되는 과정과 대표의 열정을 강조
브랜드 인지도가 높은 제품인 경우	제품의 우수성을 증명할 수 있는 점유율, 회원 수를 강조

기업의 특징에 따라 소개 화면을 구성하는 방법

2. 오픈 숍과 스타일 숍 소개 정보 아래에 ❶, ❷ 링크 버튼을 설계하여 자연스럽게 상품 소개 화면으로 유도합니다. 링크 주소와 링크 방식은 디스크립션에 작성합니다.

3. 쇼핑몰에서 판매하는 제품의 종류에 따라 회사 소개를 디자인하는 방식도 달라집니다. 보통 저가 상품을 판매하거나 외식 프랜차이즈 기업은 사람들의 흥미를 끌기 위해 유머 코드나 웹툰, 유명 모델 등을 주로 활용합니다. 반면 감성적인 요소가 구매 요인으로 작용하는 화장품과 향수, 그리고 자부심과 전통을 중시하는 악기나 고급 자동차는 무겁고 진지한 분위기를 연출하여 이용자에게 신뢰를 주는 것이 중요합니다.

4. 회사 소개의 서브 메뉴는 대표 인사말, 찾아오시는 길, 연혁, 브랜드 소개 등으로 다양하게 구성할 수 있습니다. 이 내용 역시 기본적인 자료는 클라이언트 측에서 제공받습니다. 회사 소개 화면에는 특별한 기능을 구현할 일은 없으며 대부분 텍스트로 이루어져 있습니다. 따라서 이 텍스트를 어떻게 잘 구성해 표현하느냐가 중요합니다. 이용자에게 전달할 내용을 알차게 구성하기 위해 다른 회사 소개 화면들을 벤치마킹하는 것도 도움이 됩니다.

04-4 스타일 숍 상품 소개

웹 쇼핑몰의 상품 소개 화면은 이용자에게 상품을 소개하고 구매를 유도하는 등의 핵심 역할을 합니다. 고객은 온라인으로 쇼핑하면서 상품의 디자인, 가격, 리뷰 등을 살펴보며 구매를 결정하기 때문입니다. 따라서 상품 소개 화면을 어떻게 구성하느냐에 따라 매출에도 상당한 영향을 줄 수 있습니다.

이번 실습에서는 판매하는 상품에 따라 화면을 어떻게 구성하는지 이해하고, 상품 소개 화면에 필요한 필수 기능과 설계 방법을 배워 보겠습니다.

1️⃣ 상품 목록 화면 설계하기

2️⃣ 상품 상세(소개) 화면 설계하기

3️⃣ 상품 상세 — 상품 구매 버튼 및 탭 메뉴 설계하기

4️⃣ 상품 상세 — 상품 리뷰 탭 화면 설계하기

5️⃣ 상품 상세 — 상품 문의 탭 화면 설계하기

6️⃣ 상품 상세 — 배송안내/교환 및 반품 탭 화면 설계하기

1 상품 목록 화면 설계하기

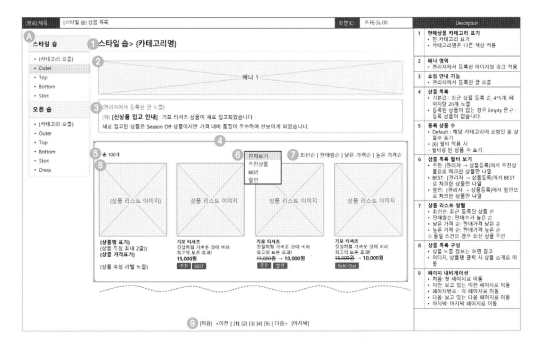

1. 상품 목록은 상품 상세의 요약된 정보만으로 원하는 상품을 쉽게 찾아볼 수 있도록 구성한 것입니다. 상세 화면에 진입하기 전 이용자가 찾는 상품임을 감지할 수 있는 요소, 클릭을 유도하는 마케팅 요소 등 다양하게 구성할 수 있습니다.

2. 상품 목록은 상품을 그룹별로 정리해 놓은 카테고리를 어디에 위치시키느냐에 따라 레이아웃이 결정됩니다. 일반적으로 GNB 영역을 상품 카테고리로 사용하는 형태와 상품 카테고리를 LNB로 사용하는 두 가지 형태가 있습니다.

GNB 영역을 상품 카테고리로 사용하는 예시(카테고리를 LNB로 사용하는 예는 상품 목록 화면 Ⓐ를 참고해 주세요)

GNB 영역에 상품 카테고리가 노출되도록 설계하였으면 상품 목록 화면에 Ⓐ와 같은 LNB는 필요하지 않습니다. 하지만 GNB를 다른 메뉴로 설계하였다면 카테고리를 클릭하며 상품을 열람할 수 있도록 Ⓐ와 같은 LNB가 필요합니다. 본 도서에서는 LNB가 있는 레이아웃으로 설계합니다.

3. 인지도, 신뢰도가 낮은 쇼핑몰에서는 GNB에 상품 카테고리를 노출하는 것보다 서비스 개요나 브랜드를 인지시킬 수 있는 요소로 구성하는 것이 이용자의 구매를 유도하는 데 더욱 효과적입니다. 사이트에 신뢰가 생기기 전까지 구매를 망설이기 때문입니다. 반면 인지도와 신뢰도가 높은 쇼핑몰은 이용자가 사이트에 대해 이미 긍정적인 경험이 있으므로 GNB에 카테고리가 노출되도록 설계해도 좋습니다.

4. 웹 사이트에 검색 기능이 있는데 ⓐ 카테고리 목록이 필요한 이유는 무엇일까요? 바로 이용자들의 소비 스타일이 다양하기 때문입니다.
- 무엇을 살 것인지 정하고 쇼핑몰에 접속하는 이용자: 검색 기능 활용
- 구매 제품은 정하지 않았지만 제품을 둘러보고 싶은 이용자: 카테고리 활용

5. 스타일 숍과 오픈 숍을 쉽게 오갈 수 있도록 각각의 서브 메뉴도 함께 설계합니다. 이용자가 보고 있는 사이트 화면의 위치는 ❶처럼 표시합니다. 카테고리의 깊이가 깊지 않다면 생략해도 좋습니다. 이용자들은 이미 많은 웹 사이트 이용 경험이 있으므로 정보를 찾다가 길을 잃는 경우는 없습니다.

6. ❷와 같이 상품을 홍보하는 배너를 만들면 이용자에게 상품이 더 많이 노출될 수 있습니다. 만약, 상품 목록에 등록된 상품의 수가 20개 미만이라면 배너 영역을 제외하고 이용자의 관심을 상품 리스트에 집중시키는 것이 좋습니다.

7. ❸ 쇼핑 안내 기능은 일반 쇼핑몰에서는 볼 수 없는 기능입니다. 이 실습에서는 각종 쇼핑 정보나 알아두면 좋을 패션 정보를 공유하며 이용자에게 더욱 친근하게 다가갈 수 있도록 설계했습니다. 필수 기능은 아니므로 운영 상황을 고려해 설계합니다.

8. ❹ 상품 목록 영역에 몇 개의 상품을 열과 행으로 배치할지 결정합니다. 카테고리에 등록된 상품이 없는 경우에 보여 줄 내용도 빠뜨리지 않고 설계합니다. 이 실습에서는 간단히 '등록된 상품이 없습니다.'라는 안내 문구가 나타나도록 정의했습니다.

9. ❽ 상품 요약 정보에는 이미지, 가격, 상품 특징 등 이용자가 자주 찾고 다른 상품과 구별되는 정보를 간략히 담습니다. 이용자가 상품을 일일이 클릭하지 않아도 상품의 특징을 바로 파악할 수 있어야 합니다.

10. 이용자가 소비 스타일에 맞추어 상품 목록을 직접 조정할 수 있도록 ❻ 상품 필터 기능과 ❼ 상품 목록 정렬 기능을 설계합니다. 상품 필터 기능은 이용자가 보고 싶은 상품만 노출하는 기능입니다. 예를 들어 관리자 화면에서 특정 상품에 추천상품, BEST, 할인 등의 꼬리표를 추가하면 ❻의 목록에서 선택 시 해당 상품만 노출하도록 합니다. 상품 목록 정렬 기능은 상품을 원하는 순서로 재배열하는 기능입니다. 일반 가전, 의류, 화장품 등은 최신순 정렬이 이용자의 구매에 도움이 되지만 농수산물, 가공식품, 생필품 등은 큰 의미가 없으므로 대신 구매순이나 가격순 또는 리뷰순으로 구성하는 것이 이용에 도움이 됩니다.

11. ❾는 페이지 내비게이션입니다. 많은 제품을 한 화면에 모두 보여 줄 수 없으므로 페이지별로 나누어 보여 주기 위한 기능입니다. 최신순, 인기순과 같이 앞 페이지에 있는 상품의 중요도가 높다면 지금 예시와 같이 설계합니다. 하지만 서적, 자동차 부품, 중고 상품 목록처럼 앞 페이지에 있는 상품과 마지막 페이지에 있는 상품의 중요도에 차이가 없다면 원하는 페이지로 바로 이동하는 기능을 추가할 수 있습니다. 요즘에는 상품 목록의 마지막을 프로그램이 인지하여 스크롤이 끝에 도달하면 추가로 상품을 소팅하는 무한 스크롤(infinity scroll) 기능을 사용하기도 합니다.

|처음| <이전 | **[1]** [2] [3] [4] [5] | 다음> |마지막| [   ] [이동]

원하는 페이지로 바로 이동하는 내비게이션 예시: 필드에 숫자를 넣고 [이동] 버튼을 클릭하면 입력한 숫자의 페이지로 이동합니다.

★ 기획자 상식 사전 **상품 목록 화면을 효과적으로 설계하는 세 가지 방법**

첫째, 이미지의 비율을 결정합니다. 이미지 비율은 상품의 특징과 크기에 따라 다릅니다. 의류는 상품 전체를 담기 위해 주로 세로가 긴 이미지로 설계합니다. 보석, 시계와 같이 상품을 돋보이게 연출하기 위해서는 확대한 정사각형 이미지로 구성하면 좋습니다.

둘째, 상품명을 먼저 노출할지, 가격을 먼저 노출할지는 관여도에 따라 결정합니다. 관여도란 이용자가 상품을 구매할 때 상품에 대해 알아보는 정도를 뜻합니다. 구매 의사 결정이 빠르고 구매 후 만족도를 평가하는 저렴한 가격의 낮은 관여도 제품이라면 가격을 먼저 표기하는 것이 좋습니다. 한복, 신사정장, 향수, 고급 자동차처럼 값이 비싸거나 자세한 스펙을 확인하고 구매하는 높은 관여도 상품이라면 가격보다 상품명을 먼저 노출하는 것이 더 효과적입니다.

셋째, 장바구니 기능을 결정합니다. 장바구니 기능을 추가하면 이용자는 상품 상세 화면에 들어가지 않아도 상품 목록 화면에서 먼저 구매 의사를 결정할 수 있습니다. 따라서 식품, 생필품처럼 재구매할 확률이 높은 상품에 적용하는 것이 좋습니다.

2 상품 상세(소개) 화면 설계하기

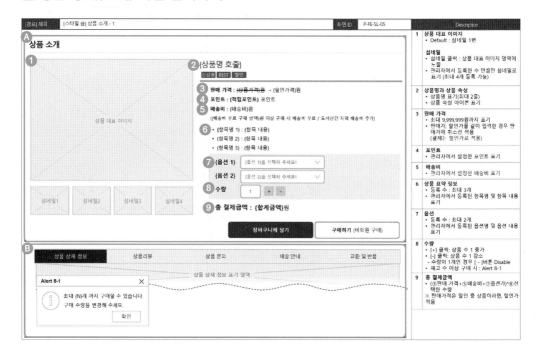

1. 상품 상세 화면은 ⓐ 상품 요약 영역과 ⓑ 상품 상세 및 부가 정보 영역으로 나뉩니다. ⓐ 상품 요약 영역은 상품 상세를 보지 않아도 상품의 대략적인 정보를 파악하고 구매 여부를 빠르게 결정할 수 있도록 구매에 필요한 정보 및 기능을 중심으로 구성합니다. 만약 금액 정보나 [구매하기] 버튼이 상품 상세 정보 하단에 있다면 상품 상세 정보를 보지 않고도 구매할 의사가 있는 이용자에게 매우 불편합니다. ⓑ 상품 상세 및 부가 정보 영역은 구매와 관련된 이용자의 각종 문의 사항을 해소하는 역할을 합니다.

ⓒ 이용자 입장에서는 상품 소개, 운영자 입장에서는 상품 상세라는 단어를 사용합니다.

2. ❶ 상품 대표 이미지를 1개, 섬네일을 4개로 설계합니다. 디스크립션 역시 최대 등록 가능한 이미지 수를 4개로 정합니다. 이미지를 1~2개만 등록한 경우 나머지 섬네일에 일명 엑스 박스(웹에서 이미지가 뜨지 않을 때 나타나는 표기)가 나타나지 않도록, 등록된 수만큼만 섬네일 영역이 활성화될 수 있도록 정의합니다. 섬네일 이미지가 4개 이상일 경우에는 전체 섬네일 좌우 영역에 이동 버튼을 추가로 설계하세요.

섬네일 이미지를 다수 등록할 경우 좌우 버튼을 추가해 설계하세요.

3. 이용자가 상품의 특징을 파악하고 구매로 이어질 수 있도록 꼭 필요한 ❸ ~ ❾ 상품 요약 정보를 설계합니다. 상품 요약 정보는 미리 정의할 수 있는 항목과 그렇지 않은 항목으로 구분됩니다. 상품을 구매할 때 꼭 확인해야 하는 필수 항목은 미리 정의할 수 있지만, 상품마다 필요한 정보가 다른 경우도 있기 때문입니다.

미리 정의할 수 있는 항목(❸, ❹, ❺, ❾)	미리 정의할 수 없는 항목(❻, ❼)
상품을 구매할 때 꼭 필요한 정보는 사전에 정의할 수 있습니다. 이러한 항목은 화면 정의서를 작성할 때부터 항목명을 정확히 설정합니다. 예) 판매 가격, 적립 포인트, 수량, 배송비, 합계 금액	상품마다 필요한 정보가 다를 수 있습니다. 미리 정의할 수 없는 항목은 관리자가 상품을 등록할 때 항목명을 직접 작성하여 등록할 수 있도록 설계합니다. 예) 색상, 크기, 옵션 상품 등

4. 상품 상세 화면 내용 대부분은 관리자 화면에서 등록한 상품 정보를 호출하는 방식으로 구현됩니다. 따라서 호출할 정보를 항목에 맞게 디스크립션에 정의합니다.

5. 관리자 화면에서 상품을 등록할 때는 배송비를 일괄 적용할지, 상품의 크기 등을 고려해 상품별로 따로 적용할지를 선택하도록 설계합니다. ❺ 배송비 영역에는 관리자 화면에서 설정한 배송비 적용 방식에 따라 배송 비용이 표기되도록 설계하면 됩니다.

6. 특히 ❽ 수량을 설계할 때는 상품의 구매 단위를 고려해야 합니다. 10개 미만으로 구매할 확률이 높은 경우에는 예시와 같이 스피너(spinner)를 쓰면 편리하지만, 답례품이나 청첩장처럼 십 단위 또는 백 단위로 구매하는 상품에는 적용하기 어렵습니다. 이런 경우에는 스피너의 수량 단위를 높이거나 수량을 직접 입력할 수 있는 기능을 추가합니다.

7. 관리자는 상품을 등록할 때 상품별로 재고 수를 입력합니다. 판매할 수 있는 상품이 모두 소진되면 이용자가 구매할 수 없도록 막기 위해서입니다. 따라서 이용자가 제품을 구매할 때마다 시스템에서는 현재 재고 수를 계산합니다. 이용자가 재고 수 이상으로 수량을 입력하면 시스템에서는 현 상품의 재고 수와 이용자가 입력한 구매 수를 비교하여 이용자에게 구매 가능 여부를 알려줄 수 있습니다. 이때 경고 창으로 실제 구매 가능한 수량을 안내하도록 정의합니다.

8. ❾ 총 결제 금액은 배송료를 제외한 상품 가격만을 표기할지, 배송료를 포함한 총 결제 금액을 표기할지를 정한 후 디스크립션에 총 결제 금액의 계산 방식을 정의합니다. 간단한 수학 공식으로 정의하면 개발자들이 쉽게 이해할 것입니다.

❸ 상품 상세 — 상품 구매 버튼 및 탭 메뉴 설계하기

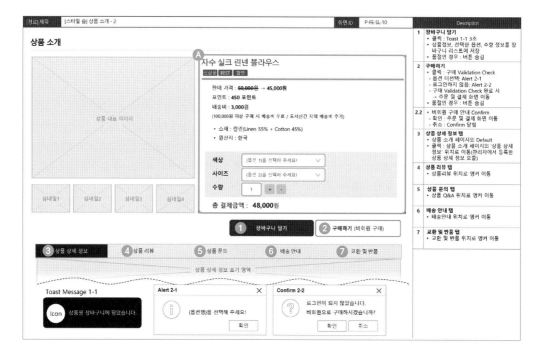

1. 화면 내용을 정의할 때 디스크립션 작성 공간이 부족하다면 해당 슬라이드를 복제한 후 추가로 항목을 정의하면 됩니다. 예를 들어 상품 상세 화면에 프로그램으로 호출되는 영역을 {상품명 호출}과 같이 작성하고, 복제된 슬라이드에는 A와 같이 실제 표기되는 문구의 예를 작성해 두면 웹 디자이너 및 개발자들이 이해하기 쉽습니다.

2. 장바구니는 구매할 상품을 기록해 놓는 기능과 같습니다. ❶ [장바구니 담기] 버튼을 클릭하면 이용자가 상품이 장바구니에 담겼다는 사항을 인지할 수 있도록 토스트 메시지를 설계합니다. 토스트 메시지(toast message)란 이용자에게 안내할 메시지가 잠시 보였다 스스로 닫히는 기능을 말합니다. 이용자가 내용을 꼭 인지하지 않아도 될 정도로 가볍게 전달하는 경우나 눈에 보이지 않는 시스템 처리 과정을 알리는 경우 사용합니다.

검색어를 입력하지 않고 [검색] 버튼을 클릭한 경우 토스트 메시지로 프로그램 실행에 무엇이 잘못되었는지 이용자에게 알려줄 수 있습니다.

3. ❷ [구매하기]는 이용자가 상품을 구매하겠다는 의사를 표시하는 버튼입니다. 버튼을 클릭하면 주문 정보 중 빠뜨린 사항은 없는지 확인하고, 누락된 항목이 있다면 Alert 2-1과 같이 안내합니다. 모든 주문 정보 확인이 완료되면 주문 및 결제 화면으로 이동하도록 설계합니다.

4. ❸ ~ ❼ 탭 메뉴의 순서도 중요합니다. 탭 메뉴는 이용자가 상품을 인지하고 구매로 이어지는 순서에 따라 배치하는 것이 좋습니다. 이용자 구매 패턴은 다양하지만, 가장 일반적인 순서는 아래와 같습니다.

순서	이용자 구매 판단 순서	설계 시 관리자가 제공해야 할 정보
1	상품 인지	상품 기본(요약) 정보 제공
2	상품 정보 수집	상품 상세 정보 제공
3	구매에 따른 불안, 위험 요인 해소 방안 탐색	다른 구매자의 경험을 참고할 수 있도록 상품 리뷰 제공
4	상품에 대한 질문 발생	상품 문의 기능 제공
5	배송에 대한 궁금증 발생	배송 안내 제공
6	잘못된 선택했을 경우 해결 방안	교환 및 반품 방법 안내 제공

상품 소개 화면 탭 메뉴의 기본 구성은 상품 상세 정보, 상품 리뷰, 상품 문의, 배송 안내, 교환 및 반품 정보이지만 설계에 따라 추가, 변경, 삭제할 수 있습니다.

5. 각 탭 메뉴는 한 화면 안에서 모두 표시되며, 정보가 구분되는 곳마다 앵커(anchor)를 놓고 탭 메뉴를 클릭해 해당 영역으로 이동하는 방식으로 작동합니다. 정보가 많으므로 실제 화면에서는 세로로 매우 긴 형태입니다. 따라서 탭을 클릭하면 어느 곳에 스크롤이 위치하는지도 알 수 있도록 정의합니다.

6. ❸ 상품 상세 정보는 [관리자 〉 상품관리 〉 상품등록]에서 등록한 내용을 호출하도록 설계합니다.

▶ 상품 상세 정보는 웹 사이트를 구축할 때는 기획하지 않으며, 구축이 완료된 후 별도로 작성합니다.

④ 상품 상세 — 상품 리뷰 탭 화면 설계하기

1. 상품 리뷰는 해당 상품을 먼저 구매한 이용자의 사용 후기를 확인하며 이용자가 상품 구매 여부를 결정하는 데 중요한 역할을 합니다. 상품 상세 정보에는 소개되지 않는 정보를 알 수도 있고, 구매를 망설이는 불안함을 다른 사람의 후기를 통해 해소할 수도 있습니다. 상품 리뷰는 제2의 광고로 불릴 만큼 구매에 많은 영향을 미칩니다.

2. 상품 리뷰는 모든 상품 리뷰를 모으는 하나의 큰 저장소(DB)가 있으며, 여기에서 상품에 해당하는 리뷰만 호출해 보여 주는 방식입니다. 여기서는 가장 기본적인 형태인 상품 후기 내용, 이미지, 만족도를 토대로 상품 리뷰를 설계해 보겠습니다.

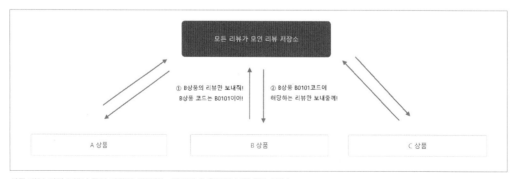

상품 리뷰 저장소에서 특정 상품에 해당하는 리뷰만 호출하여 보여 주는 개념

3. 상품 리뷰에 상품 후기와 만족도 선택이 필수 항목이지만 이미지 등록은 필수가 아니기 때문에 이미지 유무를 모두 고려하여 UI를 설계해야 합니다. 상품 리뷰는 GNB에 설계한 상품 리뷰 메뉴에서 작성할 수 있습니다. 상품을 실제 구매한 이용자에게만 작성 권한이 있으며, 리뷰를 작성하려면 상품 구매 후 쇼핑몰에 다시 진입해야 합니다. 따라서 상품 리뷰를 작성하려고 접속한 이용자가 메뉴를 쉽게 찾을 수 있도록 GNB에 상품 리뷰 메뉴를 설계합니다. 마이 페이지에서도 상품 리뷰를 작성하는 기능을 구현합니다.

4. 상품 리뷰의 목록은 이미지, 작성일시, 작성자 ID, 만족도, [보기]/[닫기] 버튼으로 구성합니다. 작성일시는 얼마나 최근에 작성된 리뷰인지를 알 수 있고, 작성자 ID는 실 구매자가 작성한 리뷰라는 것을 증명하는 역할을 합니다. 그리고 [보기]와 [닫기] 버튼을 구성한 이유는 리뷰가 긴 경우 협소한 화면에 모든 내용을 보여 줄 수 없기 때문입니다. 따라서 리뷰의 일부 내용으로 목록을 구성하고, 이용자가 원하는 리뷰만 펼쳐 볼 수 있도록 구성합니다.

5. 각 상품 리뷰에 달린 댓글은 ❹ [보기] 버튼을 눌러 상품 리뷰가 펼침 화면으로 나타날 때 볼 수 있습니다. 댓글은 정책 정의에 따라 다르지만 상품 리뷰 작성자와 운영자만 작성할 수 있도록 설계합니다. 이는 칭찬 리뷰에 운영자가 감사의 인사를 남기거나, 불만 리뷰에 개선이나 구매자의 오해를 해소하기 위한 안내를 전달하는 기능을 합니다.

6. ❻ [모두 보기]는 GNB에 있는 상품 리뷰 메뉴로 이동하는 버튼으로, 다른 상품들의 리뷰도 보고 싶은 이용자를 위해 설계합니다. 클릭 시 이동되는 화면 정의서의 쪽수나 화면 ID를 디스크립션에 작성합니다.

⭐ 기획자 상식 사전 　**상품 리뷰의 평점 지혜롭게 설계하기**

상품 리뷰의 평점은 구매한 상품에 대해 평가하는 것입니다. 하지만 일부 이용자들은 상품 품질과는 별개로 배송이 늦었다는 이유, 자신에게 잘 안 맞는다는 이유로 낮은 평점을 선택하기도 합니다.

최근에는 상품 본연에 대한 평가만 받기 위해 이용자가 느끼는 감정이나 생각을 기준으로 평가하기도 합니다. 다음과 같은 버튼을 클릭하면 해당하는 평가 감정이 숫자로 카운트되는 방식입니다.

마음에 들어요!	소개된 내용과 같아요!	잘 구매한 것 같아요!
소개된 내용과 달라요!	별로예요!	

이용자가 느끼는 감정이나 생각을 기준으로 평가 항목을 구성한 예시

5 상품 상세 – 상품 문의 탭 화면 설계하기

1. 이용자는 상품에 대한 궁금증이 해소되지 않으면 구매를 꺼리는데, 이를 해소해 주는 기능이 바로 상품 문의입니다. 운영 원리는 상품 리뷰와 정반대로 지금 보고 있는 상품 상세 화면을 벗어나지 않고 바로 질문할 수 있도록 구성해야 합니다. 모든 상품의 문의 내용은 [고객센터 > 상품 문의] 메뉴에서 한꺼번에 볼 수 있습니다.

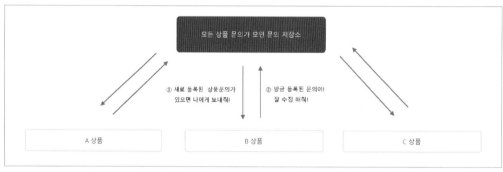

상품 문의 저장소에 문의가 수집되는 개념

2. 질문과 답변은 제목을 입력하지 않도록 설계했습니다. 이용자의 입장에서는 제목을 정하기 모호하기도 하고, 제목이 특별한 의미가 되지 못하기 때문입니다. 여기서는 ❷ 문의 내용 앞부분을 제목과 같이 보일 수 있도록 설계했습니다. 제목으로 사용할 텍스트의 길이는 디스크립션에 정의합니다.

3. 상품 문의 게시판의 UI 구성 요소는 기본적으로 상품 리뷰와 비슷하지만, 상품 리뷰와 달리 질문 글과 답변 글의 내용을 함께 보여 주어야 합니다. 그런데 이용자가 질문 글을 작성했더라도 운영자가 바로바로 답변을 달기는 어렵습니다. 그렇다고 답변란을 빈 공간으로 오랫동안 남겨 둘 수도 없습니다. 이러한 경우에는 ❸처럼 답변 글이 올라오기 전까지 안내 문구를 자동으로 노출하는 방법도 있습니다.

4. 이용자가 웹 쇼핑몰에 질문을 남기면 답변을 확인하기 위해 다시 방문할 가능성이 높습니다. 재방문 시 상품 문의에 대한 답변이 상품 구매로 이어질 가능성도 높습니다. 그러므로 이용자가 불편이나 부담 없이 운영자에게 질문할 수 있도록 절차를 간소화하는 것이 좋습니다. 여기에는 이용자가 쉽고 빠르게 질문을 남길 수 있도록 ❺와 같이 댓글 형태로 설계했습니다. 그러면 이용자는 메뉴 이동 없이 그 자리에서 바로 질문을 남길 수 있습니다.

> **★ 기획자 상식 사전** **상품 문의 게시판에서 게시글 잠금 기능은 꼭 필요할까?**
>
> 잠금 기능을 사용하면 질문자와 관리자만 문의한 내용을 볼 수 있습니다. 문제는 꼭 잠금 기능을 사용해야 하는 내용이 아님에도 불구하고, 기능이 눈에 보이면 무조건 사용하는 경우가 많다는 점입니다. 이렇게 되면 상품 문의 내용을 공개해 같은 문의 사항이 있는 이용자에게 도움을 주고자 하는 기획 의도가 흐려집니다. 사적인 내용이 담기거나 비밀 유지가 꼭 필요한 질문은 [고객센터 → 1:1 문의] 게시판에서도 할 수 있습니다. 그렇기 때문에 잠금 기능은 권장하지 않습니다.
>
> 그렇다면 이용자가 질문하기 전에 자주 묻는 질문 게시판으로 유도하는 것은 어떨까요? 자주 묻는 질문 게시판에 이용자가 궁금해하는 내용이 있다면 따로 글을 작성하지 않아도 돼 이용자 입장에서는 유용할 것입니다. 하지만 운영자 입장에서는 우려되는 점도 있습니다. 상품 문의 글이 적으면 많이 팔리는 상품일지라도 인기가 없고 잘 팔리지 않는 상품이라고 오해해 이용자가 구매를 꺼릴 수 있기 때문입니다. 따라서 상품 문의 게시판에 어느 정도 글이 쌓이고, 같은 내용의 문의 글이 반복될 즈음 자주 묻는 질문 게시판을 오픈하는 것이 운영 측면에서는 더 효과적일 수 있습니다.

6 상품 상세 ─ 배송 안내/교환 및 반품 탭 화면 설계하기

1. ❶ 배송 안내, ❷ 교환 및 반품도 어떤 기준, 어떤 정책으로 기획했느냐가 중요합니다. 특히 교환, 반품 서비스는 매출, 비용과 직접 연결되기 때문에 이 부분에 대한 기획이 잘못 되면 많은 시간과 인력을 손해볼 수 있으므로 정확한 판단이 필요합니다.

2. ❶ 배송 안내, ❷ 교환 및 반품을 설계하기 위해서는 상품마다 배송 기준과 교환 및 반품 기준을 똑같이 적용할지, 아니면 상품마다 서로 다른 기준을 적용할지 정책을 먼저 정해야 합니다. 상품마다 똑같은 기준을 적용한다면 관리자 화면에서 필요한 정보를 공통으로 한 번만 입력하고 다른 상품에 일괄 적용하면 됩니다. 다른 기준으로 적용한다면 상품 등록 시 해당 상품에만 적용되는 배송 안내, 교환 및 반품 안내를 직접 입력하여 등록합니다.

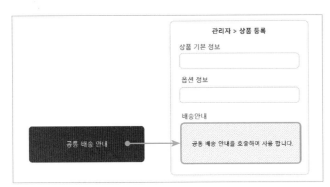

배송 안내를 공통 사항으로 호출하여 사용하는 경우

배송 안내를 직접 입력하는 경우

장점	장점	단점
공통 적용	파일 하나만 변경하면 모든 상품에 동시에 적용됩니다.	제품별로 서로 다른 정보를 제공할 수 없습니다.
개별 적용	각 상품에 맞는 정확한 정보를 제공할 수 있습니다.	모든 상품에 똑같이 적용할 내용이라도 일일이 하나씩 수정해 적용해야 합니다.

▷ 이 책은 배송 기준과 교환 및 반품 기준이 상품마다 같은 경우와 다른 경우를 모두 다룹니다. [05 관리자 화면 설계 → 05-8 기본 정책 관리]를 참고해 보세요.

3. 배송 안내에는 배송 비용과 기간을 명확하게 안내합니다. 이용자가 주의 깊게 봐야 할 부분은 글자의 크기, 색상 등을 이용해 강조합니다. 교환 및 반품을 위해 이용자가 상품을 재포장할 때 상품이 손상되지 않도록 그림으로 포장 방법을 소개하는 등 다양한 방법으로 기획할 수 있습니다.

★ 기획자 상식 사전 **잘 팔리는 상품의 상품 소개 화면에는 뭔가 특별한 것이 있다**

이용자는 궁금증이 해소되기 전까지 제품을 구매하지 않습니다. 따라서 상품 소개 화면은 상품의 재질, 특성, 크기 등 상품 사양만 나열하기보다는 이용자가 제품을 보며 어떤 궁금증이 떠오를지 예상하고 이를 해소하는 내용에 초점을 맞추어야 합니다. 면티를 기획한다고 가정하면 목이 잘 늘어나지 않는 소재인지, 입었을 때 티의 길이가 어디까지인지, 어느 계절까지 입을 수 있는지 등 이용자가 옷을 구매할 때 중요하게 생각하는 관점을 위주로 기획하는 것입니다. 상품은 잘 판매되는데 제품 문의가 딱히 들어오지 않는다면 그 제품의 상세 페이지가 잘 기획되었다는 뜻입니다.

판매가격	**29,000원**
정찰가격	~~38,000원~~
카드혜택	🔲 무이자할부안내
배송비	2,500원 (49,800원 이상 무료) 배송정책안내 ⓘ
권장사용월	1 2 3 **4 5 6 7 8 9 10** 11 12

상품상세설명

슬리퍼에 가죽의 시크함과 고급스러움을 담았습니다

여름이 되면 많이들 찾으시는 간편한 슬리퍼 스타일에 질감이 있는 천연 소가죽을 적용하여 꽤 멋스럽게 신을 수 있습니다.

추가설명 더보기 ∨

사이즈 & 핏

제조국 / 원산지

share

◉ 배송/교환/반품안내

컬러 ⬛

컬러/사이즈 -- 옵션선택 -- ∨

칸투칸(www.kantukan.co.kr)은 다른 웹 쇼핑몰과 달리 상품 요약 영역에 권장 사용 월, 컬러, 상품 상세 설명 정보를 넣어 이용자가 스크롤하지 않아도 주요 정보를 상단에서 볼 수 있도록 구성하였습니다. 또한 배송/교환/반품안내를 연결 화면으로 제공해 해당 화면으로 바로 이동할 수 있도록 설계하였습니다.

비상! 퇴근 전 의뢰인의 메일

← ⤓ ⓘ 🗑

상품 상세 보기에서 다른 상품으로 연결이 쉬웠으면 좋겠습니다!

 세바스찬 ceo@lalamarket.co.kr   ☆ ↩ ⋮
나에게 ∨

기획자님, 안녕하세요?

[상품 상세 보기] 화면에서 다른 상품을 보려면 반드시 [상품 목록] 화면으로 되돌아가야 합니다.

조금 불편한데요. [상품 상세 보기] 화면에서 다른 상품의 [상품 상세 보기] 화면으로 쉽게 이동할

수 있으면 좋겠습니다. 가령 연관 상품을 같이 노출하면 마케팅에도 도움이 될 것 같아요.

← 답장   → 전달

 선배 기획자의 조언!

상품 상세 보기 화면에 [이전 상품 보기], [다음 상품 보기] 버튼을 만들면 책장을 넘기듯 상품을 볼 수 있도록 설계할 수 있습니다. 그리고 상품 상세 화면의 마지막 영역에 연관 상품, 추천 상품 등 해당 상품과 관련된 상품 목록을 추가로 보여 줄 수 있습니다. 다른 쇼핑몰에서는 본 상품과 연관되는 상품들을 어떻게 소개하고 있는지 벤치마킹하는 것도 도움이 됩니다.

04-5 오픈 숍 상품 소개

오픈 숍은 이용자가 직접 상품을 판매하는 오픈 마켓 또는 플랫폼의 기능을 구현한 서비스입니다. 실제 오픈 마켓의 이용자 및 관리자 화면 구성은 우리가 실습할 내용보다 기능도 많고 정책도 복잡하지만 기본 구조는 비슷합니다. 따라서 기본 구조만 잘 이해한다면 얼마든지 기능을 추가하여 오픈 마켓이나 플랫폼을 설계할 수 있습니다. 이용자가 자신의 상품을 등록하는 과정을 머릿속으로 그려 보면서 등록에 필요한 기능은 무엇인지 유추해 보세요. 모든 화면 설계는 이용자가 어떤 상황에 놓여 있는지를 예상하고 부족한 부분을 추가 보완하며 완성합니다.

1 상품 목록 화면 설계하기
2 상품 상세(소개) 화면 설계하기
3 상품 상세 — 허위 상품 신고 팝업 설계하기
4 상품 상세 — 댓글 기능 설계하기

◆ 상품 목록 화면 설계하기

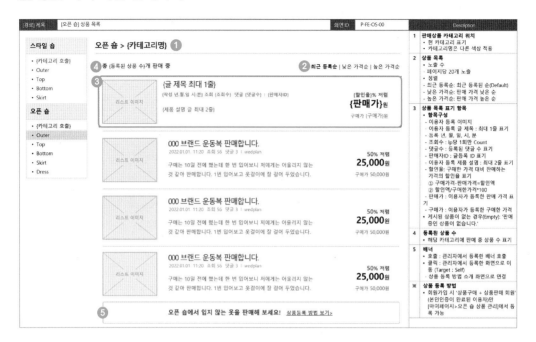

1. 오픈 숍에도 카테고리가 있습니다. 이용자는 상품 등록 시 해당 상품의 카테고리를 선택할 수 있습니다. 따라서 스타일 숍과 같이 화면 왼쪽에 서브 메뉴를 설계합니다. ❸ 상품 목록은 스타일 숍의 상품 목록과 조금 다릅니다. 여기서는 상품의 이미지를 왼쪽, 상품 정보를 오른쪽에 배치해 전체 상품을 세로로 하나씩 배치했습니다. 여러 이용자가 등록하는 상품이므로 목록에 표기되어야 하는 항목도 많고, 제목 및 제품 설명의 내용도 일정한 형식을 갖추기 어렵기 때문입니다.

2. ❸ 상품 목록에는 상품 상세 정보의 일부만 보일 뿐입니다. 그렇다면 어떤 정보가 상품 목록에 설계되어야 할까요? 이용자가 상품을 잘 구별하고 클릭할 수 있는 중요한 정보만 상품 목록 화면에 배치해야 합니다. 여기서는 필수 정보와 마케팅 정보로 구분했습니다. 필수 정보는 이용자가 상품을 구별할 수 있는 기본 정보이고, 마케팅 정보는 상품 구매에 영향을 주는 정보입니다. 따라서 마케팅 정보는 목록에서 제외해도 오픈 숍 목록의 기본 정보는 제공할 수 있습니다.

필수 정보	이미지, 글 제목, 판매 가격, 판매자 ID, 상품 등록 일시
마케팅 정보	제품 설명글, 구매한 가격 대비 판매 가격 할인율, 조회수, 댓글 수

조회수, 댓글 수는 이용자의 궁금증을 유발할 수 있는 장치입니다. 다른 상품보다 조회수나 댓글수가 많은 것을 보면 더 관심이 생겨 상품을 확인할 가능성이 높습니다.

3. 이용자 간 중고 거래의 상품 목록을 설계할 때는 마케팅 정보를 더 강조하는 것이 좋습니다. 이용자 간 거래가 활발하면 결과적으로 웹 사이트에도 이득이기 때문입니다. 목록에 표기할 항목은 디스크립션에 정의하는데, 개발자들은 레이아웃에 설계된 내용만 보아도 해당 내용을 금방 유추할 수 있을 것입니다. 하지만 각 항목의 호출되는 값은 무엇인지, 호출 시 특별히 유의해야 할 사항은 없는지 등은 디스크립션에 기입합니다. 특히 할인율 같은 경우는 해당 공식을 작성해 주는 것이 좋습니다. 개발자에게 명확한 내용을 전달하고 개발 완료 후 테스트 시에도 참고할 수 있기 때문입니다.

4. 해당 카테고리에서 판매 중인 상품 수를 ❹와 같이 설계합니다. 상품이 많이 등록되었다는 것은 그만큼 웹 사이트가 활성화되었다는 것을 의미하기 때문에 마케팅에도 도움이 됩니다. 점심 시간인데도 손님이 없는 식당에는 들어가기 꺼려지는 이유와 비슷합니다. 웹 쇼핑몰 운영 초기에는 상품 개수가 많지 않으므로 숨김으로 처리해 두었다가 일정 수량이 넘었을 경우 공개하는 것도 좋습니다.

5. ❺와 같이 상품 판매에 참여하고자 하는 이용자를 위해 상품 등록 안내 문구나 화면으로 연결하는 배너를 삽입할 수 있습니다. 상품을 구매하기 위해 들어온 이용자도 상품 판매자로 전환시키는 전략은 웹 사이트 활성화에 도움이 되기 때문입니다.

◑ 단, 본 실습에서는 이용자에게 안내되는 상품 등록 방법 안내 화면은 제공하지 않습니다.

6. 오픈 숍 회원은 [마이 페이지 〉 오픈 숍 상품 관리] 메뉴에서 상품을 등록하거나 등록한 상품 정보를 수정할 수 있습니다. 웹 퍼블리셔나 웹 개발자가 '왜 상품 등록 버튼이 없지?', '상품 등록은 어떻게 하지?'라며 궁금해할 수 있습니다. 이에 대한 답을 미리 디스크립션에 작성해 두면 실제 작업 시 이용 시나리오에 대한 문의를 줄여 업무를 효율적으로 진행할 수 있습니다.

❷ 상품 상세(소개) 화면 설계하기

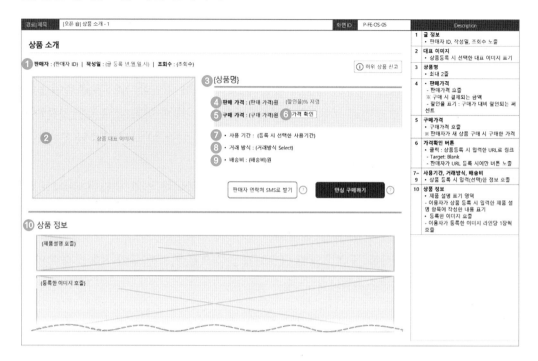

1. 중고 상품을 거래할 때 판매자 입장에서는 간편하게 상품을 등록하는 방법을, 구매자 입장에서는 신뢰 있는 정보를 원할 것입니다. 여기서는 중고 거래를 위해 꼭 필요한 정보인 필수 정보와 거래에 도움이 되는 추가 정보로 구성해 보았습니다.

필수 정보	판매자 ID, 상품명, 판매 희망 가격, 상품 이미지, 거래 방식
추가 정보	새 제품 구매 가격, 할인율, 실제 가격을 확인할 수 있는 링크, 사용 기간 등

중고 거래 서비스 기획 시 거래에 필요한 항목 예

▶ 상품 소개 내용은 판매 이용자의 상품 등록 화면인 [04-11 마이 페이지(2) 오픈 숍 상품 관리 → ❶ 상품 등록 화면 설계하기] 화면과 번갈아 기획하는 것이 효과적입니다.

2. ❸ ~ ❿은 판매자가 상품을 등록할 때 입력한 정보입니다. 개발자가 어떤 정보를 호출해야 할지 쉽게 유추할 수 있도록 디스크립션에 정의합니다. 내용이 비슷한 정보끼리는 그룹화하여 한 번에 정의할 수 있습니다.

3. 구매자가 중요하게 생각하는 ❹ 판매 가격과 ❺ 구매 가격은 디자인 시 참고할 수 있도록 음영을 넣어 강조했습니다. 판매자가 상품을 최초 구매한 가격을 확인할 수 있는 ❻ [가

격 확인] 버튼은 거래에 필요한 필수 정보는 아니지만 관련 정보를 제공한다면 구매자에게 더욱 신뢰를 얻을 수 있을 것입니다.

▶ 강조하고 싶은 항목은 폰트 크기, 폰트 컬러, 배경 등 여러 가지 방법으로 표현해 보세요.

4. ❿ 상품 정보 역시 판매자가 상품을 등록할 때 입력한 정보입니다. 판매자가 직접 판매할 상품에 대한 글을 작성하고 이미지를 올려 구매자에게 상품 정보를 제공하는 역할을 합니다. 이와 같은 정보는 체계화하여 구성할 수 있습니다. 본 기획안에는 단순히 상품 정보라는 한 가지 항목으로만 구성했지만 구매자의 궁금증을 풀어 줄 수 있도록 판매 사유 항목을 구성하여 작성하게 한다든지, 제품의 고장 유무(단점), 반품 여부, 사용 일수 등 중고제품을 구매하는 사람들이 많이 궁금해하는 사항을 필수로 작성하도록 설계할 수 있습니다.

▶ [거래 개선 요청 서비스]를 운영하면 웹 기획자가 미처 생각하지 못한 개선 사항을 이용자로부터 직접 수집할 수 있습니다.

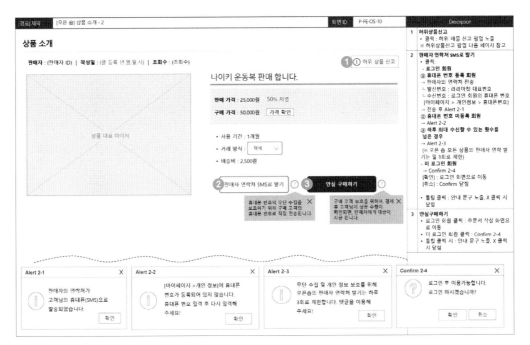

5. ❶ [허위 상품 신고]는 화면 이동 없이 본 화면을 유지한 상태에서 허위 상품을 신고할 수 있는 별도 팝업을 노출하도록 설계합니다. 해당 상품을 신고하는 것이므로 상품을 보며 작성할 수 있도록 팝업으로 설계했습니다.

6. ❷ [판매자 연락처 SMS로 받기] 기능은 구매자가 판매자의 연락처를 자신의 휴대폰 문자 메시지로 수신하는 기능입니다. 이렇게 하면 화면에 구매자의 전화번호를 노출하지 않아 구매자의 휴대폰 번호가 불특정 다수에게 노출되는 것을 막을 수 있습니다. 그리고 로그인한 이용자만 휴대폰으로 연락처를 받을 수 있기 때문에 누가 연락처를 수신했는지 로그 기록을 남길 수도 있습니다. 또한 판매자의 휴대폰 번호를 무단 수집하는 행위를 예방하기 위해 연락처 받는 횟수는 1일 3회로 제한합니다.

7. 오픈 숍의 [구매하기] 버튼은 스타일 숍과는 다릅니다. ❸ [안심 구매하기]는 허위 매물에 대한 이용자의 불안감을 해소하기 위해 조금 다른 구매 프로세스로 작동합니다. 구매자가 결제하면 결제 금액을 웹 쇼핑몰에서 임시로 보관했다가 구매자가 정상적으로 상품을 받았다고 구매 완료 의사를 남길 때 판매자 계정으로 포인트가 적립되는 방식입니다.

▷ 안심 구매하기 구매 방식은 [04-6 상품 구매 프로세스]를 참고해 직접 설계해 보세요.

기획자 상식 사전 ★ 회원 간 거래 서비스를 설계할 때 고려해야 할 세 가지 조건

오픈 숍과 같이 판매자가 상품을 직접 등록하고 판매하는 기능은 설계가 매우 까다로운 것이 사실입니다. 필요한 기능도 많고, 개인정보 보호 문제나 이용자 간의 거래 분쟁 등 신경 써야 할 부분이 적지 않기 때문입니다. 하지만 무엇보다 중요한 것은 회원 간의 신뢰입니다. 따라서 회원 간 상품 거래 기능을 설계할 때는 다음 세 가지 사항을 고려합니다.

1. 상품 정보를 충분히 제공한다
중고 상품 정보는 일반 상품과는 다르기 때문에 이용자 환경(UI) 자체를 다르게 구성할 필요가 있습니다. 최초 구매 가격, 사용 기간 등 구매자가 궁금해할 정보를 추가로 제공하고, 댓글 기능으로 회원 간에 질문과 답변을 주고받을 수 있도록 설계하면 거래에 도움이 됩니다. 싸고 좋은 상품은 의심이 앞서기 마련입니다. 판매자가 상품을 판매하는 사유와 거래 방법을 직접 등록할 수 있도록 설계하면 구매자의 신뢰를 얻을 수 있습니다.

2. 판매자의 개인정보를 보호한다
구매자가 연락할 수 있는 판매자의 개인정보는 거래에 필요한 시점에만 제공할 수 있도록 제한해야 합니다. 그리고 화면에도 노출되지 않도록 주의합니다. 웹 사이트를 반드시 올바르게 사용하는 이용자만 있지는 않기 때문입니다.

3. 구매자의 불안감을 해소한다
허위 매물일지 모른다는 구매자의 불안감은 어떻게 해소할 수 있을까요? 이용자가 상품을 구매하면 결제 금액은 바로 판매자에게 전달되는 것이 아니라 웹 쇼핑몰에서 임시로 보관합니다. 이후 구매자가 정상적으로 상품을 받은 것을 확인한 후 포인트를 지급하는 방식으로 설계합니다.

---

❸ 상품 상세 — 허위 상품 신고 팝업 설계하기

1. 허위 상품 신고 팝업은 앞에서 실습한 상품 소개 화면에서 [허위 상품 신고] 버튼을 클릭했을 때 노출되는 팝업입니다. 신고된 글은 관리자 화면에서만 볼 수 있습니다.

2. ❷❶ 작성자와 ❷❷ 상품명은 이용자로부터 사전에 받은 정보(작성자 ID : 회원 가입 시, 상품명 : 판매자가 상품 등록 시)를 호출하여 표기해 줍니다. 단, 이 내용은 수정 및 삭제할 수 없도록 기능을 제한하고, 상품명이 긴 경우에는 1줄 정도만 노출되고 나머지는 생략하도록 설계합니다. 상품명은 1줄 정도만 보아도 이용자가 충분히 구분할 수 있기 때문입니다.

3. 이용자가 신고 내용을 구분하여 작성할 수 있도록 신고 사유를 ❷❸과 같이 안내합니다. 사유는 복합적일 수 있으므로 중복 선택이 가능한 체크 박스로 설계합니다.

4. 이용자에게 꼭 알려야 하는 사항은 ❸처럼 구성합니다. 디자인이 다소 불균형해 보이더라도 이용자의 눈에 확 띌 수 있게 강한 대비를 주는 것이 더 효과적입니다.

5. ❹ [신고하기] 버튼을 클릭하면 접수가 완료됐다는 안내 문구를 경고 창으로 전달합니다. 신고 내용은 수정/삭제할 수 있는 기능을 제공하지 않습니다. 그 이유는 사용 빈도가 낮아 개발 대비 운영 효과가 떨어지기 때문입니다. 신고하기는 메일처럼 작성 내용을 관리자 화면으로 전달만 하도록 설계합니다.

④ 상품 상세 — 댓글 기능 설계하기

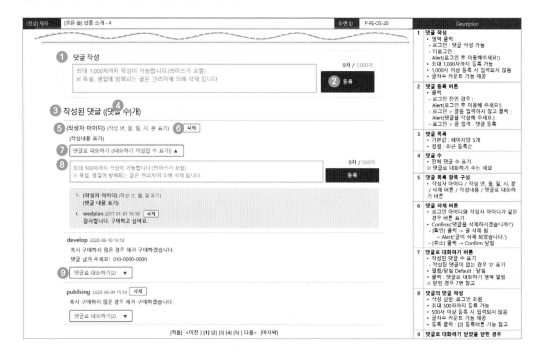

1. 여러 구매자와 이야기할 때 댓글로만 이야기하면 누구와 어떤 대화 중인지 알기 어렵습니다. 이런 경우 이용자 간의 대화가 자연스럽게 이루어지도록 댓글에 댓글 기능을 제공하면 좋습니다.

2. 먼저 댓글 기능에 필요한 항목을 ⑤와 같이 정의한 후 댓글 목록에 적용할 사항들을 ③ 영역과 같이 정리합니다. ⑧ 텍스트 박스는 [댓글로 대화하기] 버튼을 클릭해 창이 열려야만 보이고 닫힐 수 있도록 설계합니다. 특정 댓글에 이어지는 댓글이 많이 작성되면 정작 중요한 댓글 목록을 보기 어렵기 때문입니다.

3. ⑥ [삭제] 버튼은 삭제 권한이 있는 글 작성자에게만 보이고, 권한이 없는 회원에게는 숨겨지도록 설계합니다. 이러한 글쓰기 권한은 정책 정의서에서 작성하지만, 작업자가 화면 정의서와 정책 정의서를 번갈아 확인하면서 작업하기는 번거로우므로 화면 정의서에도 간략히 작성해 놓는 것이 좋습니다. 그리고 댓글과 같은 단문의 글, 즉흥적으로 작성되는 글에는 수정 기능을 제공하지 않아도 됩니다.

4. ❶ 댓글 작성 기능은 이용자의 이용 형태에 따라 그 위치를 고민해 볼 필요가 있습니다. 댓글의 양이 중요하다면 위쪽에 배치하는 것이 좋고, 이용자가 다른 사람의 댓글을 읽는 것이 중요하다면 아래쪽에 배치하는 것이 효과적입니다. 그리고 어떤 내용을 웹 사이트에 등록하는 기능을 제공할 때는 항상 타당성 검토(validation check)를 진행할 사항은 없는지 잊지 말고 체크해야 합니다.

비상! 퇴근 전 의뢰인의 메일

좋아요 기능을 추가해 주세요!

세바스찬 ceo@lalamarket.co.kr
나에게 ⌄

기획자님, 안녕하세요!

요즘 상품 상세 보기 화면의 조회 수는 높은데, 상품 구매와 문의가 적어 아쉽습니다. 상품별로 '좋아요' 기능을 추가하면 상품에 대한 이용자의 호감을 판단할 수 있을 것 같은데요. 어떻게 설계하는 것이 좋을까요?

 답장 　 전달

선배 기획자의 조언!

SNS에서 많이 사용하는 '좋아요' 기능이 웹 쇼핑몰에도 많이 접목되고 있습니다. '좋아요' 기능을 설계하려면 버튼 모양, '좋아요' 수를 표기하는 방법, 기능을 안내하는 문구, 그리고 취소하는 기능까지도 모두 고려해야 합니다.

04-6 상품 구매 프로세스

앞의 스타일 숍 상품 소개 화면에서 구매하기 버튼을 설계했습니다. 장바구니에 담은 상품을 선택하여 구매하는 방법도 이후에 실습해 볼 예정인데요. 이 두 가지 구매 버튼을 클릭했을 때 연결되는 화면이 바로 주문 및 결제 화면입니다. 이용자는 주문 및 결제 화면에서 구매 목록을 확인하고 주문자 정보, 배송 정보, 결제 방법도 입력해야 합니다. 실수는 곧 금전적인 문제로 연결되기 때문에 이용자가 실수 없이 상품 구매 과정을 진행할 수 있도록 설계하는 것이 중요합니다.

상품 구매 프로세스는 [구매 목록 확인 및 정보 작성 단계 → 결제 단계 → 주문 완료 단계]로 구성됩니다. 주문 및 결제 화면에서 구매 목록 확인 및 정보(구매자, 배송지)를 작성하고, 해당 화면에서 결제 모듈 팝업을 띄워 결제합니다. 즉 한 화면에서 주문서 작성 및 결제를 동시에 하는 것입니다. 그 후 결제가 성공적으로 완료되면 주문 완료 화면으로 이동합니다. 주문 및 결제 화면은 내용이 많아 **1** ~ **4**로 구성했으니 학습에 참고해 주세요.

1 주문 및 결제 ― 구매 목록 화면 설계하기
2 주문 및 결제 ― 주문자/배송 정보 입력 화면 설계하기
3 주문 및 결제 ― PG사 연결 화면 설계하기
4 주문 완료 화면 설계하기

■1 주문 및 결제 — 구매 목록 화면 설계하기

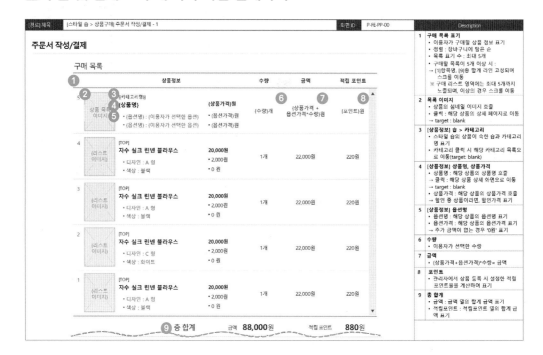

1. 구매 목록은 전자상거래 등에서의 소비자 보호에 관한 법률 제7조(조작 실수 등의 방지)에 따라 이용자의 조작 실수로 인해 발생하는 피해를 예방하도록 내용을 확인하는 역할을 합니다. 이용자 입장에서는 자신이 구매하려는 상품이 무엇인지 확인하는 것이 가장 중요합니다. 따라서 주문 및 결제 화면에서는 구매하기로 결정한 상품 목록을 가장 먼저 보여줍니다. 먼저 구매 목록 레이아웃을 설계하고, 구매할 상품 정보를 배치합니다.

2. 구매 목록에는 ❷ 상품 이미지, ❸ 카테고리명, ❹ 상품명, ❺ 옵션, ❻ 수량, ❼ 가격, ❽ 포인트를 표기합니다. 해당 정보는 이용자가 구매 전 선택한 상품이 맞는지 확인하는 사항으로, 이용자의 실수로 잘못 선택한 경우를 바로잡기 위해 제공되는 정보입니다. 설계할 때는 같은 항목이 반복되더라도 가능한 한 실제와 비슷한 상품명, 옵션명, 수량, 가격, 적립 포인트 등을 작성해 놓으면 작업자들이 보고 이해하는 데 도움이 됩니다.

3. 과거와는 다르게 이제는 웹 쇼핑몰에서 상품을 구매할 때 이용자가 선택해야 할 사항이 많고 복잡해졌습니다. 따라서 ❷ 상품 이미지, ❸ 카테고리명, ❹ 상품명에 해당 상품의 링크를 걸어주면 이용자는 상품 상세 정보와 구매 내용을 쉽게 비교하며 확인할 수 있습니다. 이때 링크로 연결되는 화면은 반드시 새 창에서 열리도록 설계합니다.

4. 주문 및 결제 화면에는 이용자가 확인해야 할 항목이 많습니다. 구매하는 상품이 많아서 목록이 길어질 경우 최대로 보일 수 있는 상품 수를 정해 놓고 그 이상이 되면 상단의 항목을 고정하여 구매 목록 내에서 위아래 스크롤로 상품을 훑어볼 수 있도록 설계합니다.

5. ❾ 총 합계 금액과 적립 포인트는 이용자의 눈에 쉽게 띄고 가독성을 높일 수 있도록 글꼴을 키워서 강조합니다. 그리고 다음 슬라이드로 이어지는 내용이 있다는 생략 기호를 표시하는 것도 잊지 마세요!

★ 기획자 상식 사전 　**상품 결제 프로세스 제대로 알고 넘어가기**

결제 서비스(payment gateway, PG)
웹 쇼핑몰은 전자 결제 서비스를 제공하는 업체와 계약을 맺고 전자 결제 모듈을 활용합니다. 이용자가 상품을 구매하면 결제한 금액이 전자 결제 서비스 업체로 먼저 입금되고, 업체는 이 금액에서 결제 수수료를 뺀 나머지 금액을 웹 쇼핑몰 사업주 계좌에 일정 기간마다 송금하는 방식입니다.

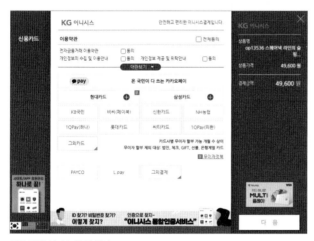

전자 결제 서비스 화면 예시

② 주문 및 결제 — 주문자/배송 정보 입력 화면 설계하기

| [경로]제목 | [스타일 숍 > 상품 구매] 주문서 작성/결제 - 2 | 화면ID | P-FE-PP-05 | Description |

주문자 정보

① 이름　　　　　　　　(가입자 이름)

② * 휴대폰 번호　[　　　　　　]　배송 안내를 SMS로 알려드립니다.

배송 정보　　　　　　　　　　　　　　　　　　　⑦ [주소록]

③ * 수령인　[　　　　　]　0자 / 25자

④ * 주소　[　　　]　[주소검색]
　　　　　[　　　　　　　　]　[　　　　]

⑤ * 휴대폰 번호　[　　　　　]　상품 도착 안내를 SMS로 알려드립니다.

⑥ 배송 요청사항　[　　　　　　　　　]
　　　　　　　　　　　　　　0자 / 100자

Description

1 **주문자 이름**
- 가입자 이름 호출
→ 수정 불가

2 **주문자 정보 > 휴대폰 번호 (필수)**
- 회원가입 정보에서 휴대폰 번호 호출
- 수정 가능
- 숫자만 입력 가능
- 최대 11자리 입력 가능
→ 11자리 이상 입력되지 않음

3 **수령인(필수)**
- 가입자 이름 정보 호출
- 최대 25자 입력 가능
→ 25자리 이상 입력되지 않음

4 **주소(필수)**
- 우편번호, 도로명 주소 : 직접 입력 불가
　(주소 검색 버튼을 통해 입력 가능)
→ 주소 검색 버튼 클릭 · 주소 검색 팝업
※ 다음 화면 참고
- 상세 주소 : 직접 입력
※ 다음 카카오 우편 번호 서비스 API 활용

5 **발는 분 휴대폰 번호(필수)**
- 회원가입 정보에서 휴대폰 번호 호출
- 수정 가능
- 숫자만 입력 가능
→ 숫자 이외 입력 되지 않음
- 최대 11자리 입력 가능
→ 11자리 이상 입력되지 않음

6 **배송 요청 사항**
- 최대 100자 입력 가능
→ 100자리 이상 입력되지 않음

7 **주소록 버튼**
- 클릭 : 내가 등록한 주소록 팝업
※ 다음 화면 참고

1. 웹 쇼핑몰에서 제품을 주문할 때는 주문자와 제품을 받는 수령인이 꼭 일치하지 않아도 됩니다. 따라서 주문자 정보와 배송 정보를 구분하여 레이아웃을 설계합니다.

2. 주문자 정보의 ① 이름, ② 휴대폰 번호, 배송 정보의 ③ 수령인, ⑤ 휴대폰 번호는 이용자가 회원으로 가입할 때 작성한 정보를 기본값으로 호출하여 보여 줄 수 있도록 설계합니다. 만약 회원 가입 시 주소 정보도 수집했다면 주소 정보도 호출하여 표기할 수 있습니다. 이용자가 작성한 정보를 DB에 저장하면 이처럼 편의를 제공할 수 있습니다.

> ◖ 라라마켓은 회원 가입 시 휴대폰 번호를 수집하지 않아 공란으로 설계되었습니다.

3. ④ 주소는 [주소 검색] 버튼을 클릭하면 나타나는 팝업에서 정형화된 주소 정보를 검색해 불러오는 방식으로 설계합니다. 물론 이용자가 주소를 직접 입력할 수도 있지만 형식에서 벗어나거나 없는 주소지를 입력할 수도 있기 때문에 이를 걸러내기 어렵습니다. 이는 배송 사고로도 이어지므로 반드시 완성된 주소를 찾아 등록하도록 유도합니다. 과거에는 [우편번호 검색]이라는 버튼명을 많이 사용했지만, 이제는 우편번호를 몰라도 원하는 주소지로 찾아갈 수 있는 시스템이 발달되었으므로 [주소 검색]이라는 버튼명을 더 많이 사용하며 이용자 역시 더 쉽게 이해할 수 있습니다.

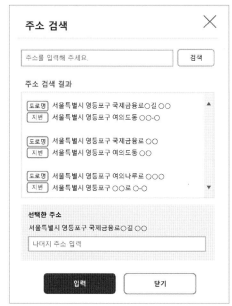

[주소 검색] 버튼 클릭 시 노출되는 팝업 예시 　　　　[주소록] 버튼 클릭 시 노출되는 팝업 예시

4. 이용자가 매번 주소를 검색하는 것은 번거로우니 자주 사용하는 주소와 휴대폰 번호를 저장(DB에 기록)해 놓고 불러오는 ❼ 주소록 기능을 제공하는 것이 좋습니다. 물론 주소록 기능이 없다고 해서 주문을 할 수 없는 것은 아니지만, 이렇게 이용자 편의를 돕는 부가 기능은 웹 사이트의 주 기능 완성 후 쇼핑몰 이용 추이를 고려해 추가로 설계하면 좋습니다.

▶ **주 기능**: 웹 사이트 구축에 꼭 필요하며, 기능이 없다면 사이트를 이용할 수 없는 기능
▶ **부 기능**: 웹 사이트 이용에 편의를 제공하지만, 기능이 없어도 사이트를 이용할 수 있는 기능

⭐ **기획자 상식 사전**　　**주소 검색 기능의 원리**

우정사업본부나 행정자치부(www.juso.go.kr)에서 제공하는 주소 DB를 쇼핑몰 서버에 저장하고 활용하는 방법은 속도는 빠르지만 주소가 바뀔 때마다 웹 쇼핑몰 서버도 업데이트해야 하는 단점이 있습니다. 최근에는 도로명 주소와 새 우편번호 정책으로 주소 수정이 많으므로 주소 DB를 서버에 저장하는 대신 오픈 API를 활용하는 방식을 더 선호합니다.

행정자치부	• 도로명 주소 접속(www.juso.go.kr) → 메인 화면 하단 활용서비스의 '오픈 API' • URL: www.juso.go.kr/addrlink/openApi/apiExprn.do
다음 카카오	• 다음 접속(www.daum.net) → 다음 우편번호 서비스 검색 • URL: postcode.map.daum.net/guide

주소 검색 오픈 API

❸ 주문 및 결제 ─ PG사 연결 화면 설계하기

1. 이용자가 총 결제 금액을 확인하고 결제를 진행하는 단계입니다. 이용자가 확인하기 쉽도록 계산되는 순서와 항목의 순서를 명료하게 정리하면 좋습니다.

2. ❶ 총 합계 금액은 상품의 가격과 옵션 금액, 수량 등 상품의 총 가격을 합하여 노출할 수 있도록 정의합니다. ❷ 포인트 입력란에는 사용할 포인트를 작성하고 [적용] 버튼을 누르면 포인트가 차감되는 방식으로 설계합니다. 이는 이용자가 직접 조작하게끔 유도해 포인트를 사용하다는 것을 한 번 더 인지시켜주는 역할도 합니다. 또한 포인트 최소 입력 단위나 보유하고 있는 포인트보다 많은 포인트를 입력했을 경우 등 이용자의 이용 행태를 예상하여 그에 맞는 적절한 대응 방법도 설계합니다.

3. ❹ 결제 금액은 이용자가 결제하는 최종 금액으로, 해당 금액 정보를 PG사에 전달하여 결제를 진행합니다. 결제 금액을 정의할 때는 최종 금액이 어떻게 산출되는지 산출 공식도 정의해 주면 좋습니다.

4. 전자 결제 서비스 업체에서 제공하는 결제 방법은 ⑤와 같이 카드 결제, 계좌 이체, 가상 계좌 등이 있습니다. 휴대폰 결제, 에스크로 결제 등과 같은 다른 결제 방법도 있지만 본 실습에서는 가장 많이 사용되는 결제 방법을 연결하도록 설계했습니다. 결제 방법은 하나만 선택할 수 있으므로 라디오 버튼으로 설계합니다.

5. ⑥ [결제하기] 버튼을 클릭하면 이용자는 주문 및 결제에 필요한 정보를 양식에 맞게 모두 작성했는지 확인합니다. 주문 정보를 모두 확인 후 이상이 없다면 결제 모듈(PG)로 연결되어 결제 창이 팝업으로 열립니다.

6. 결제 팝업은 이미 개발이 완료된 외부 회사의 모듈을 연동하여 사용하는 것이므로 별도 이용 프로세스를 정의하지는 않습니다. 웹 쇼핑몰에서는 PG사에 쇼핑몰 ID, 결제 금액 등을 API로 전달하고, 결제 팝업에서는 이용자가 입력한 결제 정보를 토대로 결제를 진행합니다. 정상적으로 결제가 완료되면 결제가 완료되었다는 응답 값을 PG사에서 웹 쇼핑몰로 보내주며, 웹 쇼핑몰에서는 이 응답 값을 기준으로 주문 완료 화면으로 이동시켜 줍니다.

★ 기획자 상식 사전   **전자 결제 서비스를 제공하는 대표 업체**

업체마다 서비스 특징이 조금씩 다르기 때문에 전자 결제 서비스 업체를 선택할 때는 다음 두 가지를 꼼꼼히 검토해야 합니다. 첫째, 결제 프로세스를 검토해서 이용 방법이 비교적 쉬운 쪽을 선택합니다. 둘째, 결제 수수료는 각 업체의 정책, 계약 내용에 따라 달라질 수 있으니 서로 비교한 후 업체를 선택합니다.

NHN 한국 사이버 결제	www.kcp.co.kr
KG 이니시스	www.inicis.com
토스페이먼츠	www.tosspayments.com
KG 모빌리언스	www.allatpay.com

전자 결제 서비스 대표 업체 홈페이지

④ 주문 완료 화면 설계하기

1. 주문이 정상적으로 완료되면 주문 완료 화면으로 이동할 수 있도록 설계합니다. 화면 상단에는 주문이 완료되었다는 안내 문구를 표기하고 ❶과 같이 주문이 완료된 내용도 한 번더 보여줍니다. 이는 이용자가 마지막으로 주문 내역을 검토하고 잘못된 내용이 있다면 상품 배송 전에 취소할 수 있도록 안내하기 위해서입니다. 최근에는 이러한 내용은 주문 내역 확인 화면으로 이동하는 ❷와 같은 버튼만 두고, 주문한 상품과 관련되거나 추가로 구매하면 좋은 상품, 고객이 궁금해하는 배송 완료 예정일, 주문 취소 방법, 환불 방법 등으로 새롭게 화면을 설계하기도 합니다.

2. 이용자가 구매 후 취할 수 있는 행동을 예상하여 ❷ ~ ❹ 버튼을 설계하고, 이동할 링크 주소를 디스크립션에 정의합니다.

3. 이용자가 상품을 주문하면 운영자는 관리자 화면에서 주문 상황을 확인할 수 있습니다. 주문량이 많지 않다면 운영자에게 문자나 메일로 상품 주문 접수 사실을 알려 매번 관리자 화면에 접속하지 않아도 주문 접수 여부를 확인하도록 할 수 있습니다. 이러한 기능은 웹 기획자가 사전에 판단해 설계 여부를 결정합니다. 예를 들어 주문이 적은 요일이나 주문이 적은 사업 초기, 업무를 보지 않는 시간대 등을 설정하여 설정한 시간 또는 기간에만 메일 및 SMS를 수신할 수 있도록 설계할 수 있습니다.

비상! 퇴근 전 의뢰인의 메일

← ⤓ ⚠ 🗑

배송지를 여러 곳으로 설정할 수 있도록 수정해 주세요.

 세바스찬 ceo@lalamarket.co.kr   ☆ ↩ ⋮
나에게 ⌄

기획자님, 안녕하세요!

최근 행사 답례품으로 기능성 담요 상품의 주문이 쇄도하고 있습니다. 그런데 기쁨도 잠시뿐, 큰 고민이 생겼습니다. 결제 한 번에 여러 배송지로 동시에 발송하는 방법을 문의하는 전화가 빗발치고 있거든요. 지금은 주문당 배송지를 한 곳만 설정할 수 있는데, 그러다 보니 이용자가 상품을 1개씩 열 곳에 보내려면 열 번을 결제해야 합니다. 어떻게 하면 좋을까요?

(↩ 답장) (→ 전달)

선배 기획자의 조언!

결제 화면에 배송지를 추가하는 기능을 설계하면 해결할 수 있습니다. 우선 배송지별로 상품 수량을 선택할 수 있어야 하고, 배송지별 상품 수량의 합은 총 주문 수량을 초과할 수 없습니다. 그리고 배송지를 추가하면 배송비도 증가된다는 점도 고려해야 합니다. 이렇게 주문이 된 경우 관리자 화면에서 어떻게 표현하면 좋을지도 함께 고민해야겠죠?

04-7 상품 리뷰

상품 리뷰는 앞서 상품 소개 화면의 탭 메뉴로 설계했습니다. 상품 소개 화면의 상품 리뷰는 해당 상품에 대한 리뷰만 볼 수 있는 반면, 지금 실습하려는 상품 리뷰는 전체 상품의 리뷰를 볼 수 있도록 구성되어 있습니다. 웹 쇼핑몰에서 상품 리뷰의 역할은 매우 중요하기 때문에 GNB 메뉴 중 하나로 설계합니다. 상품 리뷰는 제품 구매를 망설이는 이용자가 자신의 판단이 아닌 이미 구매한 다수의 판단을 믿고 구매를 결정할 수 있도록 유도합니다. 만족도가 높은 상품 리뷰를 보면 상품에 대한 기대감이 커지기 때문에 구매로 이어질 확률을 높일 수 있습니다.

1 상품 리뷰 목록 화면 설계하기
2 상품 리뷰 작성 팝업 설계하기

1 상품 리뷰 목록 화면 설계하기

1. 상품 리뷰를 상품 소개 화면 외에 GNB에 추가로 배치하는 이유는 두 가지입니다. 첫째는 어떤 제품을 구매할지 아직 결정하지 못한 이용자에게 여러 상품의 상품 리뷰를 화면이동 없이 보여주면서 구매하고 싶은 상품을 찾을 수 있도록 하는 것입니다. 둘째는 상품리뷰 작성을 용이하게 하기 위해서입니다. 리뷰를 작성하는 이용자는 상품 구매 후 다시쇼핑몰을 찾는 수고를 들이므로 상품 리뷰 메뉴가 쉽게 보여야 합니다. 물론 마이 페이지의 구매 내역에서도 리뷰를 작성할 수 있지만, 리뷰 작성이 익숙하지 않은 이용자는 리뷰메뉴를 찾지 못할 수도 있습니다.

2. 상품 리뷰는 서브 메뉴가 없기 때문에 화면 왼쪽에 상품 카테고리를 서브 메뉴로 설계합니다. 이용자가 상품 리뷰를 보고 원하는 상품 카테고리로 쉽게 이동할 수 있도록 하기 위해서입니다.

3. ❷ 상품 리뷰 검색 기능을 설계합니다. 검색 시 카테고리를 지정할 수 있는 기능을 드롭다운 형태로 설계하고, 목록에는 카테고리 전체를 선택할 수 있는 항목도 함께 설계합니다. 그리고 이용자가 보다 정확한 상품 리뷰를 검색할 수 있도록 상품명 검색 바도 추가합

니다. 이때 중요한 것은 상품명 검색어는 필수가 아니라 선택이라는 것입니다. 카테고리만 지정하고 검색하면 해당하는 카테고리에 있는 상품 리뷰가 모두 검색되고, 카테고리를 지정하고 검색어도 추가로 입력하면 지정된 카테고리 내에서 입력된 단어가 있는 상품 리뷰가 검색되도록 설계해야 합니다.

4. 상품 리뷰에 달린 댓글은 아코디언 형태로 설계할 것이므로, 상품 리뷰 목록 항목이 닫힌 ❸의 경우와 항목이 열린 ❹의 경우를 모두 설계해야 합니다. 그리고 ❺와 같이 이용자가 등록한 이미지가 없는 경우도 고려합니다.

5. ❸ 목록 항목을 구성할 때는 상품 카테고리와 상품명을 [카테고리명 〉 상품명]의 형태로 표기하고, 리뷰의 신뢰도를 높이기 위해 이용자의 아이디와 작성한 날의 일, 시, 분이 표기되도록 설계합니다. 그리고 만족도와 리뷰 내용 일부도 목록에 보이도록 합니다. 이용자가 리뷰의 서문만 쓱 읽어 보고 관심 있는 내용만 항목을 열어 볼 수 있게 하기 위해서입니다.

6. 리뷰를 정성껏 작성한 이용자에게는 운영자가 감사의 댓글을 작성할 수 있도록 ❹와 같이 설계합니다. 운영자 댓글은 항목이 열리는 경우에만 볼 수 있도록 합니다. 댓글은 운영자만 1회 작성할 수 있도록 하고, 운영자가 댓글을 작성하지 않은 경우 댓글을 작성할 수 있도록 입력 폼을 노출합니다.

리뷰에 운영자 댓글이 없는 경우에는 운영자가 댓글을 입력할 수 있는 입력 폼을 설계합니다.
입력 폼 기능은 상품 리뷰 다음 슬라이드에 별도로 설계해 주세요.

또한 작성된 운영자 댓글은 운영자에게만 삭제할 수 있는 권한이 있습니다. 따라서 운영자 아이디로 로그인한 경우에만 [삭제] 버튼이 노출되고, 이를 누르면 확인 창을 띄워 삭제 여부도 한 번 더 묻도록 합니다.

댓글 수정 기능이 있으면 편하겠지만 들어가는 시간과 비용 대비 사용성이 적다면 과감히 포기하는 것도 좋습니다. 댓글을 수정하고 싶다면 삭제하고 다시 작성해도 그리 번거로운 일은 아닐 것입니다.

7. ❻ [리뷰 작성] 버튼을 누르면 상품 리뷰 작성 화면이 팝업으로 나타나도록 설계합니다. 단, 상품 리뷰는 [로그인한 회원 〉 상품 구매 회원 〉 구매 상품 중 작성된 리뷰가 없는 회원]만 작성할 수 있도록 합니다. 따라서 디스크립션에는 이와 같은 작성 권한과 함께, 로그인하지 않은 회원이 버튼을 눌렀을 때 필요한 체크 사항을 정의합니다.

> ◉ 이용자가 등록한 상품 리뷰는 [마이 페이지 → 게시판 이용 내역 → 나의 상품 리뷰]에서 수정할 수 있습니다.

★ 기획자 상식 사전   상품 리뷰 목록을 아코디언 형태로 설계하는 이유

게시판은 일반적으로 전체 목록을 보는 목록 화면과 게시글을 클릭해서 보는 상세 화면으로 나누어 설계합니다. 상품 리뷰 화면도 이와 같은 구조로 설계할 수 있습니다. 하지만 최근에는 웹 쇼핑몰에 남기는 상품 리뷰의 내용이 매우 짧아졌습니다. 정성스럽게 작성한 상품 리뷰는 웹 쇼핑몰보다는 개인에게도 이득이 될 수 있는 블로그로 대체되고 있기 때문입니다. 상품 리뷰는 집중해서 볼 것이 아니라 상품 구매 여부에 도움되는 내용만 빠르게 확인하는 글입니다. 따라서 작성된 내용을 화면 이동 없이 빠르고 쉽게 볼 수 있도록 아코디언 게시판으로 설계하는 것이 이용에 도움이 됩니다.

② 상품 리뷰 작성 팝업 설계하기

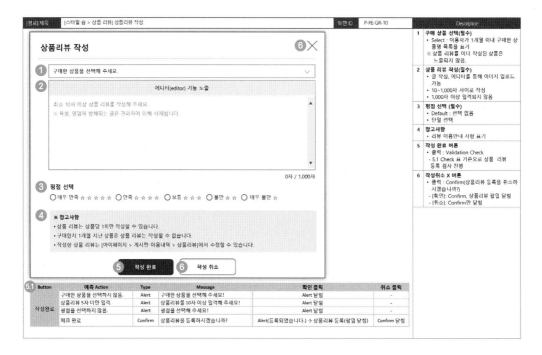

1. 상품 리뷰는 장문의 글을 작성하는 것이 아니므로 팝업에서 작성할 수 있도록 설계합니다. 블로그에서 작성하는 글은 리뷰뿐만 아니라 여러 주제의 글을 작성할 수 있는 형태이므로 본문 페이지에서 작성하지만, 웹 쇼핑몰의 상품 리뷰는 쉽고 빠르게, 부담 없이 작성할 수 있도록 팝업 형태로 작성 화면을 설계합니다.

2. 상품 리뷰는 구매한 상품 이력이 있는 이용자만 작성할 수 있도록 설계해야 합니다. 상품 구매 이력이 없거나 구매한 상품 리뷰를 모두 작성한 이용자, 상품 리뷰 작성 기한이 지난 이용자는 상품 리뷰 목록 화면에서 [리뷰 작성] 버튼을 눌러도 더 이상 작성할 수 없도록 차단됩니다. 따라서 이 팝업은 작성 권한이 있는 이용자만 볼 수 있습니다.

3. 이용자가 여러 종류의 상품을 구매할 수도 있습니다. 따라서 리뷰 작성 화면에서 구매한 상품을 선택할 수 있도록 ❶ 드롭다운 메뉴를 설계합니다. 만약 이용자의 구매 목록이 1개라면 이용자가 리뷰를 작성할 상품을 선택하지 않아도 초기값(default)으로 선택되어 있도록 설계할 수 있습니다. 또한 상품을 구매한 후 상품 리뷰를 작성할 수 있는 기한을 1개월로 제한했다는 정책 내용을 디스크립션에 작성합니다.

4. ❷ 상품 리뷰 작성 폼을 설계합니다. 이때 최소 작성 글자 수나 이미지 등록 여부 등의 정책이 중요합니다. 운영자는 상품 리뷰를 늘리기 위해 리뷰 이벤트(리뷰 작성 시 포인트 또는 사은품 지급 등)를 자주 진행하는데, 이용자는 포인트나 사은품만을 얻기 위해 성의 없는 리뷰를 등록하는 경우가 많기 때문입니다. 이처럼 작성 정책을 잘못 세우면 이용자에게 포인트만 나누어 주고 성의 없는 리뷰만 얻는 성과 없는 마케팅이 될 수 있습니다.

5. ❸ 평점은 하나만 선택할 수 있으므로 라디오 버튼으로 설계합니다. 실습에서는 불만인 경우에도 별점을 줄 수 있도록 되어 있습니다. 즉, 부정적인 평점을 남길 수 있다는 것입니다. 최소한의 긍정적인 평점만 남길 수 있도록 설계하고 싶다면 문구를 제외한 별점(☆ ☆ ☆ ☆ ☆ ~ ☆)으로만 설계하세요.

6. 이용자가 글 작성 중에 궁금해하거나 알아야 할 사항은 리뷰 작성 폼 아래에 ❹와 같이 작성합니다. 자주 묻는 질문에 상품 리뷰에 관한 내용이 있다면 이를 활용해도 좋습니다.

7. ❺ [작성 완료] 버튼을 클릭하면 이용자가 양식에 맞게 상품 리뷰를 작성했는지 ❺.❶ 표와 같이 검사한 후 상품 리뷰가 등록될 수 있도록 설계합니다.

비상! 퇴근 전 의뢰인의 메일

상품 리뷰 작성 방법을 개선해 주세요!

세바스찬 ceo@lalamarket.co.kr
나에게 ▽

기획자님, 안녕하세요!

요즘 상품 리뷰에 작성된 글이 너무 짧아요. 심지어 눈웃음(^^)만 적는 회원도 있습니다. 상품 리뷰의 질을 높일 수 있는 방법은 없을까요? 그리고 작성률도 그리 높지 않은데, 상품을 구매한 회원이 적극적으로 리뷰를 남기도록 유도하는 방법도 함께 고민해 주세요. 그럼, 다음 주간회의 때 아이디어 많이 기대하겠습니다.

 답장   전달

선배 기획자의 조언!

만족도를 별점으로 선택하는 것처럼 1~2줄 정도 되는 상품 리뷰 문구를 미리 준비하고 클릭으로 선택하는 방법도 고려할 수 있습니다. 그리고 작성한 글자 수에 따라 리뷰 작성 포인트나 사은품을 제공하는 이벤트를 진행할 수도 있겠죠? 쓰기 쉽고 신뢰할 수 있는 상품 리뷰를 얻으려면 또 어떤 방법들이 있을까요?

04-8 이벤트 게시판

이벤트는 공지형 이벤트와 참여형 이벤트로 구분할 수 있습니다. 공지형은 '1주년 기념 할인 이벤트를 시작합니다!', '7월 구매 고객 전원에게 비치볼을 쏜다!'와 같이 이용자의 참여 여부와 상관없이 웹 사이트를 이용하면 이벤트에 자동 참여되는 것을 말합니다. 반면, 참여형 이벤트는 '선착순 123명에게 드리는 놀라운 혜택! 지금 참여하세요!', '제1회 삼행시 대회'와 같이 이용자가 직접 이벤트 주제에 맞는 미션을 수행하여 이벤트에 응모하는 것을 말합니다. 이 실습은 공지형 이벤트로 설계되어 있지만, 이를 응용하여 참여형 이벤트도 직접 설계해 보세요.

1 이벤트 목록 화면 설계하기
2 이벤트 상세 보기 화면 설계하기

1 이벤트 목록 화면 설계하기

1. 이벤트 목록 화면은 진행 중인 이벤트, 당첨자 발표라는 서브 메뉴가 있기에 화면을 2단 레이아웃으로 설계합니다. 이벤트가 하나씩만 진행된다면 이벤트 목록 화면을 만들지 않고 바로 이벤트 상세 화면이 나타나도록 설계할 수 있습니다.

2. 상품 목록을 설계했던 것처럼 목록만 보고도 어떤 이벤트인지 쉽게 알 수 있도록 ❷ 이벤트 목록을 설계합니다. 조회수, 이미지, 이벤트명, 내용, 이벤트 기간 그리고 진행 여부를 알 수 있는 정보까지 표기합니다. 이미지나 이벤트명을 클릭하면 이벤트 상세 보기 화면으로 이동합니다. 이벤트 종류에 따라 사은품, 당첨자 발표일, 참여 방법 등을 목록에 추가로 설계해 이용자의 클릭을 유도할 수 있습니다.

3. 이벤트 진행 기한이 종료된 이벤트는 '진행 중'을 '종료'로 바꾸고 목록에서 숨겨지도록 합니다. 주기적으로 종료된 이벤트가 보인다면 이용자는 다음 할인 이벤트까지 상품 구매를 미루는 부작용도 생길 수 있기 때문입니다.

⭐ 기획자 상식 사전 **이벤트 조회수는 공개하는 게 좋을까?**

조회수는 해당 이벤트의 활성화 정도를 판단할 수 있는 지표입니다. 조회수가 높으면 이용자에게 기대감와 호기심을 줄 수 있지만 저조하면 오히려 역효과가 나타나기도 합니다. 웹 쇼핑몰 오픈 초기에는 조회수를 넣지 않다가 어느 정도 활성화되면 넣는 것도 방법입니다.

☑ 이벤트 상세 보기 화면 설계하기

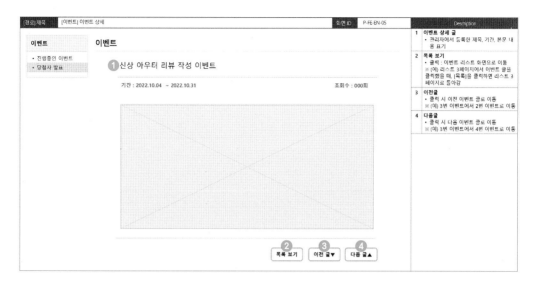

1. 공지형 이벤트는 단순한 게시판 형태와 구조가 비슷합니다. ① 이벤트 제목을 비롯해 이 벤트 기간, 조회 수, 이벤트 내용을 설계합니다. 물론 이벤트 게시판 목록에 표기된 항목 중 상세 화면에서도 표기되어야 하는 항목이 있다면 비교해 보며 함께 표기합니다.

2. 이벤트 글은 관리자 화면에서 등록, 수정, 삭제할 수 있습니다. 따라서 이벤트 상세 영역 은 간단하게 박스로 설계합니다. 이벤트 글은 텍스트 형태로 작성하는 것보다는 기획자가 별도의 이벤트 기획안을 작성하면 웹 디자이너가 이를 이미지 형태로 제작하는 방식으로 주로 만듭니다. 이렇게 제작된 이미지를 이벤트 게시판에 등록하는 것입니다.

3. 이벤트 상세 내용 하단 영역에 ② [목록 보기], ③ [이전 글], ④ [다음 글] 버튼을 설계합 니다. 이 버튼들은 이벤트 상세 내용과는 별개로 게시판 상세 화면의 기능들입니다. 따라서 이벤트 상세 내용과는 영역을 나누어야 합니다.

▶ 당첨자 발표는 일반적인 공지사항과 유 사하게 당첨자의 아이디를 게시판에 올리 는 것이 대부분입니다. [고객센터 > 공지사 항]의 실습 내용을 참고하여 직접 설계해 보세요.

비상! 퇴근 전 의뢰인의 메일

이미지가 강조될 수 있게 이벤트 화면을 수정해 주세요

 세바스찬 ceo@lalamarket.co.kr   ☆ ↩ ⋮

나에게 ∨

기획자님, 안녕하세요!

이벤트 참여율을 높이기 위해 디자인팀에서 공을 들여 이벤트 이미지를 제작하고 있습니다. 그런데 [이벤트 목록] 화면에서는 이미지가 잘 보이지 않네요. 저희가 이벤트를 많이 하는 회사가 아니므로 페이지당 노출하는 이벤트 수를 줄여서라도 이미지가 더 크게 보이면 좋겠습니다.

↩ 답장   → 전달

선배 기획자의 조언!

카드 레이아웃(card layout) 디자인을 응용하면 어떨까요? 카드 레이아웃은 앞서 실습한 [상품 목록] 화면처럼 이미지를 카드 형태로 배치하는 방법입니다. 핀터레스트(pinterest.com), 드리블(dribbble.com)을 참고해 보세요.

04-9 고객센터

고객센터는 이용자가 웹 쇼핑몰을 이용하면서 겪는 갖가지 다양한 문제와 질문을 해결해 주는 메뉴입니다. 또한 웹 쇼핑몰에서 이용자에게 알려야 하는 사항을 공지하기도 하고, 이용자가 궁금한 사항을 해결하기도 합니다. 고객센터는 웹 사이트의 주제나 운영 방침에 맞게 메뉴나 기능을 특색 있게 구성하기도 하지만 실습에서는 기본적으로 어떤 메뉴로 구성되어 있으며 각 메뉴는 어떻게 설계할 수 있는지 살펴보겠습니다.

1 공지사항 목록 화면 설계하기

2 공지사항 상세 보기 화면 설계하기

3 커뮤니티 게시판 목록 화면 설계하기

4 커뮤니티 게시판 상세 보기 화면 설계하기

5 커뮤니티 게시판 글쓰기 화면 설계하기

6 자주 묻는 질문 화면 설계하기

7 상품 문의 화면 설계하기

8 아이디 찾기 화면 설계하기

9 비밀번호 찾기 화면 설계하기

1 공지사항 목록 화면 설계하기

1. 고객센터의 첫 화면을 설계할 때는 하위 메뉴까지 고려합니다. 필요에 따라 고객센터만의 메인 화면을 만들기도 하지만 고객센터에서 다양한 메뉴를 다루지 않는다면 보통은 공지사항이 고객센터의 첫 메뉴에 자리합니다. 공지사항 목록 화면을 설계할 때는 하위 메뉴(커뮤니티, 자주 묻는 질문, 상품 문의 등)까지 고려하여 레이아웃을 설계합니다.

2. 라라마켓의 고객센터 레이아웃은 중앙에 주 게시판을 배치하고, 상단에 ① 배너와 좌측에 고객센터의 서브 메뉴, ⑤ 1:1 문의 게시판으로 이동할 수 있는 배너 등으로 구성했습니다.

3. 공지사항은 웹 쇼핑몰 운영자가 이용자에게 정보를 알리는 목적으로 사용하므로 이용자는 글을 등록할 수 없고 [관리자 〉 게시판 관리]에서 운영자만 글을 작성할 수 있습니다. 따라서 게시판 정책을 세울 때 다음과 같이 표를 이용해 정리하면 작업자의 이해에 도움이 됩니다.

회원 레벨	등록	보기	수정	삭제
관리자	○	○	○	○
로그인 이용자	X	○	X	X
미로그인 이용자	X	○	X	X

공지사항 게시판 사용 권한

4. 공지사항은 목록과 상세 보기로 구성된 가장 기본적인 게시판 형태로 이루어져 있습니다. ❷ 게시글을 검색할 수 있는 기능과 ❸처럼 번호, 제목, 작성일을 게시판 형태로 설계합니다. 그리고 공지사항은 운영자만 등록할 수 있으므로 ❸ 목록에 작성자 항목은 생략합니다.

5. 관리자가 공지사항 글을 작성할 때 중요 옵션을 선택하면 해당 게시글에 ❹ 중요 아이콘이 표시되고 공지사항 목록 위쪽에 고정으로 노출됩니다. 의무 공지사항이나 중요한 공지사항이 있을 때 주로 사용합니다. 그리고 게시글은 각각의 고유 번호를 가지고 있으므로 중요 옵션을 해제하면 다시 원래 순서의 자리로 돌아가야 합니다.

❷ 공지사항 상세 보기 화면 설계하기

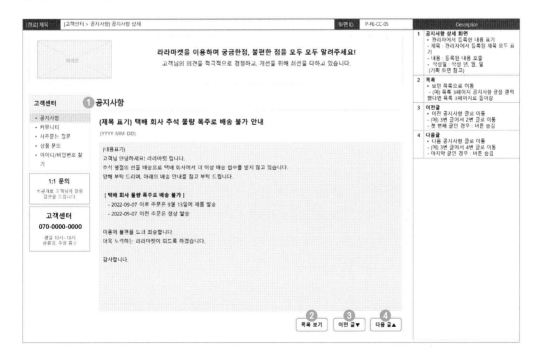

❶ 공지사항의 상세 보기 화면에 필요한 항목들은 비교적 간단하고 대부분의 사이트에서 제공하는 기능이기 때문에 설계 화면만 봐도 작업자가 쉽게 이해할 수 있습니다. 따라서 특별한 기능이 없다면 디스크립션에 일일이 나열하는 대신 기획 화면 참고 또는 설계 참고라고 간단히 작성해도 됩니다. 그리고 이처럼 간단한 게시판을 개발할 때는 이미 개발이 완료된 게시판 소스를 활용하는 경우가 많기 때문에 웹 기획자가 미처 설계하지 않은 편의적 기능도 있을 수 있습니다. 이런 것이 원래 기획 의도를 저해하는 요소가 아니라면 제거하지 않고 그대로 사용합니다.

❸ 커뮤니티 게시판 목록 화면 설계하기

1. 커뮤니티 게시판은 이용자와 관리자, 이용자와 이용자 간에 자유롭게 이야기를 나눌 수 있는 공간입니다. 물론 주제는 웹 쇼핑몰에서 판매되는 상품 관련 내용으로 운영됩니다. 웹 쇼핑몰에서 이런 커뮤니티 게시판을 운영하면 쇼핑몰 이용 노하우, 상품 사이즈, 재질 등을 주제로 한 커뮤니티가 형성되므로 운영자의 고객 응대 업무가 줄며, 이용자들의 불만 사항도 자연스럽게 수집할 수 있는 장점이 있습니다.

2. 커뮤니티 게시판은 공지사항 게시판과 레이아웃과 기능이 비슷합니다. ❶ 검색 기능도 있고, ❷ 공지사항과 같은 목록 형태입니다.

회원 레벨	등록	보기	수정	삭제
관리자	○	○	○	○
로그인 이용자	○	○	○	○
미로그인 이용자	X	○	X	X

커뮤니티 게시판 사용 권한(수정과 삭제는 본인이 쓴 글에 한하여 수정, 삭제할 수 있습니다.)

3. 이용자가 글을 쓸 수 있는 ❸ [글쓰기] 버튼을 추가로 설계하고 게시물마다 작성자를 알 수 있도록 아이디 항목을 노출합니다. 단, 글은 로그인한 회원만 작성할 수 있으므로 로그 인하지 않은 회원이 [글쓰기] 버튼을 클릭하면 로그인 회원만 사용할 수 있다는 메시지를 노출시키는 작업을 추가로 설계해야 합니다. 물론 미로그인 상태에서는 [글쓰기] 버튼을 보이지 않도록 숨길 수도 있지만, 비회원 이용자에게 [글쓰기] 버튼을 노출시키면 글쓰기 욕구를 발동시켜 회원으로 유입할 수 있다는 장점이 있습니다.

☑ 커뮤니티 게시판 상세 보기 화면 설계하기

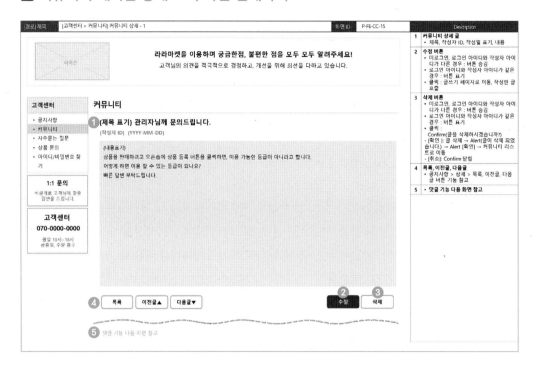

1. 커뮤니티 상세 보기 화면에는 이용자가 글을 등록, 수정, 삭제할 수 있는 기능이 필요하며 활발한 소통을 위해 댓글 기능도 넣었습니다. 댓글 기능은 오픈 숍 상세 보기 화면, 상품 리뷰 화면을 설계할 때 실습한 기능과 유사합니다.

2. 이용자는 자신이 작성한 글만 수정, 삭제할 수 있습니다. 따라서 ❷ [수정], ❸ [삭제] 버튼은 글을 작성한 아이디와 로그인한 아이디가 같은 경우에만 보이도록 정의합니다. 물론 미로그인 이용자는 비교할 아이디가 없으니 버튼을 볼 수 없습니다. [글쓰기] 버튼과 같이 버튼을 항시 노출하여 클릭 시 제어될 수 있도록 개발할 수도 있지만 [수정], [삭제] 버튼은 글을 등록한 특정 회원만 사용할 수 있으므로 본 글을 등록하지 않은 이용자에게는 무용지물입니다.

⑤ 커뮤니티 게시판 글쓰기 화면 설계하기

1. 글쓰기 화면은 제목, 내용 작성 폼이 기본이고 필요에 따라 등록될 카테고리 선택, 중요 옵션, 파일 첨부 등의 기능을 추가합니다. 커뮤니티 게시판은 단순히 정보나 질문 등을 소통하는 공간으로 제목, 내용 작성 폼 기능만으로도 충분합니다.

기능명	등록	설명
분류 선택	분류 선택 ⌄	커뮤니티 게시판을 주제별로 운영할 경우 작성할 글의 분류를 선택할 수 있도록 카테고리 선택 기능을 추가합니다.
파일 첨부	파일 첨부 **찾아보기**	문서, 이미지, 영상 등의 파일을 첨부하여 이용자가 다운로드할 수 있습니다.

커뮤니티 게시판 추가 기능

2. ❸ [등록] 버튼을 누르면 이용자가 양식에 맞게 글을 작성했는지 검토해야 합니다. ❹ [취소] 버튼을 누르면 이용자의 실수에 대비해 확인할 수 있도록 경고 창을 띄웁니다. 이때 이동할 화면까지 함께 디스크립션에 정의합니다.

6 자주 묻는 질문 화면 설계하기

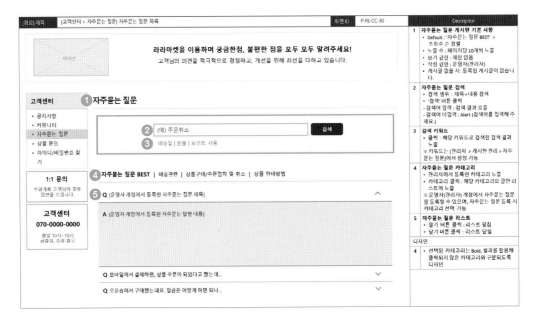

1. 이용자가 ① 자주 묻는 질문 메뉴에 들어왔다는 것은 답을 기다릴 여유가 없이 닥친 문제를 당장 해결하고 싶다는 의미입니다. 따라서 이용자가 빠르게 정보를 찾아볼 수 있도록 설계하는 것이 중요합니다. 오픈 초기에는 운영 경험이 없으므로 형식적인 내용으로 구성해 두고, 최소 6개월 이상 운영한 경험을 바탕으로 자주 묻는 질문 목록을 재구성하면 이 게시판의 진가가 발휘됩니다.

2. 이용자는 필요한 정보를 빠르게 찾길 원하기 때문에 ② 검색 기능을 설계하는 것이 좋습니다. 질문이 많을 것으로 예상되는 키워드를 ③과 같이 배치하면 이용자는 더 편리함을 느끼게 됩니다.

▶ 검색 키워드는 메인 화면에서 검색한 키워드 통계를 기반으로 구성하면 더욱 효과적입니다.

3. 비슷한 유형의 질문을 ④ 카테고리로 분류하여 제공할 수도 있습니다. 카테고리는 너무 많으면 오히려 이용자가 복잡하게 느끼므로 10개를 넘지 않는 것이 좋습니다.

▶ 자주 묻는 질문 BEST의 경우 초기에는 산출이 어렵지만, 일정 기간 운영하면 산출할 수 있습니다.

4. 자주 묻는 질문은 질문과 답변의 양이 많지 않기 때문에 아코디언 게시판으로 설계하는 것이 좋습니다. 질문을 클릭했을 때 그 아래에 답변이 바로 펼쳐지는 형태이기 때문에 필요한 정보를 빠르게 확인할 수 있습니다.

7 상품 문의 화면 설계하기

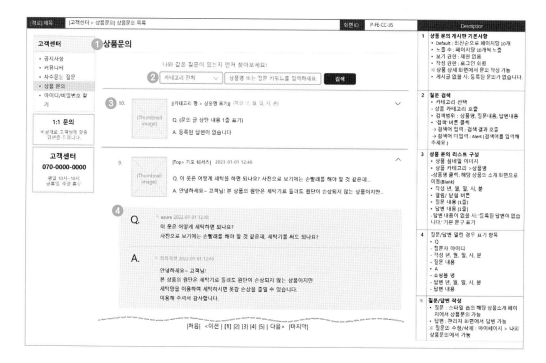

1. ① 상품 문의는 [스타일 숍 상품 목록 〉 상품 소개] 화면에서 설계한 것처럼 각 상품의 문의 내용을 한 곳에서 확인할 수 있는 메뉴입니다. 이렇게 상품 문의 메뉴를 별도로 설계하면 이용자의 궁금증을 빠르게 해소하고 웹 쇼핑몰의 활성화 정도를 보여줄 수 있습니다. 또한 이용자들이 동일한 궁금증을 상품 문의 게시판에서 해소할 수 있으므로 운영 측면에서도 도움이 됩니다.

2. 이용자가 궁금해하는 것은 자신이 구매하는 상품에 대한 문의 내역입니다. 따라서 ③ 상품 문의 게시판 목록은 상품을 기준으로 목록을 설계합니다. 상품명만으로는 구매하려는 상품을 직관적으로 구분하기 어려울 수 있으므로 왼쪽에는 상품의 섬네일 이미지가 보이도록 설계하면 좋습니다. 오른쪽에는 질문과 답변 내용, 작성자, 작성 일자 등을 설계합니다.

3. 마지막으로 질문에 해당하는 상품의 소개 화면으로 연결하기 위해 상품명에 링크를 연결해 줍니다.

⑧ 아이디 찾기 화면 설계하기

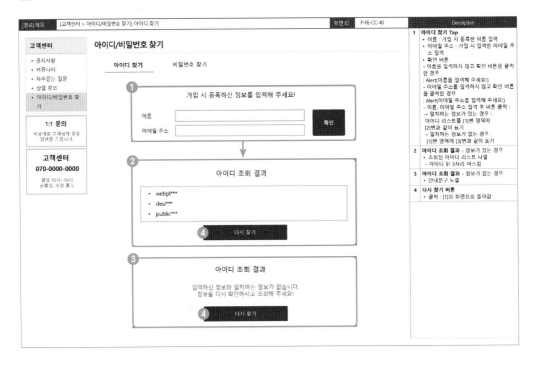

1. 아이디와 비밀번호 찾기는 한 세트로 메뉴가 구성됩니다. 이용자가 아이디, 비밀번호 모두를 잊는 경우가 많아 아이디를 먼저 찾은 후 이어서 비밀번호를 찾을 수 있도록 흐름을 만들기 위한 이유도 있으며, 메뉴의 기능 및 역할도 유사하기 때문입니다. 아이디 찾기와 비밀번호 찾기 모두 기본적으로 이용자가 쇼핑몰에 남긴 정보 중 기억하고 있을 만한 사항을 기준으로 기능을 설계합니다.

2. [아이디 찾기] 탭에서는 ❶ 이름과 이메일 주소를 이용하여 아이디를 찾을 수 있도록 설계합니다. 이용자가 정보를 입력하고 확인을 눌렀을 때 쇼핑몰 회원DB에 동일한 정보가 있다면 ❷의 UI로 변경되고, 동일한 정보가 없다면 ❸의 UI로 변경되도록 설계합니다.

3. 만약 회원 가입을 할 때 이메일 주소를 중복 검사하지 않았다면 ❷처럼 여러 아이디가 검색될 수 있습니다. 이메일 주소 중복 검사를 한 경우에만 아이디 1개가 검색될 수 있습니다.

9 비밀번호 찾기 화면 설계하기

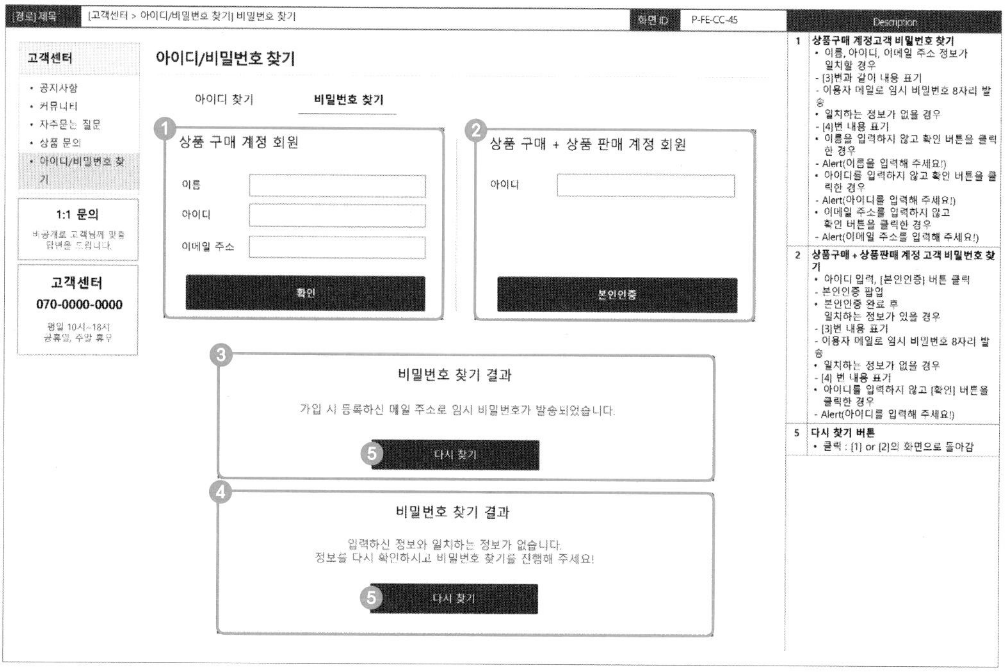

1. 회원 유형에 따라 비밀번호를 찾는 방식을 다르게 설계합니다. ❶ 스타일 숍 회원은 이름, 아이디, 이메일 주소 총 세 가지 정보가 일치해야 비밀번호를 다시 설정할 수 있습니다. ❷ 오픈 숍 회원은 아이디가 일치하고 거기에 본인 인증을 진행해야 합니다.

2. 입력한 정보가 일치하면 회원 가입을 할 때 작성한 이메일 주소로 여덟 자리 임시 비밀번호가 발송됩니다. 이때 반드시 ❸ 안내 문구를 표기하여 임시 비밀번호가 발송됐다는 사실을 이용자에게도 알려야 합니다. 임시 비밀번호는 프로그램에 의해 자동 생성되는데, 자릿수는 웹 기획자가 정의하는 것이 좋습니다.

3. 정보가 일치하지 않으면 ❹와 같은 안내 문구를 나타냅니다. [다시 찾기] 버튼을 누르면 비밀번호 찾기 탭 화면으로 돌아갈 수 있습니다.

4. 최근에는 보안을 강화하기 위해 새로운 비밀번호를 발급한 후 이용자가 비밀번호를 다시 설정할 수 있도록 기획하는 경우가 많습니다. 이렇게 하면 이용자는 적어도 이메일의 비밀번호를 아는 사람이므로 보안 사고의 확률을 줄일 수 있습니다. 메뉴명은 '비밀번호 재설정', '임시 비밀번호 발급' 등으로 바꿀 수 있지만 가장 익숙한 '비밀번호 찾기'가 여전히 많이 사용되고 있습니다.

기획자 상식 사전 **CI 값과 본인 인증 원리 이해하기**

본인 인증 원리를 이해하려면 먼저 CI(connecting information) 값을 이해해야 합니다. CI란, 인터넷 상에서 주민등록번호 대신 사용하기 위해 본인 인증을 통해 생성하는 이용자 고유 정보를 말합니다. 이는 정부에서 허가 받은 본인 인증 업체(NICE 신용 평가 정보 등)의 시스템을 통해 발급됩니다. 오픈 숍 회원은 회원 가입 당시 본인 인증을 진행했습니다. 이때 웹 쇼핑몰은 본인 인증 업체에서 발급받은 이용자의 CI 값을 서버에 저장해 놓습니다. 따라서 비밀번호를 찾기 위해 다시 본인 인증을 할 때 CI 값을 비교하면 이용자를 식별할 수 있습니다.

• **CI 값의 예:** t/+HqBC5AAT26asgeW9W5i21a3dryfasdf87qm6a4T8Fw==

비상! 퇴근 전 의뢰인의 메일

비회원도 상품 문의를 할 수 있도록 수정해 주세요.

세바스찬 ceo@lalamarket.co.kr
나에게 ▽

☆ ← ⋮

기획자님, 안녕하세요!

지금은 상품 문의를 회원만 할 수 있습니다. 그렇다 보니 비회원 이용자는 상품에 대한 궁금증을 해소하지 못해 구매를 망설이고 있는데요. 회원 가입 없이도 온라인 고객센터에서 상품에 대해 문의할 수 있는 기능을 추가해 주세요. 이번에도 기획자님만 믿습니다.

← 답장   → 전달

선배 기획자의 조언!

비회원의 상품 문의는 이용자가 사이트에 글을 작성해도 이용자 게시판에 남는 것이 아니라 관리자 화면의 문의 게시판에 남습니다. 관리자는 이용자에게 답변을 할 때 주로 개인정보(이메일, 휴대폰 번호) 편으로 답변을 전달하기 때문에 비회원 이용자로부터 문의 시 답변을 받기 위한 개인정보 수집 동의를 받아야 합니다.

04-10 마이 페이지(1) 쇼핑 이용 정보

마이 페이지는 이용자가 웹 쇼핑몰에 남긴 정보를 확인하고 수정, 삭제할 수 있는 이용자 개인 공간입니다. 상품 구매 내역, 게시판 이용 내역, 회원 정보 수정 등 다루는 항목이 많기 때문에 이 실습에서는 쇼핑 이용 정보, 오픈 숍 상품 관리, 게시판 이용 내역, 개인정보 수정 및 회원 탈퇴의 총 네 가지 서브 메뉴로 구분하였습니다. 여기서는 먼저 마이 페이지 메뉴 및 쇼핑 이용 정보 서브 메뉴를 설계해 보겠습니다.

1 마이 페이지 서브 메뉴 화면 설계하기

2 장바구니 화면 설계하기

3 주문 내역/배송 조회 목록 화면 설계하기

4 주문 내역/배송 조회 상세 화면 설계하기

5 교환 신청 팝업 화면 설계하기

6 교환/환불 신청 내역 목록 화면 설계하기

7 교환/환불 신청 내역 상세 화면 설계하기

8 포인트 이용 내역 조회 화면 설계하기

1 마이 페이지 서브 메뉴 화면 설계하기

1. 마이 페이지 서브 메뉴는 사이트 제작 초기 IA(사이트 정보 구조) 설계 시 모두 설계할 수 있습니다. 이용자가 남기는 정보는 무엇이고, 이 정보는 마이 페이지 어느 메뉴에 위치하면 좋을지, 메뉴명은 어떻게 지으면 좋을지 등을 고민하며 정리하세요. 이렇게 마이 페이지 메뉴가 정리되면 유사한 기능끼리 그룹핑하고 중요도로 순서를 정하면 됩니다.

2. 스타일 숍 회원과 오픈 숍 회원의 서브 메뉴는 대부분 같지만, 다른 메뉴가 하나 있습니다. ❶ 오픈 숍 상품 관리 는 오픈 숍 회원에게만 서브 메뉴가 노출되어야 합니다.

▶ 스타일 숍 회원과 오픈 숍 회원 구분 시점이 잘 기억나지 않는다면, [04-2 회원 가입 설계하기]를 참조하세요.

3. 스타일 숍 회원에게는 오픈 숍 상품 관리 메뉴가 안 보이게 설계해도 되지만 오픈 숍 회원 수를 늘리기 위한 전략으로 ❸에서 본인 인증을 진행하면 오픈 숍을 이용할 수 있도록 했습니다.

4. ❸과 같이 설계하면 스타일 숍 회원은 본인 인증을 통해 오픈 숍 회원으로 전환할 수 있습니다. ❹ 본인 인증 팝업 화면을 설계하고, 디스크립션에 본인 인증 방법을 정의합니다.

2 장바구니 화면 설계하기

1. 장바구니는 쇼핑몰에서 판매하는 여러 제품을 한 번에 결제할 수 있는 기능입니다. 장바구니에 담긴 상품은 로그아웃 후 재로그인을 해도 목록이 유지될 수 있도록 설계합니다.

2. 화면은 기본적으로 상품 목록 화면과 비슷합니다. ❶과 같이 상품명, 옵션, 수량, 금액 등 장바구니에 담은 상품 정보를 한 눈에 볼 수 있도록 설계합니다. 여기서 수량은 예외적으로 수정할 수 있도록 합니다. 옷이나 신발 같은 경우 같은 상품, 같은 옵션을 2개씩 구매하는 경우는 드물지만, 생필품이나 식품 같은 경우는 수량을 변경할 소지가 높기 때문입니다. 그리고 ❹ 수량을 설정하는 스피너 기능의 경우 모바일 환경에서는 요소가 작으면 손가락으로 정확히 터치하기가 어렵습니다. 따라서 모바일 환경에서는 터치가 쉽도록 수량 수정 버튼을 크게 설계해야 합니다.

모바일 화면의 스피너 UI 요소 예

3. 장바구니에 담았다고 해서 무조건 구매해야 하는 것은 아닙니다. 구매하기로 결정한 상품만 구매하고 필요 없는 상품은 삭제할 수 있도록 ❷ 체크 박스를 설계합니다. 체크된 상품은 ❽ [선택 삭제] 버튼으로 장바구니에서 삭제할 수 있고, ⓫ [선택 구매하기] 버튼을 누르면 상품을 구매할 수 있는 화면으로 전환됩니다.

4. 장바구니에 담긴 상품은 이용자가 삭제하거나 구매하지 않는 이상 목록에 계속 유지됩니다. 따라서 시간이 지남에 따라 ❻과 같이 운영자가 더 이상 판매하지 않는 상품을 삭제한 경우나 ❼과 같이 상품이 소진되어 당장 상품을 구매할 수 없는 경우가 발생할 수 있습니다. 삭제되거나 품절 상태의 상품은 장바구니 목록에서는 삭제할 수 있지만 구매 목록에는 포함하면 안 됩니다. 따라서 구매 목록 선택 후 ⓫ [선택 구매하기] 버튼 선택 시 삭제, 품절 상품이 포함되지 않도록 필터링 기능을 넣어 설계합니다.

5. 장바구니에서 구매할 상품을 선택했다면 이를 결제할 수 있는 구매 프로세스로 연결해야 합니다. 따라서 [선택 구매하기] 버튼을 누르면 주문 및 결제 화면으로 연결될 수 있도록 디스크립션에 정의합니다.

❸ 주문 내역/배송 조회 목록 화면 설계하기

주문 내역/배송 조회 목록 1

1. 마이 페이지의 주문 내역/배송 조회 메뉴에 이용자가 들어오는 이유는 크게 두 가지입니다. 첫째는 주문한 상품과 배송 상태를 확인하기 위해서, 둘째는 상품을 교환하거나 환불하기 위해서입니다. 웹 쇼핑몰마다 차이는 있겠지만 이용자의 80~90%는 첫 번째 이유로 주문 내역/배송 조회 메뉴에 접속합니다. 따라서 이 화면은 어떻게 하면 이용자가 상품 정보와 배송 상태를 쉽게 확인할 수 있을지에 중점을 두고 설계하는 것이 중요합니다.

2. 주문 내역을 쉽게 찾기 위해 ❶ 검색 기능을 설계합니다. 단, 여기서는 과거의 구매 이력을 찾아볼 수 있도록 상품명이 아닌 상품 주문 기간을 기준으로 검색할 수 있도록 합니다. 날짜를 쉽게 선택할 수 있도록 데이트 픽커(date picker) 기능을 넣고, 날짜 입력란 아래에는 원하는 기간을 선택할 수 있는 버튼을 설계하면 이용이 더욱 쉬워집니다. 만약, 정책적으로 주문 내역을 조회할 수 있는 기한이 제한되어 있다면 이용자도 알 수 있도록 반드시 안내 문구를 작성합니다. 데이트 픽커는 날짜 선택을 편리하게 해주는 UI로 PC 웹, 모바일에 따라 여러 디자인을 가지고 있습니다. PC 화면에서는 날짜 입력 영역을 클릭하면 작은 캘린더가 레이어 팝업으로 나타나 날짜를 클릭해 선택할 수 있습니다.

▶ 핀터레스트(www.pinterest.co.kr)에서 'date picker ui'를 검색해 보세요. 다양한 디자인의 데이트 픽커를 확인할 수 있습니다.

3. ❷ 목록 설계에서 중요한 점은 이용자가 빈번하게 확인하는 정보는 상세 화면에 진입하지 않고도 목록에서 바로 확인할 수 있도록 설계하는 것입니다. 대표적으로 주문 검색에 활용되는 주문 일시, 주문 번호, 구매 상품 정보, 결제 금액, 결제 여부, 배송 여부 등으로 구성할 수 있습니다.

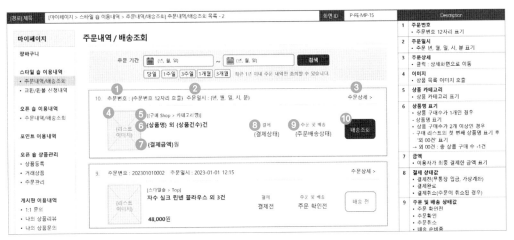

주문 내역/배송 조회 목록 2

4. 상탯값(status value)이란 어떤 상황의 흐름 중 특정 시점마다 단계를 구분하여 이용자에게 직관적으로 현재 상태를 알려 주는 것을 말합니다. 예를 들어 자동차 구매에서 출고까지의 과정을 간단하게 상탯값으로 나타내면 아래와 같습니다.

▶ 이 책에서는 표준국어대사전의 규범 표기에 따라 '상탯값'이라 작성했지만, 실무에서는 '상태값'으로 부르는 경우가 많습니다.

단계	상탯값	설명
1	계약 단계	자동차 영업사원과 구매자가 계약하는 단계
2	결제 단계	자동차 구매 금액을 지불 완료하는 단계
3	생산 단계	공장에서 자동차를 생산하는 단계
4	검수 단계	생산한 자동차의 품질을 확인하는 단계
5	인계 단계	완성된 자동차를 구매자에게 전달하는 단계

자동차 구매에서 출고까지 상탯값으로 표현한 예

웹 쇼핑몰에서도 마찬가지로 주문의 흐름을 특정 시점으로 구분하고 이를 상탯값으로 치환해 사용합니다.

5. ❽ 결제 상태는 이용자의 결제 여부를 기준으로 상탯값을 설계합니다. 이용자가 주문을 완료했다고 해서 모든 주문이 결제 완료된 것은 아닙니다. 무통장 입금이나 가상 계좌 결제는 먼저 주문한 이후에 입금이 이루어지므로 결제까지 완료되었다고 볼 수 없습니다. 반면, 카드 결제나 계좌 이체는 주문과 동시에 결제가 진행됩니다. 그리고 이용자가 결제를 취소하는 경우도 있습니다. 이러한 모든 경우의 수를 산출하여 상탯값을 설계합니다.

단계	상탯값	설명
1	결제 전	• 이용자가 주문 후 결제를 진행하지 않은 상태 ※ 무통장 입금, 가상 계좌 결제가 이에 해당
2	결제 완료	• 이용자가 주문 후 결제를 완료한 상태 ※ 카드 결제, 계좌 이체, 무통장 입금, 가상 계좌 결제 후 입금이 완료된 경우가 이에 해당
3	결제 취소	• 이용자가 결제 후 결제를 취소한 상태 ※ 주문 취소 시 운영자가 카드 결제 취소 및 금액 환불을 완료한 경우가 이에 해당

결제 상탯값 정의

6. ❾ 주문 및 배송 상태는 운영자가 주문 및 결제가 완료된 주문을 처리하는 과정을 기준으로 상탯값을 설계합니다. 이용자가 주문을 완료했다고 해서 운영자가 바로 확인하고 상품을 발송하는 것은 아닙니다. 재고 부족, 휴일, 업무 시간 등의 사유로 주문을 완료해도 운영자가 당장 상품 발송을 할 수 없거나 주문 접수 사실을 알 수 없는 경우도 있습니다. 따라서 이러한 사항을 이용자에게 알려 주기 위해 운영자의 주문 처리 과정을 기준으로 상탯값을 설계합니다.

단계	상탯값	설명
1	주문 확인 전	주문은 완료되었지만 운영자가 확인하지 않은 상태
2	주문 확인	주문 완료 후 운영자가 상품 재고 확인 등 배송 가능 여부를 확인하는 상태
3	주문 취소	구매자가 상품 발송 전 구매를 취소한 상태
4	배송 준비 중	운영자가 상품을 배송하기 위해 포장, 상품 불량 여부 확인, 주소 확인 등을 진행하는 상태
5	배송 중	운영자가 택배사로 상품을 인계한 상태
6	배송 완료	택배사가 주문자에게 상품을 전달 완료한 상태
7	구매 확정	구매자가 상품을 확인하고 교환 및 환불 없이 구매를 확정한 상태

주문 및 배송 상탯값에 따른 버튼 정의

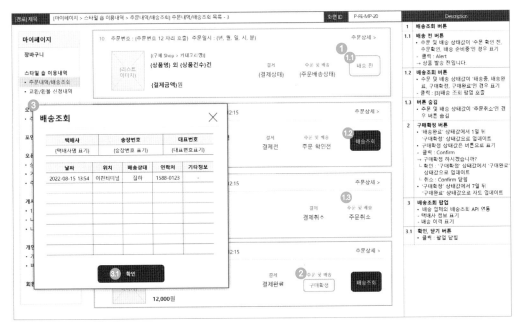

주문 내역/배송 조회 목록 3

7. 주문 및 배송 항목의 상탯값은 자동으로 변경되는 것이 아니라 관리자 화면에서 상품의 준비 상태에 따라 운영자가 직접 변경해야 합니다. 따라서 ❶ 영역의 버튼은 주문 및 배송 상탯값에 따라 다음과 같이 설계합니다.

단계	상탯값	❶ 영역의 노출 버튼
1	주문 확인 전	[배송 전] 버튼
2	주문 확인	
3	주문 취소	버튼 숨김
4	배송 준비 중	[배송 전] 버튼
5	배송 중	[배송 조회] 버튼
6	배송 완료	
7	구매 확정	

주문 및 배송 상탯값에 맞는 버튼 정의

8. 주문 및 배송 상탯값이 배송 중 또는 배송 완료인 경우에는 배송 상황을 확인할 수 있는 ❸ [배송 조회] 버튼 및 팝업을 설계합니다. 배송 조회 팝업에 표기되는 배송 현황은 배송 업체의 API 연동 서비스를 활용해 구현할 수 있습니다.

> ▶ 이용률이 높은 여러 택배사를 한 번에 연동할 수 있는 오픈 API 소스도 있으니 참고해 주세요.

[인터넷 우체국(www.epost.go.kr) → 계약고객전용시스템 → OPEN API] 우체국 총추적 조회 API 설명 화면

9. 배송이 완료되면 주문 처리 과정은 모두 종료된 것입니다. 추가로 정책에 따라 배송 완료 메일이나 SMS를 발송할 수 있으며, 이용자가 교환이나 환불 의사가 없다는 것을 운영자에게 알리는 ❷ [구매 확정] 버튼을 설계해 구매 확정 시 이용자에게 지급하기로 한 포인트도 지급될 수 있도록 설계할 수 있습니다. 이용자가 교환/환불 기간이 지나도 아무런 응답이 없는 경우에도 이에 대비하는 정책을 만들어 자동으로 구매 확정 단계로 업데이트하도록 합니다.

10. 목록은 이용자가 주요한 사항을 상세 화면에 접근하지 않아도 쉽게 확인할 수 있도록 설계했습니다. 하지만 운영자는 이용자에게 주문 정보의 원문을 공개해야 합니다. 따라서 [주문 상세] 버튼을 설계하고 연결되는 화면을 디스크립션에 정의합니다. 목록 화면이 단순하다면 꼭 [주문 상세] 버튼이 없어도 됩니다. 공지사항의 목록을 클릭하면 상세 화면으로 이동하는 것과 같이 주문 번호나 상품명을 클릭하면 상세 화면으로 이동하도록 설계해도 됩니다. 하지만 이용자가 무엇을 클릭해야 상세 화면을 볼 수 있는지 직관적으로 유추하기 어렵다고 판단되면 별도의 버튼을 설계해 주세요.

4 주문 내역/배송 조회 상세 화면 설계하기

주문 내역/배송 조회 상세 1(주문 정보, 구매 상품 목록)

1. 주문 내역/배송 조회 목록 화면에서 [주문 상세] 버튼을 클릭했을 때 연결되는 화면입니다. 상품 구매 프로세스를 통해 구매한 상품 및 입력한 정보를 다시 볼 수 있습니다. 이용자는 이 화면을 통해 구매 시 입력한 정보를 다시 확인하거나 정보를 수정할 수 있습니다.

▶ 본 실습에서는 설명을 위해 주요 사항에 대해서만 디스크립션을 작성했지만, 실무에서는 구매 목록의 정의, 주문자 정보, 배송 정보, 결제 정보의 정의도 빠짐없이 디스크립션에 작성되어야 합니다.

2. 목록에서 설계한 사항은 상세 화면에 배치되어야 합니다. 따라서 ① 주문 번호와 ② 결제 상태 등 주문 및 배송 상태의 요소를 설계합니다.

3. 상세 화면에서 확인할 수 있는 ③ 구매 상품 목록을 설계합니다. 이때는 교환/환불이 발생한 경우가 고려되어야 합니다. 교환 및 환불은 배송이 완료된 경우 진행할 수 있는데요. Ⓐ는 교환, 환불이 없는 경우, Ⓑ는 여러 구매 내역 중 환불 건이 있는 경우, Ⓒ는 여러 구매 내역 중 교환 건이 있는 경우, Ⓓ는 여러 구매 내역 중 교환 및 환불이 모두 있는 경우입니다. 여러 건의 상품을 주문한 경우 몇몇 상품만 교환하거나 환불하는 경우가 많기 때문에 설계 시 대비해야 합니다.

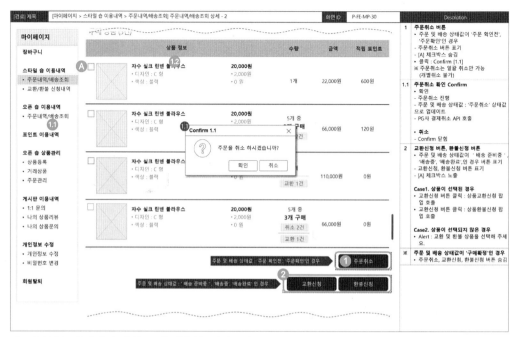

주문 내역/배송 조회 상세 2(주문 취소, 교환 신청, 환불 신청 버튼)

4. 이용자가 주문했다면 취소도 할 수 있어야 합니다. 여기서 중요한 것은 주문 취소와 교환/환불의 개념입니다. 오프라인에서는 주문 취소와 환불은 유사한 개념일 수 있지만, 온라인에서는 이용자가 주문을 취소하는 시점에 따라 다른 개념으로 사용됩니다.

5. ❶ [주문 취소]는 이용자가 구매한 상품을 운영자가 배송 업체에 인계하기 전까지 가능합니다. 상품을 발송하지 않았으니 주문을 취소할 수 있는 것입니다. 주문 확인 전, 주문 확인 단계에서만 취소가 진행될 수 있도록 정책을 세웁니다. ❶ [주문 취소]를 진행하면 주문 배송 상탯값이 주문 취소 완료로 변경되고 결제가 취소됩니다. 카드 결제는 결제 모듈의 결제 취소 API를 연동하도록 설계할 수 있습니다.

6. ❷ [교환 신청], [환불 신청]은 운영자가 발송한 상품을 이용자가 받은 후 상품에 이상이 있을 때 진행하는 사항입니다. 주문 및 배송 상탯값 단계로 보면 배송 중, 배송 완료 단계입니다.

▶ 교환 신청 팝업은 **5** 교환 신청 팝업 설계하기를 참고해 주세요.

1	배송 정보
	• 이용자가 작성한 배송지 정보 호출
1.1	'수정' 버튼
	• 수문 및 배송 상태 값이 '주문 확인전', '주문확인'인 경우
	- 클릭 : 수정 팝업 열기
	• 주문/배송 상태 값이 '배송 준비중', '배송중'인 경우
	- 클릭 : Alert
	→ 배송 단계이므로 정보를 수정할 수 없습니다.
	• 주문/배송 상태 값이 '배송완료'인 경우
	- [수정] 버튼 숨김
2	결제 정보
	• 총 합계 금액 : 구매상품 목록 > 금액 열의 합
	• 사용포인트
	• 배송비
	• 결제방법
	• 결제상태
	• 결제금액
2.1	구매 영수증, 현금 영수증 버튼
	• 결제방법이 '신용카드'인 경우
	- '구매 영수증' 버튼 표기
	• 결제방법이 '계좌이체, 가상계좌, 무통장 입금'인 경우
	- '현금 영수증' 버튼 표기
3	목록
	• 클릭 : 주문 내역/배송 조회 페이지로 이동

주문 내역/배송 조회 상세 3(배송 정보, 결제 정보)

7. ❶ 배송 정보도 주문 및 배송의 상탯값에 따라 정보를 수정할 수 있습니다. 주문한 상품이 주문 확인 전, 주문 확인 상태라면 ⓵ [수정] 버튼을 눌러 배송 정보를 수정할 수 있습니다. 만약 배송 진행 중 [수정] 버튼을 누르면 배송 중이므로 정보를 수정할 수 없다는 사실을 이용자에게 알려줍니다. 만약 클릭 시 알림을 주지 않고 아예 ⓵ [수정] 버튼을 숨기면 이용자의 눈에 [수정] 버튼이 보이지 않아 문의가 많아질 것입니다. 그러므로 [수정] 버튼은 그대로 두되 수정되지 않는다는 것을 이용자에게 알려 주는 것이 좋습니다. [수정] 버튼은 배송 완료 상태일 때만 숨깁니다.

8. ⓵ [수정] 버튼을 클릭했을 때 배송 정보를 수정할 수 있는 팝업 화면도 설계합니다. 팝업 화면이므로 [주소 검색] 또는 [주소록] 버튼을 클릭했을 때 연결 화면은 팝업 화면 내에서 이동할 수 있어야합니다. 그리고 필수 입력 사항을 모두 입력했는지 확인하기 위한 타당성 검증도 잊지 않고 설계합니다.

배송 정보 수정 팝업 예시

9. ❷ 결제 정보 항목도 상품 구매 프로세스에서 계산된 금액 그대로를 보여주고 최종 결제된 금액이 얼마인지 알기 쉽도록 설계합니다. 영수증이 필요한 이용자는 출력할 수 있도록 ㉑ [구매 영수증] 버튼을 두어 클릭 시 팝업 화면에서 결제 내용을 확인할 수 있도록 합니다. 영수증 조회 팝업의 내용은 결제 모듈을 제공하는 PG사의 API를 통해 제공되므로 간단한 팝업 레이아웃만 설계하고 디스크립션에 PG사 결제 내용(영수증) 호출로 표기하면 됩니다.

영수증 조회 팝업 예시

5 교환 신청 팝업 화면 설계하기

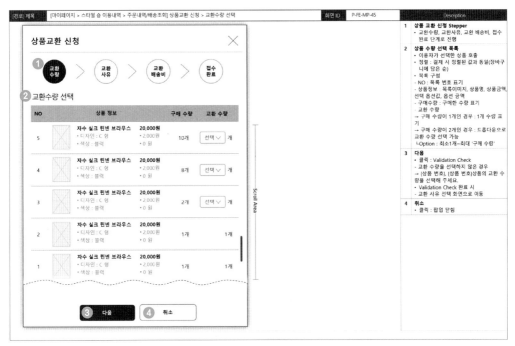

상품 교환 신청 팝업 1(화면 구성, 교환 수량 선택)

1. 교환 신청은 이용자가 상품을 받은 후 신청할 수 있으며, 상품을 주문하는 것만큼 여러 단계를 거쳐야 합니다. 교환 신청 팝업은 ❶과 같은 프로세스를 먼저 설계해야 합니다. 본 실습에서는 ❶과 같이 교환 수량, 교환 사유, 교환 배송비, 접수 완료의 총 4단계로 설계했습니다.

단계	단계명	설명
1	교환 수량	교환할 상품의 교환 수량을 선택하는 단계
2	교환 사유	상품에 따라 교환 사유를 선택하는 단계
3	교환 배송비	2단계 교환 사유에 따라 교환 배송비를 결정하고, 이용자가 교환 배송비를 결제하는 단계
4	접수 완료	교환 접수가 완료되어 관리자 화면에 교환 접수가 등록된 상태

교환 신청 단계

2. 교환할 상품은 구매 상품 목록에서 선택할 수 있습니다. 교환할 상품의 대상이 선정되면, 교환 수량을 선택할 수 있어야 합니다. 이용자가 상품 구매 시 같은 상품을 여러 개 구매할 수 있으므로 구매한 상품 중 교환할 상품을 선택할 수 있는 ❷의 교환 수량 선택 목록이 필요합니다.

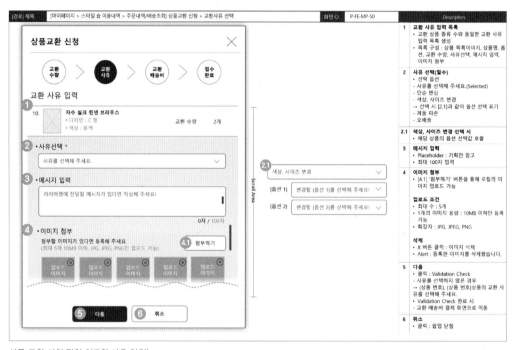

상품 교환 신청 팝업 2(교환 사유 입력)

3. 신청서를 설계할 때 고려할 점은 교환 사유가 무엇인지 정확히 알아야 한다는 것입니다. 이용자의 말만 믿고 무조건 무상으로 교환을 진행해 줄 수는 없습니다. 따라서 이용자의 교환 사유를 운영자가 확인할 수 있도록 ❷ 사유 선택을 필수 항목으로 분류합니다. 이렇게 이용자가 작성한 내용을 토대로 운영자는 이용자 과실인지 운영 과실인지를 따져 상품을 무상으로 교환해 줄 것인지를 결정합니다. 그리고 상품마다 교환 사유도 모두 다를 수 있기 때문에 교환 수량만큼 ❶ 목록이 생성될 수 있도록 합니다.

상품 교환 신청 팝업 3(교환 배송비 결제)

4. 이용자가 교환하는 사유에 따라 ❶ 배송비가 달라집니다. 색상, 사이즈 변경, 단순 변심일 경우에는 이용자가 배송비를 부담하고, 상품 파손 또는 오배송인 경우는 운영자가 배송비를 부담합니다. 여러 상품을 한 번에 교환 신청하면 이런 사유가 여러 개일 수 있습니다. 여러 사유 중 상품 파손 또는 오배송으로 운영자가 배송비를 부담해야 하는 사항이라면 색상, 사이즈 변경, 단순 변심인 상품이 포함되어 있어도 고객 서비스 차원에서 배송비를 무료로 지원하면 이용자의 만족도를 높일 수 있습니다.

교환/환불 사유	배송비 정책
이용자의 색상/사이즈 변경, 단순 변심에 의한 교환	왕복 배송비 적용
운영자 또는 배송 업체 과실로 인한 환불/교환	배송비 무료 적용
이용자의 색상/사이즈 변경, 단순 변심에 의한 교환과 운영자 또는 배송 업체 과실로 인한 환불/교환이 혼합된 경우	배송비 무료 적용

교환/환불 사유에 따른 배송비 정책 표

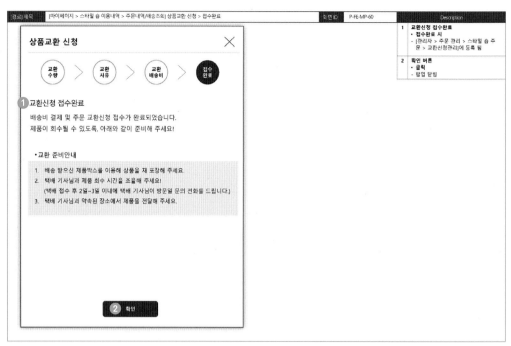

상품교환 신청　　　　　　　　　　×

교환　＞　교환　＞　교환　＞　접수
수량　　　사유　　　배송비　　완료

❶ 교환신청 접수완료

배송비 결제 및 주문 교환신청 접수가 완료되었습니다.
제품이 회수될 수 있도록, 아래와 같이 준비해 주세요!

• 교환 준비안내

1. 배송 받으신 제품박스를 이용해 상품을 재 포장해 주세요.
2. 택배 기사님과 제품 회수 시간을 조율해 주세요!
   (택배 접수 후 2일~3일 이내에 택배 기사님이 방문일 문의 전화를 드립니다.)
3. 택배 기사님과 약속된 장소에서 제품을 전달해 주세요.

❷ 확인

Description

1. 교환신청 접수완료
   • 접수완료 시
   - [관리자 > 주문 관리 > 스타일 숍 주문 > 교환신청관리]에 등록 됨
2. 확인 버튼
   • 클릭
   - 팝업 닫힘

상품 교환 신청 팝업 4(교환 신청 접수 완료)

5. 배송비까지 결제가 완료되면 접수 완료 화면으로 이동할 수 있도록 설계합니다. 교환 신청이 접수되면 관리자 화면에 교환 신청 내역이 남고 운영자는 이를 확인할 수 있습니다. 교환 신청 접수 완료 화면에는 접수가 완료되었다는 내용을 표기하는 것도 좋지만, 이후 진행해야 하는 사항들을 정리해 안내하면 이용자는 상품 교환에 필요한 사항들을 미리 준비할 수 있습니다.

6. 정책에 따라 교환 신청 접수 완료 메일이나 SMS 등을 발송해야 한다면 누락되는 사항 없이 디스크립션에 기록될 수 있도록 합니다.

▷ 상품 환불 신청 화면 설계는 본 도서에서 다루지 않습니다. 지금까지 배운 주문 취소, 상품 교환 내용을 살펴보고 환불 프로세스를 직접 설계해 보세요.

❻ 교환/환불 신청 내역 목록 화면 설계하기

1. 교환/환불 신청 내역에서는 이용자가 신청한 교환/환불 신청 사항을 재열람하거나 운영자의 처리 사항을 확인할 수 있습니다. ❶ 검색 기능은 필요에 따라 설계 여부를 정합니다.

2. 교환 건과 환불 건을 구분하기 위해 접수 분류라는 항목을 설계해 신청 분류를 이용자가 쉽게 구분할 수 있도록 합니다.

3. 교환 및 환불을 신청할 때도 주문 번호와 같은 개념의 접수 번호가 있습니다. 접수 번호 역시 교환 및 환불 신청서를 구분할 수 있는 유일한 값이므로 필요에 따라 목록에 설계합니다.

4. 교환 및 환불 과정에서도 상탯값이 필요합니다. 다음과 같이 3단계를 두어 이용자의 교환 및 환불 신청이 어떻게 진행되고 있는지 확인할 수 있도록 설계합니다.

단계	단계명	설명
1	확인 전	이용자가 교환 및 환불 신청서를 접수했지만 운영자가 확인하지 못한 단계
2	확인 중	이용자가 교환 및 환불 신청 접수 후 운영자가 내용을 확인하는 단계
3	처리 완료	이용자가 신청한 내용을 모두 확인하고 상품을 재발송했거나 반려한 상태

교환 및 환불 처리 단계

7 교환/환불 신청 내역 상세 화면 설계하기

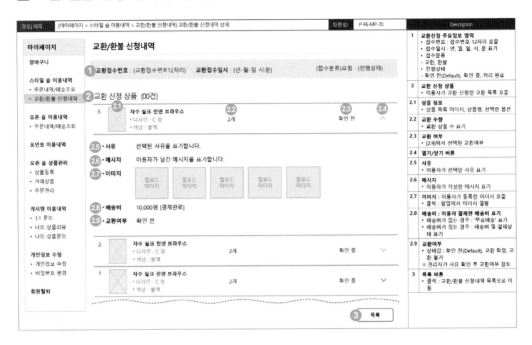

1. 교환/환불 신청 상세 내용에는 이용자가 신청한 교환/환불 신청 내용을 재열람할 수 있도록 구성합니다. 여러 상품을 동시에 신청한 경우에는 ❷ 교환 신청 상품 수만큼 목록이 같이 생성되어야 합니다.

2. 교환/환불 상세 화면에 신청된 내용은 수정이 불가해야 합니다. 이미 배송비 결제까지 완료되었기 때문에 수정 기능을 제공하면 다시 교환 배송비를 측정하고 결제된 배송비를 취소하는 등 이용자의 사용 빈도에 비해 많은 기능이 추가되기 때문에 비효율적입니다.

3. 운영자가 이용자의 신청 사유 및 이미지를 확인하며 교환 가능 여부를 판단합니다. 운영자가 판단한 교환 가능 여부를 표기할 수 있도록 ❷.9 교환 여부 값을 설계합니다.

단계	단계명	설명
1	확인 전	이용자가 교환 및 환불 신청서를 접수했지만 운영자가 아직 확인하지 못한 단계
2	교환 확정	상품 불량, 상품의 재판매 가능 상태가 확인되어 이용자가 원하는 상품으로 교환이 가능한 상태
3	교환 불가	고객의 단순 변심에 의한 교환을 상품 불량으로 체크해 배송비를 결제하지 않았거나 이용자의 실수로 상품이 훼손되어 재판매가 불가한 상태

교환 가능 여부 단계

8 포인트 이용 내역 조회 화면 설계하기

1. 이용자는 상품을 구매하거나 오픈 숍에서 자신의 상품을 직접 판매하며 이벤트 등으로 포인트를 모을 수 있습니다. 그리고 적립 받은 포인트는 상품을 구매할 때 현금처럼 사용할 수 있습니다. 이 화면의 목적은 이용자의 포인트 사용 내역과 현재 보유하고 있는 포인트를 확인하는 것입니다. 이때는 포인트 사용과 관련된 정책을 먼저 세워야 합니다. 포인트 사용 단위, 소멸 시기, 적립 시점 등과 같은 포인트 이용 정책을 먼저 정한 후 이에 맞는 목록을 설계합니다.

2. 먼저 ❶ 보유 포인트는 이용자가 가장 궁금해 하는 사항이기 때문에 알기 쉽도록 가장 위쪽에 설계합니다. 포인트도 적립/사용 등의 내역이 존재하므로 ❷ 내역을 조회하는 기능을 설계합니다. 그리고 포인트 이용에 있어 이용자가 알아야 할 사항이 있다면 별도로 내용을 표기합니다.

3. ❸ 포인트 적립 및 사용 내역 목록을 설계합니다. 이때 날짜 정보는 번호 다음으로 두 번째 열에 배치합니다. 이용자는 포인트 적립 또는 사용 내역을 확인할 때 언제 적립되었고 사용했는지를 가장 먼저 찾기 때문입니다. 그리고 ❹ 적립/사용, ❺ 내용, ❻ 포인트 항목 순으로 목록을 설계합니다.

4. ④ 적립/사용에 노출되는 항목 값과 ⑤ 내용에 노출되는 항목 값은 화면 설계 시 모두 정의되어야 합니다. 개발자는 해당하는 경우에 따라 적립/사용의 값과 내용의 값을 모두 정해놓고 발급하기 때문입니다. 따라서 어느 시점에 포인트가 적립되고 사용되는지에 대한 모든 상황을 정리하고 그게 맞는 항목 값이 노출되도록 설계해야 합니다.

번호	상황	적립/사용	내용
1	상품 구매 후 상탯값이 구매 완료 단계인 경우	적립	상품 구매
2	오픈 숍에서 판매한 상품 금액을 적립 받은 경우	적립	오픈 숍 상품 판매
3	운영자가 이용자에게 포인트를 지급한 경우	적립	관리자가 작성한 내용 표기
4	상품 구매 시 포인트를 사용한 경우	사용	상품 구매 시 포인트 사용
5	상품 구매 후 환불 받은 경우	취소	상품 구매 취소
6	포인트를 1년간 사용하지 않은 경우	소멸	1년간 포인트 미사용

포인트 적립/사용에 대한 정책

비상! 퇴근 전 의뢰인의 메일

← 🗔 ① 🗑

소멸 예정 포인트 표기 정책을 개선해 주세요.

 세바스찬 *ceo@lalamarket.co.kr*
나에게 ⌄   ☆ ← ⋮

기획자님, 안녕하세요?

아시다시피 저희 라라마켓은 포인트 정책에 따라 1년간 사용하지 않은 포인트는 자동 소멸됩니다. 그런데 최근 이와 관련된 문의가 늘고 있습니다. [포인트 이용내역 조회] 화면에 보유 포인트가 많이 모인 것을 보고 사용 계획을 세웠다가 이후에 사용하려고 보니 포인트가 소멸되어 이에 대한 항의가 매우 많습니다. 아마 처음 확인했을 때는 대부분의 포인트가 이미 소멸 기한에 가까웠던 모양입니다. 소멸 예정 포인트도 쉽게 알 수 있도록 화면을 개선해 주세요.

(← 답장)   (→ 전달)

(선배 기획자의 조언!)

적립된 포인트 항목 옆에 소멸까지 남은 날짜를 표기해 주면 어떨까요? 소멸까지 남은 날짜가 확인되니 자연스럽게 사용을 촉진할 수 있지 않을까요? 그리고 쇼핑몰 특성상 이용자는 쇼핑몰에 주기적으로 접속하는 것이 아니므로 포인트 소멸 7일 전에 메일이나 SMS로 알려 주면 관심 있는 이용자는 포인트를 사용하려고 쇼핑몰에 접속할 것입니다.

04-11 마이 페이지(2) 오픈 숍 상품 관리

오픈 숍 회원은 오픈 숍 상품 관리 메뉴에서 직접 상품을 등록하고, 주문받고, 배송하는 일련의 과정을 모두 관리할 수 있습니다. 이는 오픈 숍에서 판매자가 상품을 등록하고 판매하는 과정을 축소해 놓은 과정으로 그 원리는 유사합니다. 실습에서는 오픈 숍 상품 관리 메뉴를 통해 오픈 숍의 상품 등록부터 주문 관리까지의 축소 과정을 설계해 볼 것입니다. 이 기본 구조를 익히면 앞으로 더욱 확장되고 고도화된 편리한 구조를 설계할 수 있을 것입니다.

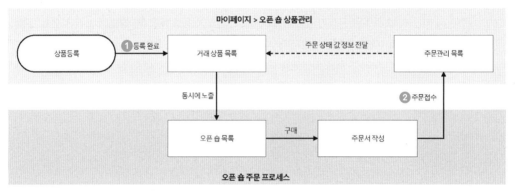

오픈 숍 상품 관리 구조
1. ① 상품 등록이 완료되면 마이 페이지 거래 상품 목록과 오픈 숍 목록에 등록된 상품이 노출됩니다.
2. ② 등록한 상품이 주문되면 주문 정보가 마이 페이지 주문 관리 목록에 업데이트되고, 거래 상품 목록에 주문 상탯값을 전달합니다.

1️⃣ 상품 등록 화면 설계하기
2️⃣ 거래 상품 목록 화면 설계하기
3️⃣ 주문 관리 목록 화면 설계하기
4️⃣ 주문 관리 상세 화면 설계하기

1 상품 등록 화면 설계하기

오픈 숍 상품 등록 1

1. 앞서 설계한 오픈 숍 상품 목록, 상품 소개 화면이 구매자 입장을 고려했다면 오픈 숍 상품 등록 화면은 판매자 입장을 고려해야 합니다. 상품 소개 정보 화면에서 보이는 순서보다는 판매자가 작성하기 편한 순서대로 항목을 구성하고, 판매자에게 입력받은 정보를 구매자 입장에서 이해하기 쉽도록 설계해야 합니다.

2. ❷ 카테고리 선택은 등록하는 상품이 운영자가 설정해 놓은 카테고리 중 어느 카테고리에 관한 상품인지 선택하는 항목입니다. 상품 카테고리에 노출되는 항목은 관리자 화면의 관리 메뉴에서 등록된 목록을 호출하는 방식으로 설계합니다.

3. ❸ 검색 키워드 추가는 메인 화면 설계에서 배울 키워드 기반 검색 결과에서 해당 상품이 더욱 잘 검색될 수 있도록 추가 키워드를 입력하는 것입니다. 이는 우리가 자주 사용하는 태그(tag) 기능과도 유사합니다. 검색 키워드 항목을 설계할 때는 띄어쓰기 없이 단어를 입력하고 단어 간 구분은 쉼표(,)로 구분합니다. 프로그램은 쉼표를 기준으로 여러 단어를 구분합니다(예 스커트, 주름스커트, 밴드스커트).

4. ❹ 가격 확인 링크는 구매자에게 신뢰를 주기 위한 보조 기능으로 선택 사항으로 정의합니다. 그리고 올바르게 입력되었는지 확인하기 위해 [링크 확인] 버튼을 설계합니다. ❻ 사용 기간의 기타 항목과 ❼ 거래 방식의 택배 배송 항목은 선택하면 활성화되도록 합니다.

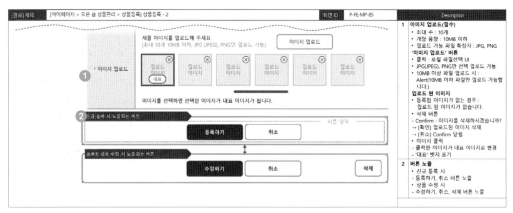

오픈 숍 상품 등록 2

5. ❶ 이미지 업로드는 판매자가 촬영한 이미지를 별도 편집 없이 업로드하면 상품 소개 화면에 맞게 리사이징하여 보여주는 방식으로 설계합니다. 물론 판매자에게 상품 소개 화면에 알맞은 사이즈로 편집해 올리도록 안내할 수도 있지만, 이용자에게 요구하는 사항들이 많아질수록 등록률은 낮아지게 됩니다. 상품 소개 화면 상단에는 등록될 이미지를 선택하는 기능과 업로드된 이미지를 삭제하는 기능도 설계합니다. 그리고 일정한 용량의 이미지 파일 외에 다른 형식의 파일은 등록할 수 없도록 제한하는 기능도 필요합니다.

6. 상품 등록 후 상품이 거래되기 전까지는 상품 정보를 수정하거나 삭제할 수 있어야 합니다. 수정 화면은 등록 화면과 동일한 폼에 등록된 정보를 호출하는 방식으로 설계합니다. 따라서 ❷ 버튼 영역은 신규 등록하는 경우와 등록된 상품을 수정하는 경우로 상황에 따라 다르게 노출되도록 합니다.

오픈 숍 상품 등록 3

7. ① [등록하기] 버튼을 누르면 이용자가 올바르게 상품 정보를 작성했는지 상품 등록 검사를 진행합니다. 이용자의 행동과 모든 상황을 고려하여 ⑪ 표와 같이 검사 항목 및 대응 방법을 설계합니다.

8. ② [취소] 버튼을 설계할 때 한 가지 요령은 ① [등록하기] 버튼과 거리를 떨어뜨려 놓는 것입니다. 그리고 [등록하기] 버튼만 디자인을 다르게 하여 이용자의 실수 방지를 위해 주요 버튼이라는 것을 인지할 수 있도록 합니다.

9. ③ 상품이 등록되면 상품이 등록되었다는 최종 메시지를 이용자에게 알려 줍니다. 이때 이용자가 알아야 할 중요한 사항이 있다면 같이 알려 주는 것이 좋습니다.

10. 본 실습은 상품 등록 항목이 비교적 간단한 편이지만, 항목이 많아 상품 등록에 30분 이상 소요되는 경우라면 임시 저장 기능을 추가하면 좋습니다. 필수로 등록해야 할 항목이 모두 작성되지 않아도 작성된 사항까지 저장하면 이어서 작성할 때 저장한 내용을 불러올 수 있습니다. 또한 지금 등록하는 상품이 실제 화면에서 어떻게 보이는지 확인하기 위한 미리 보기 기능을 설계하면 좋습니다.

상품을 등록하고 판매, 배송하기까지의 전체 과정을 살펴보면 복잡해 보이지는 않는데 막상 웹으로 표현하려면 무엇을, 어떻게 해야 할지 막막할 때가 있습니다. 이때 도움이 되는 방법이 바로 모델링 기법입니다. 웹으로 표현하는 사항이 난해하고 복잡하다면 이용 행태 분석 → 추상화 → 기능 정의 순으로 모델링하여 정리해 보세요.

다음 예시는 단지 웹 쇼핑몰 이용에만 국한된 것은 아니고 여러 분야에서도 활용할 수 있습니다. 실제 이용자가 온/오프라인에서 취하는 행동, 이용 행태를 분석하여 순서에 맞게 기능 및 순서를 설계하기 때문입니다. 이용자 역시 별도의 교육이나 습득 과정 없이도 능숙하게 이용할 수 있습니다.

이용 행태 나열	추상화	기능 정의
[판매자] 쇼핑몰에 상품 등록	상품 등록 기능	상품 판매에 필요한 필수 정보 및 이미지를 업로드하여 상품을 등록하는 기능
[판매자] 쇼핑몰에 등록된 상품 정보 수정	등록된 상품 수정 기능	등록된 상품 정보를 수정하는 기능 단, 판매 완료된 상품은 수정 불가
[구매자] 구매 정보 작성	주문서 작성 기능	배송 정보 작성, 구매 정보 확인 기능
[구매자] 상품 금액과 배송비 결제	구매 확정 기능	상품 금액과 배송비를 카드, 계좌 이체 등의 결제 수단으로 결제 기능 제공
[판매자] 구매자가 결제한 비용만큼 포인트로 적립	현금 포인트 전환 기능	결제 완료 후 7일 뒤 수수료와 배송료를 제외한 금액을 포인트로 적립 (포인트 이용 내역 이력 생성)

1단계. 이용 행태 나열

회원 가입부터 상품 구매, 상품 배송까지 이용자(판매자, 구매자)와 관리자의 모든 활동을 나열합니다. 이용자가 어떤 정보를 입력했고 어떤 글을 썼는지, 그리고 운영자에게는 어떤 정보가 남았는지 정리합니다.

2단계. 추상화

핵심과 특징을 추려 단순화합니다.

3단계. 기능 정의

2단계에서 추상화한 화면 및 기능을 구현하려면 구체적으로 어떤 사항들이 필요한지 정의합니다.

◐ 예시에서는 단순히 정리했지만 기능 정의는 구체적으로 정의할수록 실제 개발될 화면과의 차이를 줄일 수 있습니다.

❷ 거래 상품 목록 화면 설계하기

1. 거래 상품 목록은 오픈 숍에 전시된 상품 중 로그인된 계정으로 등록한 상품만 보여주는 목록입니다. 따라서 이용자의 UI 이질감과 구현 공수를 줄이기 위해 오픈 숍 목록과 동일한 레이아웃으로 설계하는 것이 좋습니다.

2. ❹ 목록은 오픈 숍 목록의 레이아웃을 이용해서 설계합니다. 다만 목록의 상품이 어떤 상태인지 알 수 있는 상탯값과 [보기] 버튼, [수정] 버튼이 필요합니다. 등록된 상품은 이용 흐름에 따라 상품 내용을 수정하거나 특정한 제약을 설정할 수 있습니다. 따라서 이에 대한 제어 기능의 정의가 필요합니다.

3. 판매자의 등록 상품이 허위 상품이나 불건전 상품으로 신고되면 운영자가 내용 확인 후 관리자 화면에서 강제로 상품 판매를 중지시킬 수 있습니다. 이런 경우 오픈 숍 상품 목록에서는 노출되지 않고 [오픈 숍 상품 관리 〉 거래 상품 목록]에만 노출이 됩니다. 상품 판매가 중지되면 판매자에게 알리기 위해 ❺와 같이 판매 중지 상탯값 및 안내 문구를 표기합니다. 판매 중지가 된 경우 판매자는 해당 상품을 수정하여 재등록할 수 없으며, 삭제만 할 수 있습니다.

❸ 주문 관리 목록 화면 설계하기

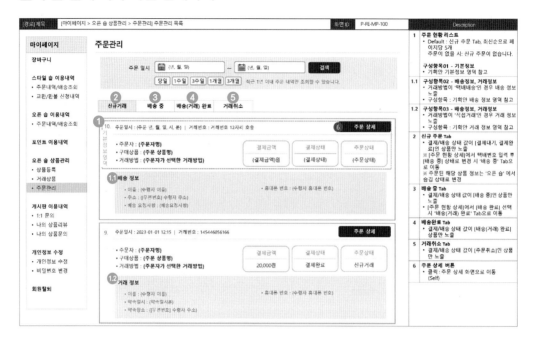

1. 판매자가 등록한 상품을 이용자가 구매하면 판매자는 주문 관리 화면에서 상품 주문서를 확인할 수 있습니다. 판매자는 여기서 어떤 상품이 주문되었고 상품을 어디로 발송해야 하는지 알 수 있습니다. 주문 관리에 필요한 상탯값은 결제 전, 결제 완료, 배송 중, 배송(거래) 완료, 주문 취소입니다.

상탯값	설명	기능 정의
결제 전	이용자가 주문 후 결제를 하지 않은 상태 (계좌 이체, 가상 계좌의 경우)	• 택배 번호 입력 불가 • 주문 취소 가능
결제 완료	이용자가 주문 및 결제를 완료한 상태	• 택배 번호 입력 가능 • 주문 취소 가능
거래 전	판매자가 주문을 확인하고 거래일까지 대기하는 상태 (직접 거래의 경우)	• 주문 취소 가능
배송 중	판매자가 상품을 택배로 발송한 상태	• 택배 번호 수정 가능 • 주문 취소 불가
배송(거래) 완료	판매자가 상품이 주문자에게 도착한 상태	• 택배 번호 수정 불가 • 주문 취소 불가
주문 취소	배송 전 주문을 취소한 상태	• 택배 번호 입력 불가

상탯값에 따른 기능 정의 예시

2. ❶ 상품 목록을 설계할 때는 기본 정보와 배송(거래) 정보를 구분하여 설계합니다. 여기서 고려해야 할 점은 구매자의 상품 수령 방식이 택배 발송과 직접 거래 두 가지라는 것입니다. 따라서 어떤 거래 방식으로 주문을 했는지에 따라 그에 맞는 정보가 노출되도록 설계합니다.

◑ 거래 방식은 [❶ 상품 등록 화면 설계하기] 내용을 참고해 주세요.

3. 주문 목록은 ❷, ❸, ❹, ❺와 같이 상탯값을 고려하여 탭(tab)으로 구분하면 처리에 용이합니다. 많은 주문 내역을 한 목록에서 처리하면 어떤 상품이 신규로 주문된 것인지, 어떤 상품이 배송이 끝났는지 등을 직관적으로 구분하기 어렵기 때문입니다.

4. 주문 내역을 상탯값에 따라 구분할 때는 경우에 따라 다음과 같이 서브 메뉴로 구성하거나 드롭다운 형식으로 구성할 수도 있습니다.

주문 상탯값을 서브 메뉴로 구성하거나 드롭다운 형식으로 구성하는 예시

④ 주문 관리 상세 화면 설계하기

오픈 숍 주문 관리 상세 1

1. 앞서 배운 주문 관리 목록 화면에서 [주문 상세] 버튼을 누르면 이동하는 화면입니다. 주문자 정보, 상품 정보, 배송 정보, 결제 정보 등 주문 시 작성된 모든 내용을 확인할 수 있어야 합니다. 여기에 주문 관리를 위한 상탯값 변경, 택배(거래) 정보 등을 입력하는 기능도 필요합니다.

2. ❷ 주문 관리를 위한 택배 배송 정보를 입력하거나 직접 거래 상탯값을 설정할 수 있는 기능을 설계합니다. 이용자가 주문 시 선택한 거래 방식에 따라 노출되는 항목이 다르다는 것을 알 수 있도록 상황별 화면을 모두 설계합니다.

3. ❷ 택배 배송의 경우 배송 상탯값을 변경할 수 있는 기능과 택배 정보를 입력할 수 있는 기능을 설계합니다. 상탯값은 배송 중, 배송 완료로 수정할 수 있습니다. 단, 이때는 택배 정보 입력란에 택배사 및 택배 번호를 입력해야 합니다. 택배 번호를 정확히 입력했는지 확인할 수 있는 [배송 조회] 버튼도 설계합니다. 개발자는 택배사의 API를 통해 입력된 택배 번호를 조회하여 배송 조회 팝업에서 노출될 수 있도록 개발합니다.

직접 거래는 구매자와 직접 만나 상품을 직접 전달하는 방식입니다. 따라서 택배 정보 입력 기능은 필요 없고, 판매자가 구매자에게 상품을 전달 후 거래 완료 여부만 체크할 수 있도록 설계합니다. 이 경우 판매자가 상품을 전달하지 않고도 거래 완료로 체크하는 상황이 발생할 수 있습니다. 때문에 판매자가 거래 완료로 체크해도 구매자 또한 [오픈 숍 이용 내역 〉 주문 내역/배송 조회]에서 거래 완료로 체크하는 경우에만 거래가 종료된 것으로 간주해 판매자에게 상품 대금이 정산되도록 설계해야 합니다.

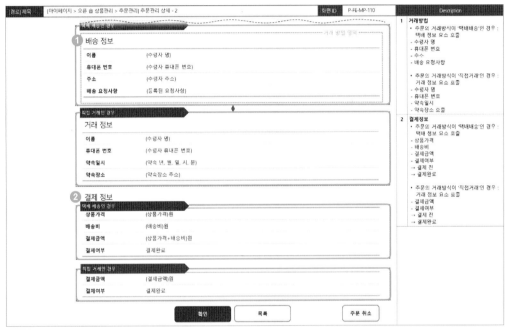

오픈 숍 주문 관리 상세 2

4. 주문 관리 상세 영역의 하단에는 ① 배송(거래) 정보와 ② 결제 정보, 그리고 설정한 정보를 저장하거나 화면을 이동할 수 있는 버튼을 설계합니다.

5. ① 배송(거래) 정보도 이용자가 주문 시 선택한 거래 방식에 따라 노출되는 항목이 다르다는 것을 알 수 있도록 상황별로 화면을 모두 설계합니다.

6. ② 결제 정보도 이용자가 주문 시 선택한 거래 방식에 따라 노출되는 항목이 다릅니다. 택배 배송의 경우 배송비 항목이 있는 반면, 직접 거래의 경우 배송비 항목이 필요 없기 때문입니다. 그리고 직접 거래의 경우 상품 가격이 곧 결제 금액이므로 결제 금액 항목과 결제 여부 항목만 설계합니다.

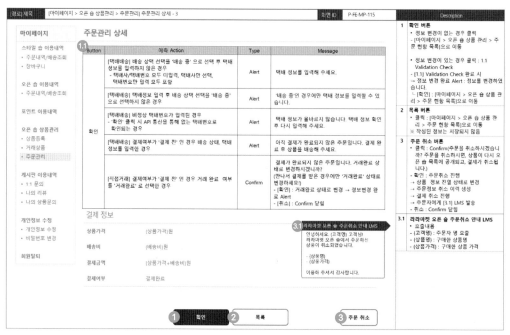

오픈 숍 주문 관리 상세 3

7. 주문 관리 상세의 버튼 영역입니다. 필요한 버튼은 [확인], [목록], [주문 취소]입니다.

8. ❶ [확인] 버튼을 클릭하면 판매자가 정확한 정보를 입력했는지 체크합니다. 일부 정보만 입력하거나 잘못된 정보를 입력하는 등 올바르지 않은 모든 경우의 수를 유추하여 정리합니다.

9. ❸ [주문 취소] 버튼은 가상 계좌 입금을 선택한 구매자가 상품 금액을 입금하지 않거나 판매자에게 전화로 주문 취소를 요청한 경우, 판매자의 개인 사유로 상품을 판매하지 못하게 될 경우 등 판매자가 직접 주문을 취소하기 위해 필요합니다.

지금까지 배운 내용은 신규 주문 탭에 해당하는 결제 전, 결제 완료 상탯값의 내용입니다. 배송 중인 경우도 택배 번호 수정 여부 정책에 따라 결제 전, 결제 완료 상탯값의 경우와 화면이 같을 수 있습니다. 하지만 배송(거래) 완료와 주문 취소 상탯값은 표기되는 항목이 조금 다릅니다. 배송(거래) 완료는 배송 및 거래 정보를 수정할 수 없는 UI여야 하고, 주문 취소는 배송 및 거래 정보를 입력하는 항목이 불필요하며 결제 정보 상탯값도 이에 맞게 재설계되어야 합니다.

비상! 퇴근 전 의뢰인의 메일

← ⤓ ⚠ 🗑

도와주세요. 구매자와 판매자가 다투는 일이 자주 일어납니다.

 세바스찬 ceo@lalamarket.co.kr
나에게 ∨
☆ ↩ ⋮

기획자님, 안녕하세요.

기능을 멋지게 개선해 주신 덕분에 오픈 숍 매출이 전분기 대비 20%나 올랐습니다. 회사 분위기도
덩달아 좋아졌어요. 그런데 몇몇 회원의 댓글 때문에 걱정입니다. 중고 상품의 상태를 놓고 판매자
와 구매자가 시비가 붙은 거예요. 상품 설명도 하고 사진도 올리지만 아무래도 판매자가 상품의 하
자를 두리뭉실하게 표현하는 게 가장 큰 원인인 것 같습니다. 상품의 특징 못지않게 상품의 하자(낡
음, 변색, 손상 등)를 정확하게 드러내서 오해의 소지를 차단하려고 합니다.

(↩ 답장)   (→ 전달)

(선배 기획자의 조언!)

상품 설명과 상세 이미지를 한 묶음씩 구성하여 이미지는 왼쪽, 설명은
오른쪽에 짝을 맞추어 배치하는 것도 쉽게 시도해 볼 수 있는 방법입니
다. 상품 등록 시 상품 하자의 종류와 정도를 선택할 수 있는 항목을 추가
로 구성해 보는 건 어떨까요?

04-12 마이 페이지(3) 게시판 이용 내역

마이 페이지의 게시판 이용 내역은 이용자가 여러 게시판에 작성한 글을 확인/관리할 수 있는 메뉴입니다. 이용자는 쇼핑몰 곳곳에 글을 남길 수 있습니다. 이용자가 작성한 글을 다시 찾기 위해 게시판을 모두 뒤지는 것은 매우 불편한 일입니다. 이러한 불편함을 해소하고자 이용자가 작성한 글은 마이 페이지에서 다시 확인할 수 있도록 구성하는데, 이때는 글을 작성, 조회, 수정하는 것 외에도 자신이 문의한 내용에 댓글이나 답변이 달렸는지 쉽게 확인할 수 있어야 합니다. 1:1 문의, 나의 리뷰, 나의 상품 문의 등 게시판 이용 내역 화면을 하나씩 설계해 보겠습니다.

1 1:1 문의 목록 화면 설계하기
2 1:1 문의 상세 화면 설계하기
3 1:1 문의 작성 화면 설계하기
4 나의 상품 리뷰 화면 설계하기
5 나의 상품 문의 화면 설계하기

☐1 1:1 문의 목록 화면 설계하기

1. 1:1 문의는 이용자가 운영자에게 단독으로 질문하면 운영자가 맞춤 답변을 하는 비공개 게시판입니다. 상품 문의 게시판은 모두에게 공개된 게시판으로 개인정보나 프라이버시가 지켜지지 못합니다. 따라서 다른 회원에게 섣불리 공개하기 어려운 문의는 운영자만 볼 수 있는 1:1 문의 게시판에 등록합니다. 최근에는 실시간 대화가 가능한 채팅 기능이 개발되어 1:1 게시판의 기능을 대체하기도 합니다. 하지만 1:1 문의 게시판은 아직도 많이 사용되는 기본적인 게시판 중 하나로, 설계 방법을 익혀 두면 실무에 도움이 됩니다.

2. ❸ 게시판 목록은 번호, 질문 유형, 제목, 답변 여부, 작성일 순으로 머리 행을 설계합니다. 이용자 입장에서는 질문 횟수가 많지 않으므로 ❸ 질문 유형은 생략할 수도 있지만, 규모가 큰 웹 쇼핑몰은 질문 유형에 따라 전담하는 상담원을 따로 배치해 서비스 개선에 활용하기 때문에 포함하는 것이 좋습니다. 질문 유형은 이용자가 1:1 문의를 작성할 때 선택하며 주로 가입, 판매, 입금, 결제 등 회원 가입에서 상품 결제까지의 각 단계를 항목으로 지정합니다.

3. 문의 게시판은 공지사항, 커뮤니티 게시판과 달리 답변 여부가 중요합니다. 1:1 문의 게시판의 머리말에 답변 여부 항목을 넣으면 상세 보기 화면에 들어가지 않아도 상담원의 답변 여부를 확인할 수 있어 편리합니다. 답변은 답변 전, 답변 완료 두 가지 뿐이지만 경우에 따라 답변 전, 답변 준비 중, 답변 완료 등으로 세분화할 수 있습니다.

② 1:1 문의 상세 화면 설계하기

1. 1:1 문의 게시판 화면을 설계할 때는 질문과 답변 영역이 구분되도록 레이아웃을 설계하여 이용자가 직관적으로 질문 글과 답변 글을 구분할 수 있도록 합니다.

2. ❷ 질문 영역을 설계할 때 유의할 사항은 문의 글의 수정 시점에 대한 정의가 있어야 한다는 것입니다. 예를 들어 이용자가 질문을 하고 운영자가 그게 맞는 답변을 했는데 이용자가 다시 엉뚱한 질문으로 내용을 수정하는 경우, 최종 작성된 글만 보면 운영자는 질문에 맞지 않는 답을 한 꼴이 됩니다. 이런 문제를 방지하기 위해 운영자가 답변하기 전까지는 질문 내용을 수정할 수 있지만 운영자 답변이 완료되면 문의 내용을 수정할 수 없도록 해야 합니다.

3. 운영자가 아직 답변하지 않았으면 ❸과 같이 안내 문구가 노출되도록 설계합니다. 빈 여백은 완성되지 않은 사이트나 오류 등으로 인지되어 디자인 측면에서 이용자에게 좋은 인상을 주지 못합니다. 그리고 아무 안내 메시지가 없다면 이용자는 답변을 다른 화면에서 봐야 하는 것인지, 아니면 답변이 완료된 상태인지 헷갈려합니다.

4. 운영자가 답변을 완료하면 ❸ 안내 메시지 대신 ❹ 운영자 답변으로 업데이트됩니다. 그리고 해당 게시글의 상탯값이 답변 완료로 변경됩니다. 이용자는 답변이 완료되었는지 수시로 확인하지 않기 때문에 이용자에게 답변 완료 안내 LMS를 발송하거나 질문과 답변 내용을 1:1문의 답변 완료 메일로 발송할 수 있습니다.

❸ 1:1 문의 작성 화면 설계하기

1. ❶ 질문 유형과 제목 입력란을 설계하고, 이어서 글쓰기 도구와 내용 입력란을 설계합니다. 질문 유형은 관리자 화면과 연동 없이 해당 게시판의 문의 작성 화면에서만 사용되는 드롭다운(select) 목록을 개발할 수도 있으며, 관리자 화면에서 설정한 질문 유형 선택 값이 노출될 수 있도록 설계할 수도 있습니다. 웹 쇼핑몰을 운영하면서 질문 유형의 수정, 삭제, 추가의 빈도가 낮다고 생각되면 관리자 연동 없이 해당 화면(front-end)에 바로 질문 유형

을 설계하고, 반대로 빈도가 높다면 관리자 화면(back-end)에서 설정한 질문 유형 값이 호출되도록 설계합니다.

2. ❸ [작성 완료] 버튼을 누르면 ❸¹ 표과 같이 질문 등록 검사를 진행합니다. 정상적으로 통과한 경우에만 1:1 문의가 등록되어 1:1 문의 목록 화면으로 이동할 수 있도록 설계합니다.

3. 운영자가 이용자 문의 글에 답변하면 이용자에게 LMS 또는 메일이 발송되도록 설계한 것과 같이, 반대로 이용자가 문의 글을 등록하면 운영자에게 1:1 문의 등록 알림을 발송할 수 있습니다. 이는 보통 소규모로 운영되는 웹 쇼핑몰에서 1:1 문의 빈도가 낮은 경우 사용되며, 1:1 문의 글을 항상 모니터링하는 대규모 웹 쇼핑몰에서는 잘 사용하지 않습니다. 알림은 SMS로도 발송할 수도 있지만 주로 이메일로 발송합니다.

4️⃣ 나의 상품 리뷰 화면 설계하기

나의 상품 리뷰 화면은 이용자 자신이 작성한 상품 리뷰를 확인하고 수정, 삭제할 수 있는 권한이 생겼을 뿐 [스타일 숍 상품 소개], [메인 → 상품 리뷰] 화면에서 설계한 내용과 동일합니다. 참고해 설계하도록 합니다.

⑤ 나의 상품 문의 화면 설계하기

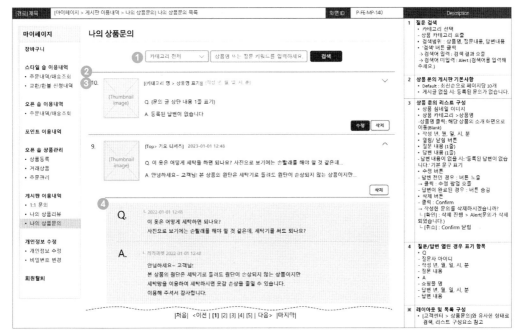

나의 상품 문의는 [스타일 숍 상품 소개], [고객센터 → 상품 문의] 화면에서 두 번에 걸쳐 설계한 내용입니다. 운영자가 답변하기 전까지 내용을 수정할 수 있으며, 삭제는 운영자 답변 여부와 무관하게 삭제할 수 있습니다.

비상! 퇴근 전 의뢰인의 메일

1:1 문의 답변에 다시 문의하고 싶어요

세바스찬 ceo@lalamarket.co.kr
나에게 ▽

기획자님, 안녕하세요.
이용자 입장에서는 1:1 문의 답변이 만족스럽지 않아서 추가 문의 사항이 생길 수도 있습니다. 이때마다 문의 글을 새로 작성해야 하는 점이 조금 불편한데요. 답변 아래에 바로 문의하고, 또 그 아래에 답변을 받는 방식으로 수정하면 좋을 것 같습니다.

← 답장   → 전달

 선배 기획자의 조언!

댓글 기능처럼 문의와 답변이 계속 이어질 수 있도록 변화를 줄 수 있습니다. 이렇게 바뀐다면 게시판 목록 화면은 어떻게 달라질까요? 댓글이 몇 개 있는지는 어떻게 알 수 있을까요?

04-13 마이 페이지(4) 개인정보 수정, 회원 탈퇴

회원 가입만 이용하기 편리하게 설계해서는 안 됩니다. 정보의 수정과 회원 탈퇴도 쉽고 간편해야 합니다. 요즘은 개인정보가 점점 중요해지면서 탈퇴 기능도 이용자의 만족도를 결정하는 중요한 요소가 되었고, 회원 탈퇴가 쉬워진 만큼 이용자가 부담 없이 가입하도록 회원 가입 절차를 단순하게 설계하는 추세입니다. 여기서는 이용자의 개인정보 수정 및 탈퇴 화면을 설계해 보겠습니다.

1️⃣ 비밀번호 확인 화면 설계하기
2️⃣ 개인정보 수정 화면 설계하기
3️⃣ 비밀번호 변경 화면 설계하기
4️⃣ 회원 탈퇴 화면 설계하기

◼1 비밀번호 확인 화면 설계하기

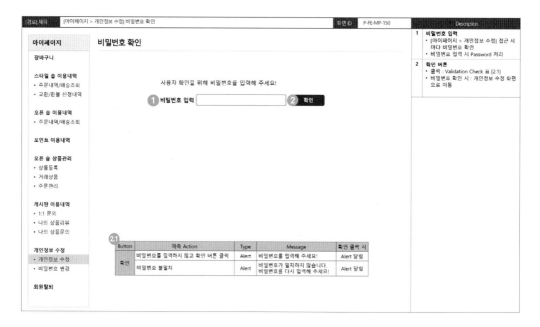

1. [마이 페이지 > 개인정보 수정] 화면으로 이동할 때마다 비밀번호를 확인하도록 합니다. 그 이유는 정보를 수정하는 사람이 이용자 본인임을 최소한의 절차로 확인하기 위해서입니다. 특히 공공장소의 PC를 로그인하여 사용하다가 로그아웃하지 않은 경우, 휴대폰을 분실한 경우 등에 이러한 절차가 없다면 타인이 쉽게 나의 개인정보를 열람하거나 수정할 수 있습니다. 보안을 더욱 철저히 해야 하는 웹 사이트의 경우 비밀번호 확인은 물론 본인 인증 절차까지 거쳐 화면에 진입하도록 설계합니다.

2. 화면 위쪽에 비밀번호 입력 안내 메시지를 넣고, 비밀번호를 확인할 수 있는 ❶ 입력란과 ❷ [확인] 버튼을 간단히 설계합니다. 비밀번호를 맞게 입력했는지 체크 후 확인이 끝나면 개인정보 수정 화면으로 진입하도록 합니다. 정책에 따라 비밀번호가 일치하지 않을 시 입력 횟수에 제한을 둘 수도 있고, 일정 시간 동안 비밀번호를 입력하지 못하도록 설계할 수도 있습니다.

❷ 개인정보 수정 화면 설계하기

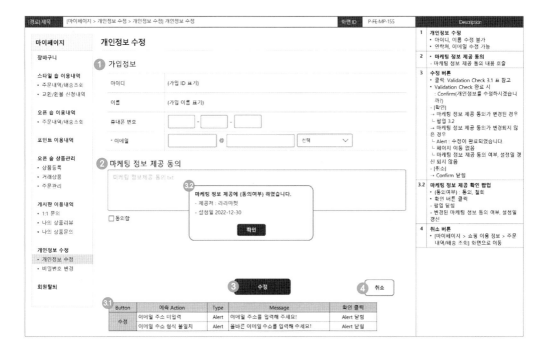

| [경로/제목] | [마이페이지 > 개인정보 수정 > 개인정보 수정] 개인정보 수정 | 화면 ID | P-FE-MP-155 | Description |

1. 회원 가입 단계에서 작성한 정보를 수정할 수 있습니다. 단, 이용자를 구분하는 기준 정보인 아이디와 이름은 바꿀 수 없습니다. 이용자가 상품을 구매하고, 판매하고, 글을 남기는 동안 해당 아이디와 이름으로 된 기록이 남기 때문입니다.

2. 휴대폰 번호는 회원 가입을 할 때 받지 않은 항목이지만, 상품을 구매하거나 판매할 때 꼭 필요한 정보이기 때문에 필요에 따라 이용자가 직접 등록할 수 있도록 설계합니다.

3. 마케팅 정보 제공 동의는 약관 중에서 필수가 아닌 선택 항목이었습니다. 필수 약관은 철회하게 되면 회원을 탈퇴해야 합니다. 반면 마케팅 정보 제공 동의는 이용자가 원한다면 언제든 수정할 수 있도록 개인정보 수정 화면에 함께 설계합니다.

▶ 마케팅 정보 제공 동의에 따른 마케팅 정보 제공 확인 팝업에 관한 사항은 정보통신망 이용촉진 및 정보보호 등에 관한 법률 시행령 제61조, 제62조, 제63조를 참고해 주세요.

❸ 비밀번호 변경 화면 설계하기

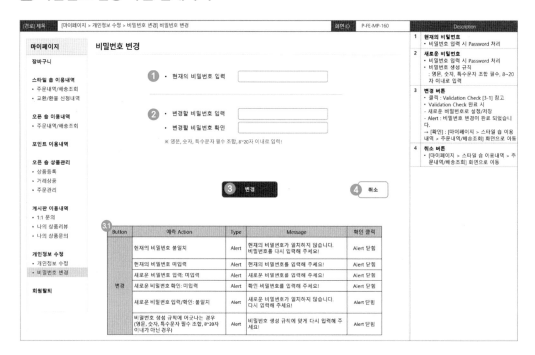

1. 비밀번호도 이용에 중요한 정보이므로 이용자 본인임을 최소한의 절차로 확인하기 위해 현재의 비밀번호를 입력합니다. 이용자 본인임을 확인하는 이유는 [비밀번호 확인] 화면을 설계한 이유와 동일하게 타인이 나의 계정의 비밀번호를 변경할 수 없도록 예방하는 차원입니다.

2. ❷ 변경할 비밀번호 생성 규칙은 회원 가입 시 세운 비밀번호 정책과 동일한 정책으로 설계하며, 여기에 변경할 비밀번호 확인 항목을 추가합니다.

3. ❸ [변경] 버튼을 누르면 이용자가 비밀번호를 정확하게 작성했는지 검사해야 합니다. 검사하는 항목을 ❸.❶과 같이 디스크립션에 표로 정의합니다.

4. 최근에는 비밀번호를 주기적으로 변경하도록 사이트 로그인 후 첫 화면에 팝업 등으로 비밀번호 변경 안내 문구를 노출하기도 합니다. 접속하는 사이트의 보안 수준에 따라 비밀번호를 반드시 변경해야 다음 화면으로 이동하는 형태 또는 비밀번호 변경을 권고하는 형태로 설계할 수 있습니다.

4 회원 탈퇴 화면 설계하기

마이 페이지 회원 탈퇴 1

1. 회원 탈퇴 화면은 단순히 이용자의 계정을 삭제하면 끝이 아닙니다. 계정은 삭제되지만, 회원 가입 시 세운 개인정보 처리 방침 정책에 따라 탈퇴한 회원의 최소한의 정보는 사이트 DB에 남겨 놓을 수 있습니다. 그 이유는 부정 이용 방지를 위해서입니다. 예를 들어 신규 가입 시 5,000포인트를 제공하는 이벤트를 진행한 경우, 가입과 탈퇴를 반복하는 한 회원에게 가입 시마다 5,000포인트를 제공하는 일은 없어야 합니다. 또한 중고 상품을 거래하는 시스템이 있는 만큼 제품을 판매만 하고 배송하지 않은 회원이 아이디를 바꿔가며 가입과 탈퇴를 반복하는 일도 없어야 합니다. 회원 탈퇴 시 회원의 불이익도 없어야 합니다. 이렇게 탈퇴 시 회원에게 고지해야 할 사항이 있다면 ❶과 같이 안내합니다.

2. ❷, ❸과 같이 이용자의 탈퇴 사유를 수집하면 운영자가 모르고 있던 사이트의 문제점을 파악할 수 있습니다. 이용자는 오로지 탈퇴를 위한 목적으로 회원 탈퇴 화면에 진입했습니다. 더 이상 이용하지 않을 웹 쇼핑몰과 빠르게 이별하고 싶어하는 심리가 큽니다. 따라서 회원 탈퇴 화면에서 진행하는 설문은 최대한 단답식이나 선택형(객관식)으로 설계하는 것이 좋습니다. 빠르게 읽고 직흥적으로 답할 수 있게 말이죠. 주관식 설문은 오히려 잘못된 설문이나 성의 없는 답변으로 효과를 보지 못하거나 사이트 운영을 잘못된 방향으로 인도할 수 있습니다.

3. 이용자 확인 및 탈퇴에 동의한다는 의미로 ❹ 비밀번호 입력란을 설계합니다.

마이 페이지 회원 탈퇴 2

4. ❶ [회원 탈퇴] 버튼을 누르면 회원 탈퇴를 위한 필수 입력값 외에도 추가로 확인할 사항
이 있습니다. 바로 스타일 숍과 오픈 숍의 거래 상태입니다. 만약 이용자가 스타일 숍에서
제품 주문 후 배송 과정 중에 회원을 탈퇴하면 이후 배송 사항을 알 수 없을 것입니다. 그
리고 제품에 문제가 있어 환불해야 하는 경우 별도로 전화를 통해 진행해야 하는 불편함과
전액 포인트로 제품을 구매한 이용자에게 포인트를 환급해 줄 방법도 없어지게 됩니다. 포
인트는 현금으로 전환되지 않기 때문입니다. 오픈 숍의 경우 중고 거래로 제품 주문을 받
고 배송하지 않은 상태에서 회원 탈퇴를 하면 부정 이용으로 간주될 수 있습니다. 따라서
회원이 탈퇴할 수 없도록 최대한 사이트 내에서 검증하는 과정을 거쳐야 합니다.

5. 회원 탈퇴 후 이용자의 사이트 이용 내역은 개인정보 처리 방침 및 각종 법률에 따라 정
책을 세워 내용을 보관합니다. 웹 기획자는 법률가가 아니므로 모든 법률에 관한 사항을
챙길 수는 없습니다. 따라서 사내 법무팀이나 서비스를 ▶ 회원 탈퇴 후 추가로 보관해야 하는 정
책임지는 담당자와 협의하여 기록해야 하는 회원 정보를 보가 궁금하다면 [전자상거래 등에서의 소
비자보호에 관한 법률 시행령 → 제6조(사
설계하는 것이 중요합니다. 업자가 보존하는 거래기록의 대상 등)]을
참고해 보세요.

비상! 퇴근 전 의뢰인의 메일

개인정보 내용에 배송지 정보도 추가해 주세요

 세바스찬 ceo@lalamarket.co.kr　　　　　　　　　　　☆ ← ⋮
나에게 ⌄

기획자님, 안녕하세요!
개인정보 내용에 배송지 정보를 관리할 수 있는 기능도 포함해 주세요. 자신의 주소뿐만 아니라 자
주 쓰는 배송지까지 두루 관리할 수 있으면 좋겠습니다. 이외에도 다양한 고객 정보를 얻고 싶은데,
어떤 정보를 받으면 마케팅에 활용할 수 있을까요?

 답장　　 전달

대표 배송지를 설정하는 기능까지 추가하면 상품을 결제할 때 배송지 정
보를 자동으로 넣을 수 있습니다. 개인의 선호도, 취향에 관한 정보를 알
면 상품 추천 서비스를 기획해 볼 수 있겠죠?

04-14 메인 화면

메인 화면은 우리가 지금까지 설계한 정보를 요약해 보여 주는 화면으로, 많은 상품과 콘텐츠가 혼재되어 있습니다. 실무에서는 웹 사이트의 전체적인 디자인 콘셉트를 먼저 확정하기 위해 보통 메인 화면을 먼저 기획하고 디자인하지만, 이 책에서는 메인 화면 정의서를 가장 마지막에 작성하도록 구성했습니다. 그 이유는 각 서브 메뉴에 산재된 콘텐츠를 샅샅이 알아야 메인 화면에 무엇을 노출할지 판단할 수 있기 때문입니다.

지금까지 설계한 화면 요소를 떠올려 보세요. 어떤 정보가 메인 화면에 들어오는 것이 좋을까요? 본 실습에서는 정형화된 메인 화면을 설계하는 방법보다는 각 서브 메뉴의 콘텐츠를 메인 화면에 불러오는 방법을 주로 배울 것입니다. 이를 응용하면 기업에서 원하는 다양한 메인 화면을 설계할 수 있습니다.

1 메인 배너 기능 설계하기
2 상품 호출 기능 설계하기
3 게시판 글 호출 기능 설계하기
4 검색 결과 화면 설계하기
5 로그인 화면 설계하기

1 메인 배너 기능 설계하기

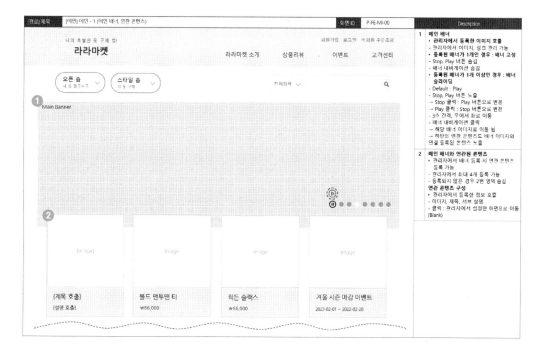

1. 메인 화면은 이용자가 웹 쇼핑몰에 진입해 처음으로 마주하는 화면입니다. 이용자는 10~20초 사이의 짧은 시간 안에 메인 화면만 보고 더 머무를지 아니면 창을 닫고 떠날지를 선택합니다. 따라서 메인 화면 중에서도 상단 영역은 특히 중요한 역할을 합니다. 이를 메인 배너 또는 메인 비주얼 영역이라고 합니다. 메인 화면을 설계할 때는 헤더 영역을 넣게 설계하면 좋습니다. 메인 배너 영역과 조화를 이루는 것을 함께 고려해야 하기 때문입니다.

2. ❶ 메인 배너는 단독으로 운영할 수 있습니다. 또한 시기에 따라 변경 빈도가 높기에 수시로 추가, 수정 및 삭제할 수 있도록 관리자 화면에서 메인 배너를 관리하는 기능을 설계합니다.

3. 메인 배너는 여러 개의 배너가 한 영역에서 왼쪽, 오른쪽으로 이동하게끔 설계할 수 있습니다. 여러 배너가 노출될 때는 배너의 재생, 정지 버튼과 내비게이션 기능을 꼭 설계하도록 합니다. 기본값은 정지 상태로 설정하는 것이 원칙이나 마케팅 효과를 높이기 위해 많은 기업에서는 자동 재생 상태로 설정합니다.

4. 라라마켓의 ❶ 메인 배너는 좀 더 유용한 기능으로 설계하겠습니다. ❶ 메인 배너가 오른쪽에서 왼쪽으로 이동하면 ❷ 연관 콘텐츠 영역도 함께 이동하는 구조입니다. 예를 들어 ❶ 메인 배너 영역에 시즌 마감 이벤트로 특정 상품을 50% 할인하는 내용을 기획했다면, ❷ 연관 콘텐츠 영역에 50% 할인에 해당하는 상품을 연동하는 방식입니다.

5. 웹 쇼핑몰은 눈으로 보는 화면이지 문구를 읽으며 정보를 찾거나 생각하는 화면이 아닙니다. 따라서 메인 화면을 설계할 때 긴 글은 가급적 피해야 합니다. 서브 타이틀도 5초 안에 읽을 수 있도록 짧게 작성하는 것이 좋습니다. 웹 쇼핑몰의 특징을 잘 나타내는 핵심 문구가 있다면 메인 화면 안에서 반복해 보여주는 것도 좋습니다.

★ 기획자 상식 사전   **메인 화면에 콘텐츠를 배치하는 방법**

하나, 쿠텐베르크의 법칙으로 콘텐츠 배치하기
쿠텐베르크의 법칙이란, 이용자가 화면을 응시할 때 시선이 왼쪽 위에서 오른쪽 아래로 사선을 그리며 자연스럽게 이동한다는 것을 말합니다. 이 법칙은 웹 사이트 화면을 구성할 때도 적용할 수 있습니다. 따라서 메인 화면을 설계할 때는 이용자의 시선을 따라 중요한 내용을 대각선 방향 순으로 배치하는 것이 좋습니다.

둘, 황금 분할을 적용해서 이미지 연출하기
메인 화면 전체 영역의 70%는 상품 이미지가 차지합니다. 상품별로 특징을 강조하면서 화면 전체적으로 안정감을 주려면 상품 이미지와 배너에 황금 분할을 적용하세요. 가로 3등분 선, 세로 3등분 선이 교차된 지점 내에 상품의 주요 부분을 위치시키면 전체 상품 목록을 안정적인 구도로 연출할 수 있습니다.

셋, 이벤트 상품을 배치할 때는 최대 7개를 넘지 않도록 배치하기
할인되는 상품이 많을수록 매출이 높아지는 것은 아닙니다. 이용자는 할인 상품이 많으면 오히려 어떤 상품을 구매할지 고민하다 결국 결정을 못해 구매를 미룬다고 합니다. 이용자에게 선택의 폭을 좁혀주는 것도 필요합니다.

넷, 중요도 높은 배너와 메시지에는 움직임 주기
사람은 기본적으로 움직이는 것에 시선이 간다고 합니다. 위험으로부터 자신을 보호하려는 일종의 본능입니다. 따라서 정적인 화면에서 한 가지 콘텐츠에 작은 움직임(애니메이션 등)을 주면 이용자에게 '여기 보세요!'라고 부르는 손짓과 같은 역할을 합니다. 단, 여러 콘텐츠에 모두 움직임을 주는 것은 효과가 없으니 주의합니다.

---

❷ 상품 호출 기능 설계하기

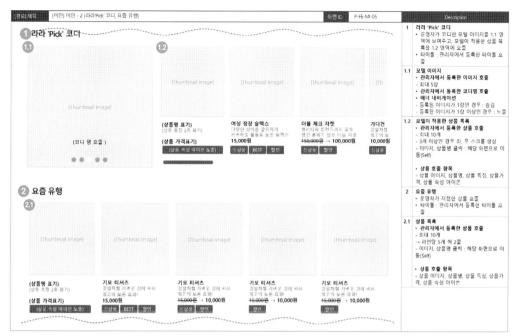

상품 호출 기능 — 관리자 화면에서 지정한 상품 호출

1. 메인 화면에 상품을 호출하는 방법은 [04-1 헤더와 푸터 설계하기 ❷ GNB 서브 메뉴 설계하기]에서 설명한 것과 같이 이용자(운영자)의 사이트 이용 데이터를 활용하는 방법과 운영자가 직접 상품을 선택하는 방법이 있습니다. 메인 화면을 어떻게 구성하면 좋을지는 어쩌면 화면을 설계하는 웹 기획자보다는 상품을 홍보하는 MD나 마케터, 웹 사이트를 직접 운영하는 운영 기획자가 더 잘 알 수 있습니다. 그러므로 메인 화면의 상품 배치는 관련 담당자와 논의하며 진행하는 것이 좋습니다.

2. ❶ 라라 'Pick' 코디와 ❷ 요즘 유행 상품은 모두 관리자 화면에서 지정한 상품이 노출되는 동일한 방식입니다. ❶ 라라 'Pick' 코디는 ⓛⓛ 영역에 특정 모델의 전신 컷을 보여주고, ⓛ⓶ 영역에 모델이 착용한 상품을 목록으로 구성한 형태입니다.

3. ❷ 요즘 유행 상품은 운영자가 이용자에게 트렌디한 상품을 알려 주는 콘텐츠입니다. 마찬가지로 프로그램은 유행 상품을 구분할 수 없으므로 관리자 화면에서 지정한 상품을 호출합니다. 메인 화면에서는 유행 상품 10개를 호출하도록 설계했지만, 10개 이상으로 소개해야 할 상품이 많다면 [더 보기] 버튼을 두고 운영자가 설정한 유행 상품만 볼 수 있는 유행 상품 목록을 추가로 구성할 수도 있습니다.

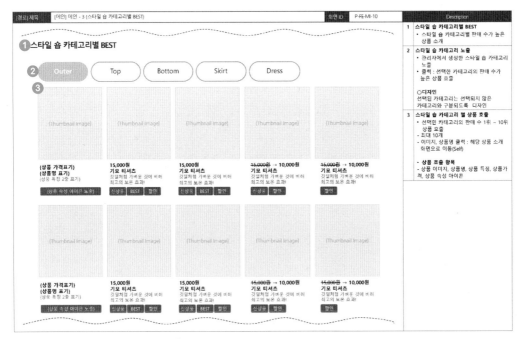

상품 호출 기능 — 이용 데이터 기준 상품 호출

4. ❶ 스타일 숍 카테고리별 BEST는 카테고리별 상품 판매 수를 집계하여 판매량이 높은 상품을 소개하는 영역입니다. 이렇게 프로그램에 의해 상품을 호출하는 기능은 쇼핑몰에 기록된 데이터를 기준으로 [신상품 소개 - 상품 등록일 기준], [많이 찾는 상품 - 상품 조회 수 기준], [최저가/고급 상품 - 판매가 기준] 등으로 다양하게 구성할 수 있습니다. 운영자가 원하지 않는 상품도 같이 노출될 수 있다는 단점도 있습니다.

5. 관리자 화면에서 생성한 스타일 숍 카테고리도 ❷와 같이 호출할 수 있습니다. 카테고리가 많아 쇼핑몰의 가로 영역을 넘어가면 카테고리를 이동하는 좌, 우 버튼을 추가합니다. 이렇게 하면 한정된 공간에서도 더 많은 상품을 노출할 수 있다는 장점이 있습니다. 또한 선택된 카테고리가 일정한 초 단위로 자동 전환되며 상품을 번갈아 노출하는 설계 방법도 있습니다.

6. 메인 화면의 상품 목록 이미지를 모두 동일한 사이즈로 구성하면 화면이 단조로워질 수 있습니다. 이런 경우 관리자 화면에 메인 상품 관리와 같은 기능을 설계해 메인에 노출될 상품의 섬네일 이미지를 추가로 등록하여 해당 상품이 메인에 노출될 때는 등록한 이미지가 아닌 메인 전용 이미지가 호출될 수 있도록 구성하여 메인 화면에 변화를 줄 수도 있습니다.

7. 스타일 숍 상품을 호출하는 방법과 같이 오픈 숍 상품도 호출할 수 있습니다. 위의 배운 내용을 토대로 오픈 숍의 상품을 메인 화면에 호출할 수 있도록 설계해 보세요.

오픈 숍 상품 호출 영역

❸ 게시판 글 호출 기능 설계하기

1. 메인 화면 상단에는 메인 배너 외에도 ❶과 같이 배너를 추가로 설계해도 좋습니다. 메인 배너에는 매출에 관련된 중요도 높은 내용을 기획했다면 ❶ 배너에는 이용 방법이나 운영 정책에 대한 소개 배너를 작성할 수 있습니다.

2. 게시판 형태의 글도 메인 화면으로 호출하여 활용할 수 있습니다. 예를 들어 커뮤니티 게시판은 제목, 내용, 작성자, 작성일, 댓글 작성 수 등으로 구성되어 있습니다. 이 항목을 필요에 따라 조합하면 메인 화면의 한 콘텐츠로 구성할 수 있습니다.

❷ 공지사항, ❹ 리뷰도 마찬가지로 구성합니다. 각각의 게시판이 이루고 있는 구성 요소가 무엇인지 파악하고 메인 콘텐츠 설계에 필요한 요소를 호출하면 됩니다.

> **커뮤니티**
> - 상품 판매는 어떻게 하나요? 가입 완료를 [3]
>   2023. 05. 06 webplan
> - 상품 판매 후 금액은 어떻게 받을 수 있나 [1]
>   2023. 05. 06 design
> - 포인트는 어떻게 사용하면 되나요? [2]
>   2023. 05. 06 develop

제목, 댓글 수, 작성일, 작성자 항목을 호출해 메인 콘텐츠를 구성한 예시

3. 메인 구성의 마지막 콘텐츠 하단에는 [04-1 헤더와 푸터 설계하기]에서 설계한 푸터를 넣어 메인 화면의 마지막이라는 것을 알 수 있도록 합니다.

❹ 검색 결과 화면 설계하기

1. ❶ 통합 검색 기능을 설계할 때 가장 먼저 할 일은 검색 대상에 포함될 콘텐츠를 선정하는 것입니다. 그리고 검색 대상에 포함하려는 콘텐츠가 검색이 가능한 조건인지도 따져봐야 합니다. 예를 들면 회사 소개 내용은 검색 대상에 포함할 수는 있지만 검색해서 찾는 것보다 메뉴를 통해 보는 것이 더 쉬울 수 있습니다.

2. 통합 검색에 포함할 콘텐츠를 선정했다면 콘텐츠를 이루는 구성 요소를 파악해 어느 범위까지 탐색할 것인지를 정해야 합니다. 상품 정보는 상품명, 상품 특징, 검색 추가 키워드, 상품 가격, 상품 목록 이미지, 상품 상세 이미지 등 여러 구성 요소를 가지고 있습니다. 이 중 검색 키워드와 일치하는 어떤 항목을 검색 결과에 반영할 것인지 정합니다. 예를 들면 청바지를 검색한다고 가정했을 때 키워드가 포함되어 있을 가능성이 높은 구성 요소를 탐색 범위로 선정해야 합니다. 상품명, 상품 특징, 검색 추가 키워드에는 해당 키워드가 포함될 가능성이 높지만, 상품 가격, 상품 목록 이미지, 상품 상세 이미지는 포함될 수 없습니다. 따라서 해당 구성 요소에서만 탐색될 수 있도록 정의합니다.

3. 라라마켓의 검색 결과는 네 가지 탭으로 구분됩니다. ❶ 통합 검색 결과를 구성할 때는 이용자가 찾는 정보인지 식별할 수 있도록 최소한의 힌트만 제공하고, 상세 정보는 해당 게시물의 상세 화면에서 열람할 수 있도록 설계합니다.

5 로그인 화면 설계하기

1. 업무용으로 쓰는 사내 웹 사이트, 검색 포털, 금융 웹 사이트처럼 로그인과 로그아웃을 반복하는 웹 사이트, 로그인이 완료되어야 정보를 열람할 수 있는 웹 사이트의 경우 로그인 기능을 메인 화면의 왼쪽 또는 오른쪽에 배치합니다.

2. 반면 웹 쇼핑몰이나 회사 홈페이지는 메인 화면 영역 대부분을 상품 노출과 홍보에 할애해야 하므로 상대적으로 로그인 기능의 중요도가 낮습니다. 웹 쇼핑몰은 로그인하지 않아도 상품 정보를 모두 볼 수 있고 비회원 계정으로 상품을 구매할 수도 있습니다. 따라서 웹 쇼핑몰에서는 로그인 기능을 별도 팝업으로 설계하여 필요할 때 어느 화면에서나 로그인하고, 로그인 후 원래 보던 화면으로 돌아갈 수 있도록 설계합니다.

3. ❶ [로그인] 버튼을 누르면 아이디와 비밀번호를 맞게 입력했는지 ⓵⑴과 같이 검사를 진행합니다. 이때 개인정보를 보호하기 위해 아이디와 비밀번호가 불일치할 경우에는 보안상 아이디와 비밀번호 중 무엇이 틀렸는지 알려 주지 않는 것이 좋습니다.

보안이 중요한 웹 사이트의 경우, 로그인 실패 횟수를 카운트하여 일정 횟수 이상 로그인 실패 시 서비스 접속을 차단할 수 있으며, 불법 프로그램에 의해 로그인되는 것을 방지하기 위해 보안 문자를 입력하기도 합니다. 이러한 사항들은 사전에 로그인을 몇 번 실패하면 접속을 차단할 것인지, 보안 문자는 항상 입력해야 하는 것인지 등 그 수준을 설정하여 정책 정의서에 반영해야 합니다.

LG유플러스 로그인 화면 - 로그인 실패 횟수를 체크합니다.

 비상! 퇴근 전 의뢰인의 메일

← 🗎 ⊘ 🗑

메인 화면을 개인 맞춤형으로 구성해 주세요.

 세바스찬 ceo@lalamarket.co.kr
나에게 ☑   ☆ ↩ ⋮

안녕하세요. 기획자님!

요즘 개인 맞춤형 서비스를 제공하는 것이 대세입니다. 웹 쇼핑몰 메인 화면도 회원의 성향에 맞게 상품을 진열하면 매출에 도움이 되지 않을까요? 로그인 전에는 기존의 메인 화면을 보여 주고, 로그인 후에는 개인 맞춤형으로 상품 구성을 바꿀 수 있도록 설계해 주세요.

(← 답장)   (→ 전달)

선배 기획자의 조언!

핵심은 이용자로부터 어떤 정보를 어떻게 수집할 것인가입니다. 이용자의 구매 내역, 자주 접속하는 상품 카테고리 정보, 회원의 취향을 알 수 있는 회원 가입 정보 등을 활용해 로그인한 아이디의 정보를 기준으로 메인 화면의 상품을 세팅할 수 있습니다.

05

관리자 화면 설계

관리자(admin) 화면은 이용자의 가입 정보, 주문 내역 등을 확인하거나 이용자 강제 탈퇴, 불법 게시글 삭제 등 웹 사이트를 전반적으로 관리할 수 있는 화면입니다. 관리자 화면 정의서를 작성하는 원리는 이용자 화면 정의서(04장)와 같기 때문에 이번에는 반복되는 내용을 최소한으로 줄이고, 관리자 화면의 특징과 기능을 중심으로 설명하겠습니다. 이번 실습을 통해 관리자의 역할을 명확하게 이해할 수 있기를 바랍니다.

학습 파일 • 라라마켓_관리자_화면정의서.pptx

05-1 IA 설계와 로그인 화면

관리자 화면은 기획하는 범위에 따라 천차만별입니다. 이용자 화면을 어디서부터 어디까지 관리할 것인지, 그리고 얼마나 세분화하여 관리할 것인지에 따라 개발 범위가 달라집니다. 관리자 화면을 어떻게 구상하느냐에 따라 운영자의 업무 효율도 달라집니다. 본 실습에서는 관리자 화면의 가장 기본이 되는 IA(information architecture)를 먼저 작성한 다음 로그인 기능과 GNB 메뉴, 서브 화면 레이아웃을 차례로 설계해 보겠습니다.

1 IA 설계하기
2 로그인 기능 설계하기
3 GNB 설계하기
4 서브 화면 레이아웃 설계하기

1 IA 설계하기

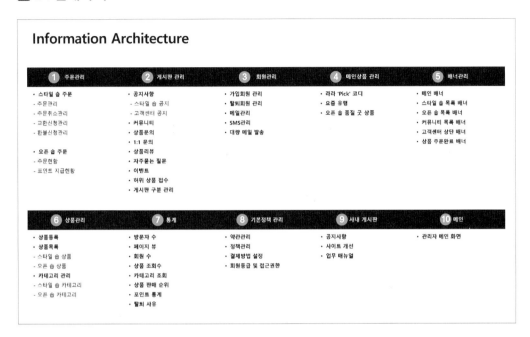

Information Architecture

① 주문관리	② 게시판 관리	③ 회원관리	④ 메인상품 관리	⑤ 배너관리
• 스타일 숍 주문 - 주문관리 - 주문취소관리 - 교환신청관리 - 환불신청관리 • 오픈 숍 주문 - 주문현황 - 포인트 지급현황	• 공지사항 - 스타일 숍 공지 - 고객센터 공지 • 커뮤니티 • 상품문의 • 1:1 문의 • 상품리뷰 • 자주묻는 질문 • 이벤트 • 허위 상품 접수 • 게시판 구분 관리	• 가입회원 관리 • 탈퇴회원 관리 • 메일관리 • SMS관리 • 대량 메일 발송	• 라라 'Pick' 코디 • 요즘 유행 • 오픈 숍 품질 굿 상품	• 메인 배너 • 스타일 숍 목록 배너 • 오픈 숍 목록 배너 • 커뮤니티 목록 배너 • 고객센터 상단 배너 • 상품 주문완료 배너

⑥ 상품관리	⑦ 통계	⑧ 기본정책 관리	⑨ 사내 게시판	⑩ 메인
• 상품등록 • 상품목록 - 스타일 숍 상품 - 오픈 숍 상품 • 카테고리 관리 - 스타일 숍 카테고리 - 오픈 숍 카테고리	• 방문자 수 • 페이지 뷰 • 회원 수 • 상품 조회수 • 카테고리 조회 • 상품 판매 순위 • 포인트 통계 • 탈퇴 사유	• 약관관리 • 정책관리 • 결제방법 설정 • 회원등급 및 접근권한	• 공지사항 • 사이트 개선 • 업무 매뉴얼	• 관리자 메인 화면

1. 웹 기획에 막 입문한 사람이 관리자 화면의 IA를 설계하기는 쉽지 않습니다. 관리자 화면까지 경험해 본 사람이 많지 않기 때문입니다. 가장 기본적인 설계 방법은 이용자 화면을 하나씩 살펴보면서 관리자 화면에서 관리 기능이 필요할지 판단하는 것입니다. 회원 가입 화면을 통해서는 가입한 이용자 정보를 열람하는 기능, 메인 화면을 통해서는 메인 화면의 상품 및 배너를 관리하는 기능, 상품 목록 화면을 통해서는 상품을 등록하고 수정, 삭제할 수 있는 기능이 필요하다는 것을 유추할 수 있어야 합니다. 지금은 관리자 화면의 기능이 IA의 어떤 메뉴로 구성되어 있는지 대략적으로만 살펴보세요.

2. ① [주문 관리]는 쇼핑몰의 주문 내역을 확인할 수 있는 메뉴입니다. 해당 메뉴를 통해 어느 회원에게 어떤 상품의 주문이 접수되었는지, 상품을 어디로 배송하면 되는지 등을 확인하고 상품을 발송합니다.

3. ② [게시판 관리]는 쇼핑몰에 산재되어 있는 모든 게시판을 한 곳으로 모은 메뉴입니다. 운영자가 글을 등록할 수 있으며, 이용자가 등록한 글도 열람할 수 있습니다.

4. ③ [회원 관리]에서는 가입된 회원, 탈퇴한 회원 등 회원 정보를 열람할 수 있습니다.

5. ❹ [메인 상품 관리]에서는 메인에 노출되는 상품을 관리할 수 있습니다. 메인 화면은 쇼핑몰에서 중요한 화면이므로 운영자가 메인에 노출되는 상품을 관리할 수 있어야 합니다.

6. ❺ [배너 관리]는 쇼핑몰에 산재되어 있는 모든 배너를 한 곳에서 관리할 수 있도록 설계한 메뉴입니다. 이용자 화면에서 설계한 배너에 이름을 만들어 이름별로 배너를 관리하면 좋습니다.

7. ❻ [상품 관리]에서는 스타일 숍에 판매할 상품을 등록, 수정, 삭제하는 기능과 오픈 숍에서 이용자가 등록한 상품을 열람할 수 있는 기능을 제공합니다.

8. ❼ [통계]는 이용자들이 쇼핑몰에 얼마나 방문했는지, 어떤 상품을 많이 조회했는지 등이용자들이 이곳저곳을 클릭하며 쇼핑한 흔적들을 수치화하여 볼 수 있는 메뉴입니다. 통계 메뉴를 통해 얻은 결과는 개선 사항이나 주력해야 할 상품 등 마케팅 전략이나 사업 방향을 설정하는데 필요한 근거 자료로 활용됩니다.

9. ❽ [기본 정책 관리]는 이용 약관, 배송비, 포인트, 관리자 메뉴 접근 권한 등 쇼핑몰 이용에 필요한 정책을 관리하는 메뉴입니다. 모든 정책을 관리자 화면에서 전부 관리할 수는 없지만 변경 빈도가 높고 주요한 정책은 관리자 화면에 기능을 설계하고 관리할 수 있습니다.

10. ❾ [사내 게시판]은 웹 쇼핑몰 임직원들만 이용할 수 있는 메뉴입니다. 운영자는 업무 중 관리자 화면에 수시로 접속합니다. 따라서 운영자들을 위한 게시판을 별도로 설계하면 중요 내용도 공유하고 업무 효율도 높일 수 있습니다.

11. ❿ [메인]은 관리자 메인 화면을 IA에 정리해 놓은 것입니다. 여기서는 ❶ ~ ❾의 메뉴 중 시의성 있는 정보를 한 화면으로 볼 수 있도록 했습니다. 실무에서는 대시보드(dashboard)라고도 합니다.

12. 관리자 화면은 운영자 관점에서 자주 사용하는 메뉴 순서로 설계하고, 꼭 실제 운영자의 의견을 듣고 요구 사항을 분석 후 내용을 반영하는 것이 좋습니다. 중요한 것은 이용자 화면과 달리 관리자 화면은 업무 목적으로 설계되어야 하며, 모든 메뉴에는 로그인 후 진입할 수 있어야 합니다.

❷ 로그인 기능 설계하기

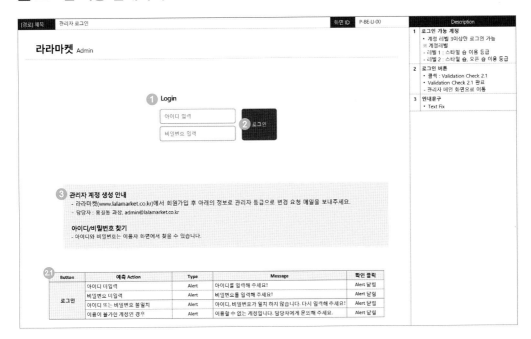

1. 이용자 계정의 첫 화면은 메인 화면이지만, 운영자의 첫 화면은 로그인 화면입니다. 로그인하지 않으면 관리자 화면을 볼 수 없도록 설계해야 합니다. 관리자 화면은 별도의 진입 경로를 만들어 주소로 접속합니다.

2. 이용자에게 로그인 아이디가 있듯이 관리자도 로그인 아이디가 있습니다. 관리자 계정은 등급별로 메뉴 접근 권한이 다르게 설정됩니다. 이 실습에서는 계정 등급을 아래 표와 같이 구분했습니다. 관리자 화면에는 3~5등급만 로그인할 수 있으며, 2등급 이하는 접근할 수 없습니다.

등급	계정 설명	접근권한	
		이용자 화면	관리자 화면
1	스타일 숍 회원 계정	○	X
2	오픈 숍 회원 계정	○	X
3	고객 관리 계정	○	○
4	운영 관리 계정	○	○
5	사업 관리 계정	○	○

계정별 등급(등급에 대한 자세한 내용은 [05-8 기본 정책 관리 > 관리자 메뉴 접근 권한] 내용을 참고하세요)

3. 관리자 화면에 진입하려면 라라마켓 회원 가입 후 관리자 화면으로 로그인할 수 있는 등급으로 변경해야 합니다. 등급 변경 권한은 5등급 사업 관리 계정을 가진 담당자에게만 있습니다. 따라서 ❸과 같이 관리자 계정 담당자 정보를 안내합니다.

❸ GNB 설계하기

1. 메인 화면의 GNB 메뉴입니다. 먼저 왼쪽 위에 ❶ 웹 쇼핑몰 관리자 로고를 설계하고, 어느 메뉴에서든 로고를 클릭하면 메인 화면으로 되돌아갈 수 있도록 링크를 설정합니다.

2. ❷ GNB 메뉴를 배치할 때는 업무 효율성을 위해 중요도와 이용 빈도가 높은 메뉴를 왼쪽부터 배치합니다. 이용자가 늘고 거래가 많아지면 주문 관리, 게시판 관리, 회원 관리 메뉴의 사용 빈도가 높아지기 마련입니다. 이는 앞서 IA를 설계할 때 고려된 사항으로 IA 설계된 메뉴의 순서로 GNB를 설계합니다.

3. 관리자의 업무 편의를 돕는 기능도 설계해 볼 수 있습니다. 관리자는 상품이나 공지 글 등록 후 실제 이용자에게는 어떻게 보이는지 확인하기 위해 이용자 화면에 접속하는 일이 많습니다. 그러므로 클릭 한 번에 이용자 화면을 띄울 수 있는 ❸ [이용자 화면 보기] 버튼을 추가하면 매우 편리합니다. 대신 관리자 화면은 그대로 유지하도록 새 창으로 띄우게 합니다.

4. GNB 메뉴는 모든 관리자 화면의 상단에 위치합니다. 따라서 관리자 화면의 본문을 설계할 때는 GNB를 생략합니다.

◢ 서브 레이아웃 설계하기

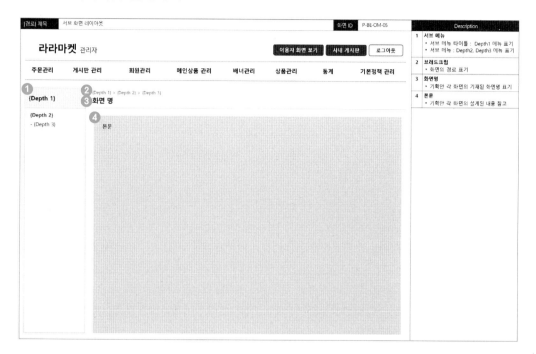

1. 본격적인 각 화면을 설계하기 전에 먼저 관리자 화면의 서브 화면 레이아웃을 정의해 놓아야 합니다. 필요한 만큼 서브 레이아웃을 설계하고, 각 레이아웃이 어느 화면에 적용되는지 정의합니다.

2. ❶ 서브 메뉴는 IA에서 정의한 메뉴를 뎁스(depth)로 표기하여 호출합니다.

3. 관리자 화면의 IA가 복잡하고 뎁스가 깊다면 ❷ 브레드크럼(breadcrumb)을 설계해 지금 이용자가 보는 화면이 어느 경로에 속한 화면인지 알 수 있도록 합니다. GNB 상에서 경로를 쉽게 알 수 있다면 굳이 설계하지 않아도 되는 선택 사항입니다.

▶ 브레드크럼이라는 용어는 동화 〈헨젤과 그레텔〉에서 유래하였고, 현재의 위치를 알려준다고 하여 로케이션(location)이라는 용어로도 사용됩니다.

4. ❸ 화면명은 뎁스 2의 메뉴명과 같을 수 있지만 한 메뉴에 여러 화면이 존재한다면 각 화면의 이름을 지어 주어야 합니다. 따라서 각 화면을 설계하면서 붙인 이름을 표기합니다.

비상! **퇴근 전 의뢰인의 메일**

 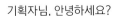

관리자 계정 신청 방법을 개선해 주세요.

👻 세바스찬 ceo@lalamarket.co.kr ☆ ← ⋮
나에게 ▽

기획자님, 안녕하세요?

관리자 계정을 신청하는 방식이 불편합니다. 사업 확장에 따라 직원들이 계속 충원되는데, 신규 입사 직원이 있을 때마다 관리자 계정 신청 시 담당자가 자리를 비워 메신저 응답이 늦고, 따로 메일을 쓰려니 조금 귀찮기도 합니다. 관리자 화면에서 관리자 계정을 바로 신청할 수 있도록 개선해 주세요. 관리자 계정을 신청하면 홍길동 과장에게 자동으로 메일이 발송되면 좋겠습니다.

 답장　　 전달

선배 기획자의 조언!

우리는 이용자 화면에서 회원 가입 폼을 설계해 보았습니다. 핵심은 이용자로부터 어떤 정보를 어떻게 수집할 것인가입니다. 관리자 로그인 화면에 [관리자 계정 신청] 버튼을 만들고 필요한 정보를 이용자로부터 수집하면 되겠죠? 하지만 주의해야 할 점이 있습니다. 이용자 화면은 회원 가입 후 바로 로그인하여 사용할 수 있지만, 관리자 화면은 신청한다고 해서 모두 관리자 화면을 사용하도록 하면 안 됩니다.

05-2 주문 관리

주문 관리는 이용자가 주문한 사항을 처리하기 위해 운영자가 주문 확인, 배송, 교환/환불 사항을 관리하는 메뉴입니다. 담고 있는 정보와 기능이 많아 화면이 다소 복잡하기 때문에 운영자가 실수하지 않도록 정보를 잘 구분해 배치하는 것이 중요합니다. 그리고 이 실습에서는 오픈 숍에서 발생하는 이용자 간 거래도 고려해야 합니다. 이용자끼리 상품을 사고팔 때 발생할 수 있는 문제와 이를 중재할 수 있는 기능도 함께 설계해 보겠습니다.

1 스타일 숍 주문 ― 주문 관리 목록 화면 설계하기

2 스타일 숍 주문 ― 주문 관리 상세 화면 설계하기

3 스타일 숍 주문 ― 주문 취소 관리 목록 화면 설계하기

4 스타일 숍 주문 ― 주문 취소 관리 상세 화면 설계하기

5 스타일 숍 주문 ― 교환 신청 관리 목록 화면 설계하기

6 스타일 숍 주문 ― 교환 신청 관리 상세 화면 설계하기

7 오픈 숍 주문 ― 주문 현황 목록 화면 설계하기

8 오픈 숍 주문 ― 주문 현황 상세 화면 설계하기

9 오픈 숍 주문 ― 포인트 지급 현황 화면 설계하기

◼1 스타일 숍 주문 — 주문 관리 목록 화면 설계하기

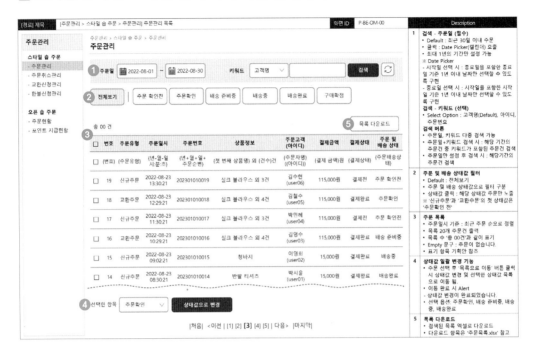

1. 이용자가 스타일 숍에서 상품을 주문하면, 운영자는 [관리자 > 주문 관리 > 스타일 숍 주문 > 주문 관리]에서 주문을 확인할 수 있습니다. 주문 목록은 주문 및 배송 상탯값에 따라 ❷와 같은 필터 기능을 설계하면 주문의 처리 현황을 단계별로 열람할 수 있으며, 운영자가 상탯값별 업무 분담을 할 경우 본인이 해야 할 업무들만 목록으로 볼 수 있어 업무 효율성이 높아집니다.

2. 운영 업무 진행 시 특정 고객의 주문 내역을 찾거나 특정 기간에 발송된 [주문 목록]을 확인하는 경우가 빈번하게 있습니다. 수많은 주문 내역 중 원하는 조건의 주문을 찾으려면 ❶ 검색 기능은 필수입니다. 검색 기능은 운영 사항에 따라 결제 방법이나 주문 건수를 기준으로 검색을 설계하는 등 주문 데이터를 기준으로 다양하게 설계할 수 있습니다.

3. [주문 목록]은 ❸처럼 그리드 형태로 설계합니다. 목록을 구성할 때는 주문을 식별할 수 있는 정보와 자주 확인하는 정보를 머리 행으로 설계합니다. 머리 행은 ❶ 검색 기능과도 연관되어야 합니다. 예를 들어 휴대폰 번호로 검색하는 기능을 설계했다면 머리 행에 휴대폰 번호 항목을, 주문 번호로 검색하는 기능을 설계했다면 머리 행에 주문 번호 항목을 설

계해야 합니다. 검색 조건에 맞는 머리 행이 구성되어야 올바르게 검색되었는지 직관적으로 확인할 수 있기 때문입니다.

◐ 설계된 화면만으로는 이해가 부족하다고 생각되면 다음과 같이 상세 내용을 정의합니다. 아래의 예를 참고해 주세요.

선택	• 머리 행 선택 체크 시 목록의 모든 주문 건 선택 및 해제 ※ 목록의 모든 주문 건 선택 및 해제 시 머리 행의 선택에 체크 및 해제되어야 함
주문 유형	• **신규 주문**: 이용자가 신규로 주문한 건 • **교환 주문**: 상품 교환 요청으로 운영자가 상품을 재접수한 교환 주문 건
상품 정보	• **1건의 경우**: 상품명만 노출 • **1건 이상의 경우**: 주문 상품 중 첫 번째 상품명 노출 후 외{총 주문 건 -1}건 문구 노출
결제 상태	• **결제 전**: 가상 계좌 결제 건으로 아직 입금 여부가 확인되지 않은 주문 건 • **결제 완료**: 카드 결제, 은행 이체 결제 건으로 주문 즉시 결제가 완료된 주문 건

주문 목록의 항목별 정의 예

4. [주문 목록] 화면에서 검색 다음으로 중요한 기능은 주문 처리 상태를 변경하는 ❹ 상탯값 일괄 변경 기능입니다. 관리자는 주문 건의 진척에 따라 주문 및 배송 상탯값을 수정할 수 있습니다. 원하는 주문 건을 모두 선택한 후 드롭다운 목록에서 바꾸고 싶은 상탯값을 고르고 [상탯값으로 변경] 버튼을 누르면 됩니다. 이 기능이 없다면 [주문 상세] 화면에 들어가 일일이 정보를 수정해야 하므로 비효율적입니다.

5. ❺ [목록 다운로드] 버튼은 주문 목록을 엑셀 파일로 저장하는 기능입니다. 엑셀 파일은 출력물이 필요하거나 엑셀에 수식을 걸어 특정 계산값을 산출할 때 매우 유용합니다. 엑셀 양식은 건당 주문 정보를 한 행에 정리할 수 있도록 구성합니다. 본 기획안에는 [목록 다운로드] 버튼을 클릭 시 검색된 목록을 모두 다운받을 수 있도록 설계하였지만, 필요에 따라 선택한 항목만 다운받을 수 있도록 설계할 수 있습니다.

번호	주문일시	유형	주문번호	주문상품		주문자		수령자			결제 정보		
				상품	옵션1	아이디	휴대폰 번호	이름	주소	휴대폰 번호	배송요청 사항	결제 금액	결제 방법	결제상태
1	2023-01-15 12:30	신규	160801008	사수 실크 린넨 브라우스	디자인 : C형	general	010-0000-0000	홍길동	서울시 영등포구	010-0000-0000	-	115,000	신용카드	결제완료

주문 목록.xlsx - 엑셀 파일로 저장 시 주문 건당 상품 정보를 한 행에 정리할 수 있도록 구성하는 예시

웹 쇼핑몰에 주문이 접수된 이후 운영자가 무슨 일을 해야 하는지 잘 이해하고 있다면 주문 관리 화면에 필요한 기능도 잘 정의할 수 있습니다. 아래 표를 참고하여 필요한 기능을 빠짐 없이 설계해 보세요.

단계	이용자	운영자
주문 접수	• 주문 완료 • 주문 처리 현황 열람	• 주문 확인 • 일별, 주별 단위로 주문 내역 정리
상품 배송	• 배송 현황 열람 • 상품 수령	• 배송 상품 확인 및 상품 배송 준비 • 배송 업체에 배송 상품 인계 • 택배 번호 등록, 배송 완료 확인, 주문 처리 완료
상품 교환	• 상품 이상 유무 확인 • 7일 이내 교환 신청	• 이용자 상품 문의 응대 • 이용자 교환 요청 응대
상품 환불	• 7일 이내 환불 신청	• 이용자 환불 요청 응대
주문 취소	• 배송 전 주문 취소 진행	• 주문 취소 및 결제 취소 여부 확인

상품 주문 단계별 운영자의 업무

❷ 스타일 숍 주문 — 주문 관리 상세 화면 설계하기

스타일 숍 주문 — 주문 상세 화면 1(주문 주요 정보)

1. 주문 관리 상세 화면은 이용자가 운영자에게 건네는 온라인 주문서입니다. 주문 목록에서 주문 건을 클릭하면 진입하는 화면으로 [이용자 화면 〉 마이 페이지 〉 스타일 숍 이용내역 〉 주문 내역/배송 조회 〉 상세 화면]과 유사합니다. 이용자 화면은 정보 열람 기능을 위주로 설계했다면, 관리자 화면은 주문 처리와 관리 기능 위주로 설계해야 합니다.

2. 상단 영역에는 ❶과 같이 주문서를 식별할 수 있는 주문의 주요 정보 및 결제 상태, 주문 처리 상태, 택배 번호 입력 및 설정 기능을 설계합니다. 해당 주문을 구분할 수 있는 유일한 정보는 주문 번호이지만, 우리에게 더 익숙한 정보는 주문자명과 휴대폰 번호입니다. 휴대폰 번호도 주문 번호와 같이 유니크한 번호이므로 주문 내역을 찾는 데 유용합니다. 그러므로 상단에 ❶과 같이 고객 정보를 식별할 수 있는 정보를 표기합니다.

3. ⓮ 결제 상태는 이용자의 결제 진행 여부에 따라 기본값이 달라집니다. PG사의 결제 모듈을 이용해 카드 결제 또는 은행 이체로 주문과 결제가 완료되었다면 결제 완료, 주문 시 가상 계좌, 무통장 입금으로 상품을 주문하면 결제 전으로 선택되어야 합니다. 결제 전 주문 건은 운영자가 입금 여부를 확인해 결제 완료 상태로 변경합니다.

4. ⓯ 주문 및 배송 상태에서는 오프라인에서 주문을 처리하는 상황에 맞추어 상탯값을 설정합니다. 신규 주문과 교환 건은 주문 확인 전 상태가 기본값입니다.

5. 상품을 배송 업체로 인계하면 배송 업체로부터 택배(운송장) 번호를 받습니다. ⓰과 같이 택배사를 선택한 후 택배 번호를 입력하면 택배사의 운송장 번호 조회 시스템과 연계(API)하여 배송 현황을 확인할 수 있습니다.

6. ⓱ 주문 및 배송 상탯값이 주문 확인 전, 주문 확인일 때만 주문 취소가 가능합니다. 이용자가 직접 마이 페이지 화면에서 주문을 취소할 수도 있지만, 아래와 같이 운영자가 직접 이용자 대신 주문을 취소해야 하는 경우도 있습니다. [주문 취소] 버튼을 누르면 해당 주문은 주문 취소 관리 목록으로 이동합니다.

❶ 무통장 입금으로 주문했지만 정해진 기간 안에 입금하지 않은 경우
❷ 이용자가 전화나 메일로 직접 주문을 취소하는 경우
❸ 상품 재고가 없어 고객에게 안내 후 불가피하게 주문을 취소하는 경우

운영자가 직접 주문을 취소하는 경우

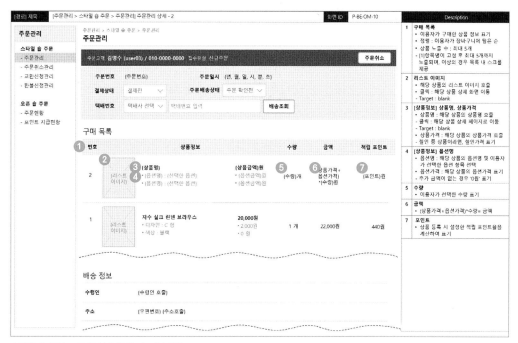

스타일 숍 주문 — 주문 상세 화면 2(구매 목록)

7. ① 구매 목록은 [이용자 화면 〉 마이 페이지 〉 스타일 숍 이용내역 〉 주문 내역/배송 조회 〉 상세 화면]의 내용과 유사합니다. 이용자 화면을 참고하여 설계해 보세요.

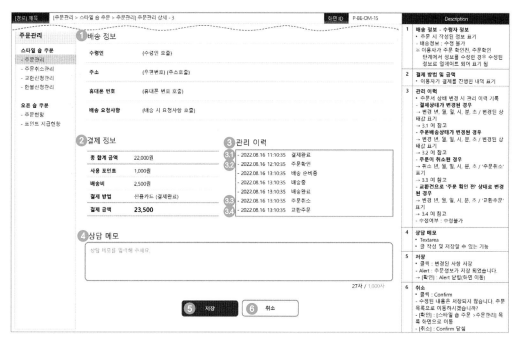

스타일 숍 주문 — 주문 상세 화면 3(배송 정보, 결제 정보, 상담 메모)

8. ❶ 배송 정보와 ❷ 결제 정보도 이용자 화면과 유사합니다. 이용자 화면을 참고해 설계해 보세요.

9. 주문 건을 관리할 때 관리 이력을 생성하면 히스토리 파악에 도움이 됩니다. 언제 결제 완료가 되었고, 언제 배송 중으로 상탯값이 변경되었는지를 기록하면 고객 문의 응대나 내부 업무 커뮤니케이션에 참고할 수 있습니다. ❸ 관리 이력을 남기기 위해서는 어느 시점에 어떤 기록을 남기며, 어떻게 기록되어야 하는지에 대한 모든 경우가 기획안에 정의되어야 합니다. 아래와 같이 간단히 표로 정리해 기획안에 넣어도 좋습니다. 경우에 따라 값을 변경한 운영자명이나 아이디를 함께 기록하기도 합니다.

번호	상탯값	기록 내용
1	결제 상태가 결제 전 → 결제 완료로 변경된 경우	{년-월-일 시:분:초} 결제 완료
2	주문 배송 상태가 주문 확인 전 → 주문 확인으로 변경된 경우	{년-월-일 시:분:초} 주문 확인
3	주문 배송 상태가 배송 준비 중 → 배송 중으로 변경된 경우	{년-월-일 시:분:초} 배송 준비중
4	주문 배송 상태가 주문 확인 → 배송 준비 중으로 변경된 경우	{년-월-일 시:분:초} 배송 중
⋮	⋮	⋮

※ 변경 후 저장하는 시점에 기록

관리 이력 정리 예시

10. 관리 이력에 기록하기 어려운 내용은 ❹와 같이 직접 메모로 남길 수 있습니다. 주로 주문자와 상담한 내용을 기록하는 용도로 사용합니다. 상담 내용을 기록해 두면 나중에 상담원이 바뀌더라도 이전 상담 내용을 참고할 수 있으므로 큰 도움이 됩니다.

❸ 스타일 숍 주문 ─ 주문 취소 관리 목록 화면 설계하기

1. 주문 취소 관리 목록은 취소된 주문 건만 모아놓은 화면으로 주문 취소 내역을 열람하거나 결제를 취소하는 기능을 담고 있습니다. [스타일 숍 주문]에서 취소된 주문 건은 이곳으로 모이게 됩니다.

2. ❶ 검색 기능은 [스타일 숍 주문 〉 주문 관리 〉 주문 목록]의 검색 기능과 유사합니다. 다만 주문 목록과 달리 ❸ 취소 목록에 주문 취소일이 추가되어 있습니다. ❶ 날짜 범위 검색에서 주문 취소일도 검색할 수 있도록 추가 설계합니다.

3. [스타일 숍 주문]에서 주문을 취소한다는 것은 주문 접수만 취소하는 것이지, 결제까지 취소한다는 의미는 아닙니다. 주문 단계가 주문 접수, 결제 여부로 구분되어 있으므로 취소 역시 주문 접수 취소와 결제 취소를 각각 진행합니다. 따라서 [주문 취소 관리 목록]에는 주문 접수가 취소된 건들이 모이고, 이 중 결제가 완료된 건은 결제를 취소하는 기능이 제공되어야 합니다.

4. ❷와 같이 결제 취소 전과 취소 완료 필터 기능을 설계합니다. 따라서 결제 완료 건은 결제 취소 전으로, 결제 전 건은 취소 완료로 상탯값이 설정되도록 설계합니다. 그리고 결제 취소 전에서 결제 취소가 완료되면 취소 완료 상탯값을 갖도록 설계합니다.

4 스타일 숍 주문 — 주문 취소 관리 상세 화면 설계하기

1. [스타일 숍 주문 > 주문 관리 > 주문 상세]에 주문을 처리하기 위한 정보와 기능들이 설계되었다면, 주문 취소 상세 화면에는 취소된 주문 정보와 결제를 취소할 수 있는 기능이 설계되어야 합니다.

이용자의 결제 방법	결제 취소 방법
이용자가 결제 모듈을 통해 카드 결제, 계좌 이체로 결제한 경우	• 결제 모듈의 결제 취소 API를 연동한 경우 → 주문 취소 시 결제도 동시에 취소되므로 별도의 결제 취소 업무 없음 • 결제 모듈의 결제 취소 API를 연동하지 않은 경우 → PG사에서 제공하는 PG 거래 확인 사이트에 접속해 결제 건 취소 진행
이용자가 가상 계좌, 무통장 입금으로 결제한 경우	• 이용자로부터 수집된 환불 계좌 정보에 운영자가 환불금 입금 후 쇼핑몰 관리자에서 결제 취소 완료 처리

결제 취소 방법 예시

2. 상단 ❶ 주문 주요 정보 영역은 [스타일 숍 주문 상세]와 같이 주문서를 식별할 수 있는 주요 정보로 구성합니다. 여기서 ⑬ 주문 상태와 주문 취소 일시는 주문이 취소된 정보를 보여주는 것이지, 결제까지 취소된 사항을 알려 주는 것은 아닙니다.

3. ❷ 결제 취소 영역에는 이용자의 결제 방법이 무엇인지 알아야 운영자가 표 [결제 취소 방법 예]와 같이 결제 취소 및 환불 업무를 진행할 수 있으므로 ㉒ 결제 방법 항목을 설계합니다. 운영자가 결제 취소 및 환불을 진행하면 결제 취소가 완료되었다는 표기가 필요합니다. 따라서 ㉓ [결제 취소] 버튼을 누르면 ㉑ 취소 상탯값이 취소 완료로 업데이트되도록 설계합니다.

❺ 스타일 숍 주문 – 교환 신청 관리 목록 화면 설계하기

1. 우리는 앞서 [마이 페이지 〉 스타일 숍 이용 내역 〉 주문 내역/배송 조회]에서 상품 교환 신청 팝업과 [마이 페이지 〉 스타일 숍 이용 내역 〉 교환/환불 신청 내역]에서 이용자가 상품 교환을 신청한 내역을 열람할 수 있는 화면을 설계했습니다. 교환 신청 관리는 이용자가 작성한 교환 신청서를 운영자가 관리하는 메뉴입니다.

2. 교환 신청 관리에서 필요한 상탯값은 이용자 화면 [마이 페이지 〉 스타일 숍 이용 내역 〉 교환/환불 신청 내역]에서 설계한 것과 같이 확인 전, 확인 중, 처리 완료입니다. ❷와 같이 교환 신청 내역이 상탯값별로 정렬될 수 있도록 필터 기능을 설계합니다.

3. ❹ 교환 신청 관리 목록은 교환 신청 시 생성되는 여러 정보 중 목록을 구분할 수 있는 값이나 요약이 될 수 있는 항목을 선별해 설계하도록 합니다. 여기서 교환 접수 번호는 주문 번호와 겹치지 않도록 정의해야 합니다.

주문 번호 생성 규칙	교환 접수 번호 생성 규칙
• 구성: 년 4자리+월 2자리+일 2자리+ 주문 순번 4자리 • 주문 순번 4자리 → 0001부터 시작되며, 주문 접수 시 +1 증가 → 일(날짜)이 바뀌면 0001부터 다시 시작 • 표기 예: 202305010001	• 구성: 년 4자리+월 2자리+일 2자리+알파벳 E+ 교환 순번 3자리 • 교환 순번 3자리 → 001부터 시작되며, 교환 접수 시 +1 증가 → 일(날짜)이 바뀌면 001부터 다시 시작 • 표기 예: 20230501E001

교환 접수 번호 생성 규칙 예시

▶ 본 기획안의 디스크립션 정의는 설명을 위해 간단히 작성되었지만, 실무에서는 더욱 자세히 기술되어야 합니다.

⑥ 스타일 숍 주문 − 교환 신청 관리 상세 화면 설계하기

스타일 숍 주문 - 교환 신청 상세 화면 1(주요 정보, 교환 신청 상품)

1. 교환 신청 관리 목록을 클릭하면 이용자가 신청한 교환 접수 내용을 볼 수 있는 상세 화면으로 이동합니다. 교환 신청 관리 상세 화면은 [이용자 화면 〉 마이 페이지 〉 스타일 숍 이용 내역 〉 교환/환불 신청 내역] 상세 화면과 동일합니다. 여기에 신청 내용을 확인 후 접수 건을 관리하는 기능이 추가로 제공되어야 합니다.

2. ❶ 교환 신청 주요 정보 영역은 고객 정보, 교환 접수 번호, 교환 접수 일시 등 주문 건을 구분할 수 있는 정보로 구성합니다. 그리고 운영자가 접수 내용을 검토하고 교환 접수 진행 상탯값을 변경할 수 있는 ⓵③ 진행 상태 드롭다운 기능을 설계합니다. ⓵④ [교환 주문 접수] 버튼은 운영자가 이용자의 교환 신청 내용을 확인한 후 상품 교환을 위해 [관리자 화면 〉 스타일 숍 주문 〉 주문 관리]에 재주문을 넣는 기능입니다.

3. ⓵④ [교환 주문 접수] 버튼을 클릭하면 오른쪽과 같이 주문을 넣을 수 있는 팝업이 나타나도록 설계합니다. 재주문을 넣을 수 있는 상품은 상품별로 교환 가능 여부를 체크하는 ⓶⑨ 교환 여부 값이 교환 확정인 상품만 호출될 수 있도록 설계합니다.

교환 주문 접수 팝업

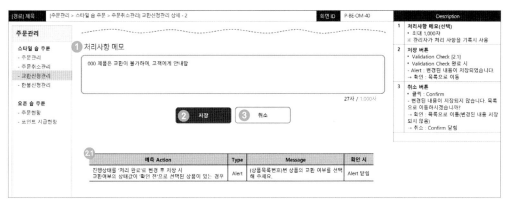

스타일 숍 주문 - 교환 신청 상세 화면 2(처리 사항 메모, 저장 버튼)

4. [관리자 화면 〉 스타일 숍 주문 〉 주문 관리 상세]의 상담 메모를 설계했던 것과 같이 ❶ 처리 사항 메모 기능을 설계하면 교환 신청 건을 어떻게 처리했는지 기록할 수 있습니다.

⑦ 오픈 숍 주문 — 주문 현황 목록 화면 설계하기

1. 오픈 숍 주문 현황 목록 화면은 운영자가 이용자 간 거래 내역을 모니터링하기 위한 것입니다. 평상시에는 운영자가 개입할 일이 없지만, 상품을 주문한 이용자가 결제까지 완료했는데 상품을 배송하지 않는다는 불편 등이 접수되면, 운영자는 거래를 강제로 취소시키고, 결제 금액을 이용자에게 환불해 줄 수 있습니다. 결제된 금액은 웹 쇼핑몰에서 보유하고 있다가 거래 완료 시 판매자의 포인트로 적립하기 때문입니다.

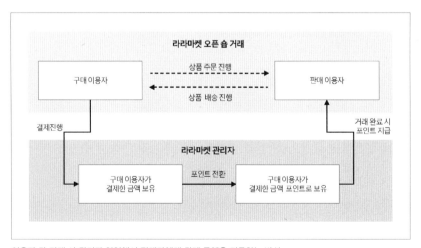

이용자 간 거래 시 관리자 영역에서 판매자에게 결제 금액을 지급하는 방식

2. 화면 구성은 전반적으로 [스타일 숍 주문 〉 주문 관리] 화면과 유사합니다. 하지만 상품이 판매되었을 때 어떤 절차로 상품이 이용자에게 전달되는지를 생각해 보면 ❸ 주문 및 배송 상탯값과 ❺ 목록에 표기되는 항목이 다르다는 것을 알 수 있습니다. 이용자 화면에서 이용자 간 거래 프로세스 설계 시 주문서를 설계했다면, 여기에서도 직접 설계할 수 있을 것입니다.

⑧ 오픈 숍 주문 — 주문 현황 상세 화면 설계하기

오픈 숍 주문 - 주문 현황 상세 1(주요 정보, 거래 상품, 배송 정보)

1. 오픈 숍 주문 상세 화면 역시 스타일 숍 주문의 상세 화면과 매우 비슷합니다. ❶ 상단 영역에 주문서의 주요 정보를 설계하고, ❷ 거래 상품 ❸ 배송 정보 등 오픈 숍 주문서의 내용을 참고해 설계합니다.

▶ 오픈 숍 주문서는 이 책에서 설명하지 않으므로 배운 내용을 토대로 직접 설계해 보세요.

2. 이용자가 상품을 받지 못했거나 불량 상품을 받았다는 불편이 접수된 경우 운영자가 강제로 거래를 취소할 수 있는 기능이 필요합니다. ⑫ [거래 취소] 버튼을 누르면 해당 주문의 상탯값은 거래 취소 상태가 되도록 설계합니다. 그리고 판매자에게도 포인트가 지급되지 않도록 해야 합니다.

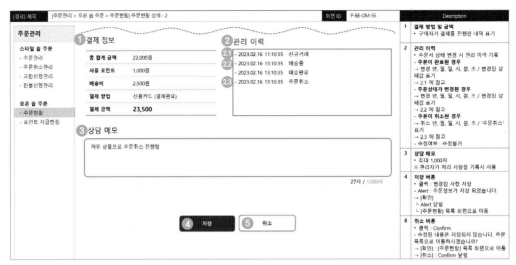

오픈 숍 주문 — 주문 현황 상세 2(결제 정보, 관리 이력, 상담 메모)

3. 이어지는 수령자 정보, 결제 정보, 관리 이력 정보는 [주문 관리 〉 스타일 숍 주문 〉 주문 관리]에서 다루었던 내용입니다. 오픈 숍 주문서의 내용을 참고해 설계합니다.

⑨ 오픈 숍 주문 — 포인트 지급 현황 화면 설계하기

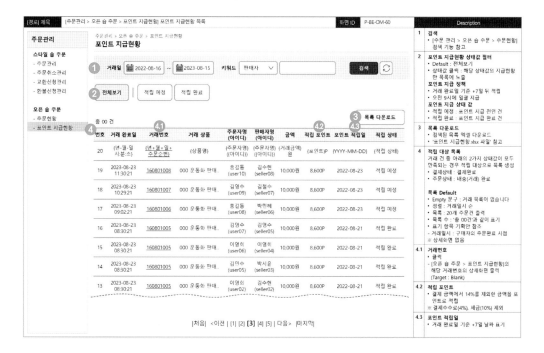

1. 오픈 숍에서 거래가 완료되면 결제 금액은 판매자에게 포인트로 지급됩니다. 포인트 지급 현황 화면은 운영자가 지급하는 포인트가 얼마이며, 정확한 시점에 포인트가 지급되고 있는지 등 포인트가 이상 없이 지급되는 사항을 확인하는 것이 목적이므로 이를 고려해 ④ 목록의 항목과 ① 검색 기능이 설계되어야 합니다.

2. ④ 목록 설계 시 거래 번호를 클릭했을 때 [오픈 숍 주문 〉 주문 현황]에 해당하는 거래 번호의 상세 화면을 새 창으로 연결하여 보여주도록 설계하면 운영자가 주문 현황의 메뉴와 포인트 지급 현황 메뉴를 번갈아 보며 내용을 확인하는 불편이 없어집니다.

3. 포인트는 거래 완료 즉시 지급되는 것이 아니라 주문자가 상품을 받고 확인하는 시간까지 고려해 일정 기간 여유를 두고 지급되도록 합니다. 따라서 ② 포인트 지급 상태는 적립 예정, 적립 완료로 구분합니다. 이용자 간 거래가 완료되면 적립 예정 상태, 거래 완료일로부터 7일이 경과하여 포인트가 지급되면 적립 완료 상태로 변경되도록 설계합니다.

4. 포인트 지급 현황은 상세 화면이 필요하지 않습니다. 확인에 필요한 정보는 거래 번호의 링크와 목록에서 모두 제공되기 때문입니다.

 **비상! 퇴근 전 의뢰인의 메일**

← ⊡ ⓘ 🗑

스타일 숍 주문 관리 화면의 검색 기능을 개선해 주세요.

 세바스찬 ceo@lalamarket.co.kr   ☆ ← ⋮
나에게 ⌄

기획자님, 안녕하세요!

여러 운영자의 의견을 종합해 아래와 같이 요청 사항을 전달합니다. 이를 참고해 관리자의 스타일 숍 주문 검색 기능을 개선해 주세요. 특히, 긴급 배송 서비스를 위해 배송지를 기준으로 주문을 검색할 수 있는 기능이 시급합니다.

① 주문 기간 자동 입력 기능 추가하기(오늘, 7일, 15일, 1개월, 3개월, 1년)

② 배송 지역별로 주문 확인하기

③ 회원 주문과 비회원 주문을 구분해서 검색하기

← 답장   → 전달

 선배 기획자의 조언!

주문 기간 자동 입력은 [7일], [15일] 등의 버튼을 만들어 클릭하면 해당 기간이 날짜 입력 영역에 세팅되도록 설계할 수 있으며, 배송지는 시, 군별 드롭다운 기능을 검색 조건에 추가할 수 있습니다. 그리고 주문 목록에 회원, 비회원 주문을 구분할 수 있는 기준값을 추가해 검색 기능을 보완하면 되지 않을까요?

05-3 게시판 관리

게시판 관리 화면의 구성은 이용자 화면에서 볼 수 있는 게시판과 같거나 비슷합니다. 다른 점은 운영자가 모든 게시판에서 글 작성, 보기, 수정, 삭제 권한을 갖도록 설계하는 것입니다. 그리고 운영자는 이용자가 작성한 글에 댓글이나 답변을 달 수 있습니다.

1 스타일 숍 공지사항 관리 화면 설계하기

2 고객센터 공지사항 관리 화면 설계하기

3 커뮤니티 관리 화면 설계하기

4 상품 문의 관리 화면 설계하기

5 1:1 문의 관리 화면 설계하기

6 상품 리뷰 관리 화면 설계하기

7 자주 묻는 질문 관리 화면 설계하기

8 이벤트 관리 화면 설계하기

9 허위 상품 접수 관리 화면 설계하기

10 게시판 구분 관리 화면 설계하기

① 스타일 숍 공지사항 관리 화면 설계하기

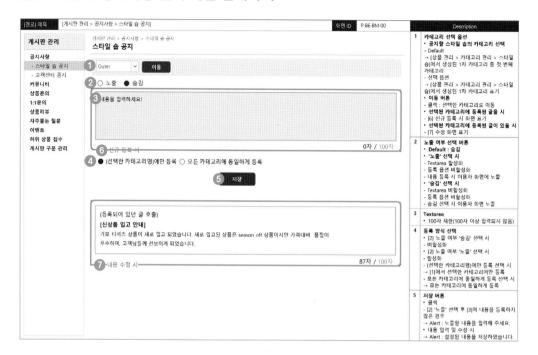

1. [이용자 화면 〉 스타일 숍 상품 목록] 화면에 노출되는 공지사항(상품 디자인 철학, 상품의 특장점 등)을 등록하는 화면입니다. 이용자에게 간단한 메시지를 전달하는 기능으로 이를 누적해서 저장 관리하는 기능까지는 필요하지 않습니다. 처음 작성하는 경우라면 ⑥처럼 초기 화면을, 기존 내용이 있는 경우라면 ⑦과 같이 등록된 내용을 표기해 운영 사항에 따라 내용을 수정해 관리할 수 있도록 합니다.

2. 상품 목록에 등록할 내용이 없을 경우도 있을 것입니다. 이를 대비하여 이용자 영역에서 해당 공지 영역을 숨길 수 있도록 ② 노출, 숨김 설정 기능을 설계합니다.

3. 만약 상품 카테고리별로 메시지를 다르게 등록하고 싶다면 ① 카테고리를 선택할 수 있는 드롭다운 UI를 추가할 수도 있습니다. 반대로 모든 상품 카테고리에 똑같은 메시지를 작성해야 할 경우도 있습니다. 이런 경우 ④ 등록 방식 선택 라디오 버튼을 설계해 설정된 사항에 따라 내용이 적용될 수 있도록 합니다.

❷ 고객센터 공지사항 관리 화면 설계하기

[고객센터 공지 목록] 이용자 화면 공지사항 목록과 동일합니다. 다만 운영자가 글을 등록할 수 있는 ❸ 공지사항 등록 버튼이 필요합니다.

[고객센터 공지 상세] 이용자 화면 공지사항 상세와 동일합니다. 다만 운영자를 위한 ❼ 수정 버튼과 ❽ 삭제 버튼이 필요합니다.

[광료] 제목 | [게시판 관리 > 공지사항 > 고객센터 공지] 고객센터 공지 등록   화면 ID   P-BE-BM-15   Description

게시판 관리	게시판관리 > 공지사항 > 고객센터 공지
공지사항	**고객센터 공지 등록**
- 스타일 숍 공지	❶ ☐ 중요 공지
- 고객센터 공지	❷ 제목을 입력해 주세요? 0자 / 50자
커뮤니티	❸ 에디터(Editor) 기능 노출
상품문의	내용을 입력해 주세요!
1:1문의	
상품리뷰	
자주묻는 질문	
이벤트	
허위 상품 접수	
게시판 구분 관리	에디터 HTML
	❹ 작성완료 ❺ 취소

Description

1	중요 공지 • 선택 시 - 게시판 상단에 한 번 녀 노출.
2	제목(필수) • 글자 수 : 최대 50자(50자 이상 입력되지 않음)
3	내용(필수) • 에디터, HTML 기능 제공
4	작성완료 버튼 • 클릭 : Validation Check - 제목 미입력 → Alert : 제목을 입력해 주세요! - 내용 미입력 → Alert : 내용을 입력해 주세요! - Validation Check 완료 시 글 등록 → Alert : 글이 등록되었습니다. └ 확인 : 목록으로 이동
5	취소 버튼 • 클릭 - Confirm : 작성을 취소하시겠습니까? → [확인] : 목록 화면으로 이동 (작성된 내 용 저장되지 않음) → [취소]: Confirm 닫힘

[고객센터 공지 등록] 모든 글 등록의 기본 폼이므로 설계 방법을 확실하게 익혀 두도록 합니다.

1. 우리는 이미 이용자 화면 정의서 [고객센터 > 커뮤니티 게시판 글쓰기]에서 글쓰기(글 등록) 기능을 설계해 보았습니다.

2. 글을 쓸 때 에디터에서 제공하지 않는 기능을 사용하려면 HTML 기능이 필요합니다. 예를 들어 게시글에 다른 서버의 이미지 또는 동영상을 불러오거나 지도 API를 호출하는 경우, 여러 버튼 이미지에 각기 다른 링크 주소를 연결해야 하는 경우가 있습니다. 작성할 게시글이 퍼블리싱 작업이 필요하다면 웹 퍼블리셔에게 작업을 요청한 후 HTML 소스를 넘겨받아 등록하는 경우도 있습니다.

3. 이용자에게 꼭 알려야 하는 중요한 공지는 이용자 화면 상단에 보이도록 ❶ 중요 공지 체크박스로 선택합니다. 공지의 등록 빈도가 낮다고 예상되면 구축 시 설계하는 것보다는 웹 쇼핑몰을 운영하며 필요에 따가 추가 설계하는 것이 개발 리소스를 절약하는 데 도움이 됩니다.

❸ 커뮤니티 관리 화면 설계하기

1. 커뮤니티 목록 역시 이용자 화면 커뮤니티 목록과 동일하지만 운영자가 글을 등록할 수 있는 ❸ [글 등록] 버튼이 추가로 필요합니다.

2. 커뮤니티 상세 화면도 이용자 화면 커뮤니티 상세 화면과 동일하지만 운영자가 글을 수정, 삭제할 수 있는 버튼과 하단에 있는 댓글 기능이 추가됩니다.

▶ 커뮤니티 상세 화면은 [04 이용자 화면 설계 > 04-9 고객센터 > ❹ 커뮤니티 게시판 상세 보기 화면 설계하기]를 참고하여 설계해 보세요.

3. 커뮤니티의 게시판 글쓰기 화면은 이용자가 글을 등록하는 화면이기 때문에 관리자 화면에서는 글 등록 기능이 필요하지 않습니다. 물론 이용자들의 초기 참여율을 높이기 위해 운영자가 어뷰징 글을 등록하기도 하지만, 이 경우에도 이용자 계정으로 접속하기 때문에 관리자 화면의 글 등록 기능은 굳이 필요하지 않습니다. 글쓰기 기능이 필요하다면 고객센터의 공지사항 글쓰기 화면을 참고해 설계합니다.

▶ 커뮤니티의 글쓰기 화면은 고객센터 공지 [05 관리자 화면 설계 > 05-3 게시판 관리 > ❷ 고객센터 공지사항 관리 화면 설계하기]를 참고하여 설계해 보세요.

❹ 상품 문의 관리 화면 설계하기

1. 이용자가 상품에 대해 문의한 내용을 확인하고 답변하는 메뉴입니다. 이용자 화면 정의서의 [고객센터 〉 상품 문의] 화면과 레이아웃이 동일합니다. 다만 운영자를 위한 [문의 답변], [답변 수정] 버튼과 쇼핑몰 운영에 저해되는 글을 삭제할 수 있는 [삭제] 버튼이 설계되어야 합니다. 정책상 운영 저해 글을 삭제할 수 없다면 이용자 화면에 보이지 않도록 숨김 기능으로 대체할 수 있습니다.

2. 운영자가 문의 내용에 순차적으로 답변하지 못할 수 있으므로 답변하지 않은 문의 글만 모아 볼 수 있는 필터링 기능을 ❷와 같이 설계합니다.

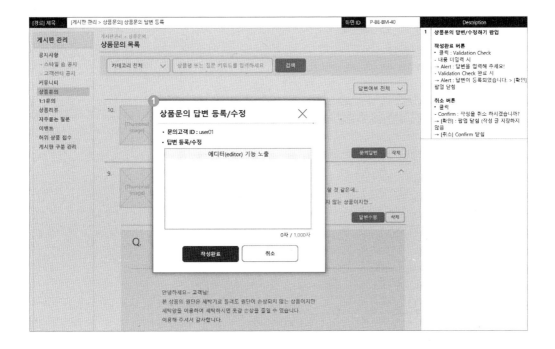

3. [문의 답변] 버튼과 [답변 수정] 버튼을 클릭하면 모두 동일하게 ❶ [상품 문의 답변 등록/수정] 팝업이 나타납니다. 단, 운영자 답변이 없는 상태에서는 [문의 답변] 버튼 클릭 시 답변을 작성할 수 있도록 빈 팝업이 나타나고, 답변이 작성된 문의의 [답변 수정] 버튼을 클릭하면 동일한 팝업에서 기존에 작성된 답변 내용이 호출되어 보여집니다.

5 1:1 문의 관리 화면 설계하기

[1:1 문의 목록] 이용자 화면을 참고해 문의를 검색할 수 있는 ❶ 검색 기능과 답변 여부를 필터링하는 ❷ 기능을 추가로 설계합니다.

[1:1 문의 상세] 이용자 화면을 참고하여 문의 답변 기능과 삭제 기능을 추가로 설계합니다.

❻ 상품 리뷰 관리 화면 설계하기

[상품 리뷰 목록 화면] 이용자 화면을 참고하여 ❸ 댓글 작성 기능을 추가로 설계합니다.

7 자주 묻는 질문 관리 화면 설계하기

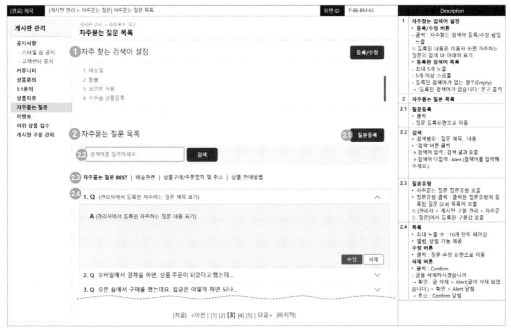

자주 묻는 질문 목록 화면

1. 운영자가 자주 묻는 질문을 등록하고 관리하는 메뉴입니다. 운영자는 웹 쇼핑몰을 운영하면서 이용자들이 자주 문의하는 사항을 취합해 이곳에 등록합니다.

2. ❶ 자주 찾는 검색어 설정은 검색 결과로 바로 이동하는 기능입니다. 이용자 화면 정의서의 자주 묻는 질문 화면에서 검색 기능 아래에 노출할 검색 키워드를 설정합니다. [등록/수정] 버튼을 누르면 검색어 연결 URL을 등록할 수 있는 팝업이 나타나도록 설계합니다.

3. ❷⒈ [질문 등록] 버튼을 클릭하면 자주 묻는 질문과 답변을 등록할 수 있는 화면으로 이동합니다.

4. ❷⒊ 자주 묻는 질문 유형은 [관리자 〉 게시판 관리 〉 게시판 구분 관리 〉 자주 묻는 질문]에 등록된 구분값을 호출합니다. 자주 묻는 질문 등록 시 질문 유형(구분값)을 선택하면, ❷⒊의 구분값으로 글을 정렬할 수 있습니다.

[자주 찾는 검색어 등록/수정 팝업] 검색어와 검색어 연결 URL을 입력할 수 있도록 팝업 화면을 설계합니다.

[자주 묻는 질문 등록 화면] 고객센터 공지 등록 화면을 참고해 ❶ 질문 유형 선택 기능을 추가하여 설계합니다.

8 이벤트 관리 화면 설계하기

[이벤트 목록 화면] 이용자 화면을 참고해 레이아웃을 설계하고, ③ 이벤트 등록 버튼을 추가 설계합니다.

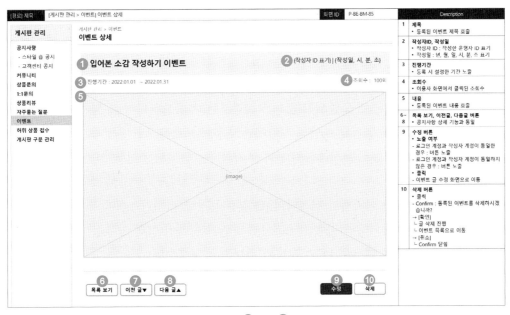

[이벤트 상세 화면] 이용자 화면을 참고해 레이아웃을 설계하고, ⑨ 수정, ⑩ 삭제 버튼을 추가 설계합니다.

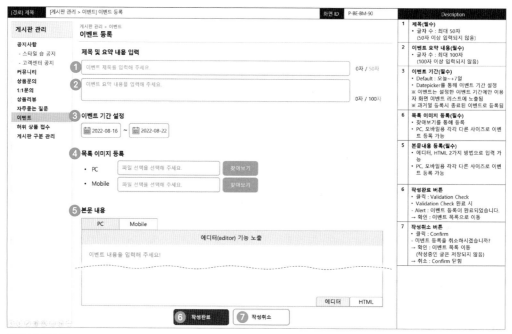

이벤트 등록 화면

1. 이벤트 등록 화면은 이벤트 목록 화면에서 [이벤트 등록] 버튼을 누르면 연결되는 화면입니다. 다른 게시판과 다르게 등록 항목이 ❶ 제목, ❷ 요약 내용, ❸ 이벤트 기간 설정, ❹ 목록 이미지 등록, ❺ 본문 내용 등으로 다양합니다.

2. ❸ 이벤트 기간 설정 기능은 이벤트 기간을 알리는 요소로도 작용하지만, 등록된 이벤트 기간 외에는 이용자 화면에 노출되지 않도록 설정하는 데 중요합니다. 운영자가 미리 이벤트 내용을 등록해 두면 설정된 이벤트 기간에만 내용이 노출되므로 운영자가 이벤트 종료일에 맞추어 등록된 이벤트를 삭제하거나 숨김 처리하는 업무도 줄어듭니다.

3. 이벤트 내용은 보통 이미지로 제작하며, ❺ 본문 내용에 이미지 1개만 등록하는 경우가 많습니다. 따라서 하나의 관리자 화면으로 PC 화면과 모바일 화면 모두를 관리한다면 ❹ 목록 이미지와 ❺ 본문 내용을 PC와 모바일 화면으로 구분하여 각각의 이용 채널에 맞는 이미지를 등록하도록 설계할 수도 있습니다.

9 허위 상품 접수 관리 화면 설계하기

[허위 상품 접수 목록 화면] 이용자 화면의 오픈 숍에서 신고된 사항이 관리될 수 있도록 목록을 설계합니다. 내용 확인 후 운영자가 조치한 사항은 처리 완료 목록으로 이동하도록 설계되어야 합니다.

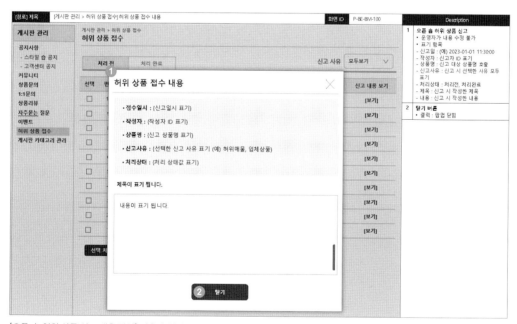

[오픈 숍 허위 상품 신고 내용 팝업] 이용자 화면의 오픈 숍에서 신고된 내용을 운영자가 열람할 수 있도록 팝업 화면으로 설계합니다.

🔟 게시판 구분 관리 화면 설계하기

1. 특정 게시판에서 사용하는 구분값을 생성하고 삭제할 수 있는 관리 화면입니다. 게시판이 많아도 관리 방식은 동일하기 때문에 하나의 관리 화면에서 여러 게시판의 구분값을 관리할 수 있습니다.

2. 먼저 구분값을 관리할 게시판을 선택하는 ❶ 게시판 선택 기능을 설계합니다. 여기서는 자주 묻는 질문, 1:1 문의 게시판, 허위 상품 신고 게시판을 관리하므로 3개의 게시판이 선택값으로 설정되어야 합니다. 게시판을 선택하면 생성해 놓은 구분값이 ❷ 그리드에 표기되고, 여기서 ❸ [구분 생성] 버튼으로 새로운 구분값을 추가할 수 있습니다.

게시판 선택	구분명
자주 묻는 질문	자주 묻는 질문 BEST, 배송 관련, 상품 구매/주문 절차/취소, 상품 판매 방법, 회원 가입 절차, 상품 환불 절차
1:1 문의 게시판	판매, 결제, 입금, 배송, 환불, 기타
허위 상품 신고	허위 매물, 상품 연속 등록, 욕설/비방, 업체 상품, 기타

게시판별 구분명 예시

3. ❸ [구분 생성] 버튼을 클릭하면 ❺ 구분 생성 팝업이 나타납니다. 여기서 순번은 생성한 구분값이 이용자 화면이나 관리자 화면에 호출될 때 표기되는 순서를 말합니다. 이미 생성된 순번을 입력하면 등록되어 있는 순번이 다음 순번으로 차례로 밀려 등록될 수 있도록 설계합니다. 예를 들어 신규로 등록되는 구분값이 1번이면 기존에 1번 구분값은 2번이 됩니다. 이어서 기존 2번 구분값은 3번이 됩니다.

 **비상!** 퇴근 전 의뢰인의 메일

← ⊡ ⊙ 🗑

고객 감사 이벤트를 기획해 주세요.

 세바스찬 ceo@lalamarket.co.kr   ☆ ↩ ⋮
나에게 ∨

기획자님, 안녕하세요!

요즘 매출이 늘어서 콧노래가 절로 나옵니다. 고객에게 보답하는 마음으로 이벤트를 진행하려고 하는데요. 영화 예매권을 총 200장 준비했습니다. 어떻게 하면 여러 고객에게 골고루 나누어 주고, 실속도 얻을 수 있을까요? 1인 2매로 100명에게 제공하는 참여형 이벤트를 기획해 주세요.

(← 답장)   (→ 전달)

(선배 기획자의 조언!) 월 10만원 이상 구매 회원에게 영화 예매권 증정 이벤트를 기획해 보는 건 어떨까요? 응모 방법, 기간 등 필수 정보도 생각해야 하지만 가장 중요한 요소는 응모 자격입니다. 이용자가 [응모하기] 버튼을 눌렀을 때 구매 이력을 조회해 10만원 이상 구매자라면 자동으로 응모되도록 설계하고, 10만원 미만인 경우에는 부족한 금액을 안내하며 구매를 촉진하면 좋지 않을까요?

05-4 회원 관리

회원 관리 화면에서는 가입된 회원 정보를 효율적으로 관리하고 활용할 수 있습니다. 회원들의 가입 정보 열람 및 수정, 회원 탈퇴 그리고 회원 가입과 주문 완료 후 회원에게 발송하는 메일, SMS 발송 기능 설계가 필요하며, 이용자가 쇼핑몰을 이용하는 과정에서 발생하는 데이터를 열람하는 설계도 필요합니다. 회원 가입이 있는 사이트의 경우 회원 관리 메뉴는 기본 사항이므로, 이를 응용하면 여러 형태로 설계할 수 있습니다.

1 회원 목록 화면 설계하기

2 회원 정보 상세 화면 설계하기

3 탈퇴 회원 목록 화면 설계하기

4 메일 관리 화면 설계하기

5 SMS 관리 화면 설계하기

6 대량 메일 발송 화면 설계하기

1 회원 목록 화면 설계하기

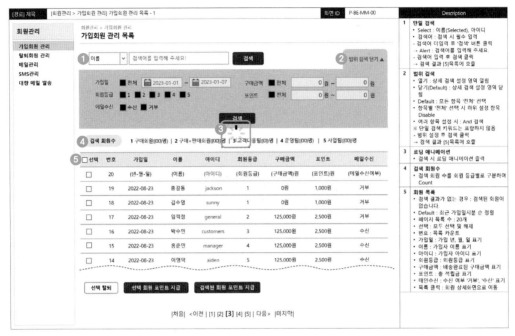

가입 회원 관리 목록 1

1. 운영자는 가입 회원 목록 화면에서 웹 쇼핑몰을 이용하는 모든 계정을 확인할 수 있습니다. 회원 등급 구분값을 이용하면 이용자 계정인지, 운영자 계정인지도 확인할 수 있습니다. 보통 화면 윗쪽에는 특정 회원을 찾는 회원 검색 기능, 화면 아래쪽은 회원 목록을 구성합니다.

2. ❶ 단일 검색은 한 가지 조건만 만족하는 특정 회원을 찾기 위한 기능입니다. 보통은 회원 간 구분이 쉬운 이름, ID, 휴대폰 번호로 구분하지만 라라마켓에서는 가입 시 휴대폰 번호가 필수 입력 조건이 아니므로 이름, ID로 구분하여 회원을 검색할 때 사용합니다.

3. ❷ 범위 검색은 특정 범위에 포함되는 회원을 검색하는 기능입니다. 예를 들어 2023년 1월 가입 고객 중 10만 원 이상 구매 고객에게 특별 적립금을 지급한다면 ❶ 단일 검색으로는 산출하기 어렵습니다. 범위 검색 기능을 설계할 때는 어떤 회원 데이터를 기준으로 검색할 것인지 정책 확정 후 항목을 정의해야 합니다.

4. 검색량이 많아 데이터를 호출하는 데 시간이 오래 걸리면 운영자는 웹 사이트 오류나 인터넷 끊김 현상으로 오해할 수 있습니다. 이때는 검색 중이라는 사실을 알 수 있는 ❸ 로딩 애니메이션이 노출되도록 설계합니다.

5. ❺ 회원 목록은 검색 결괏값을 주로 표기하므로 목록만으로는 전체 회원 수를 알기 어렵습니다. 운영자가 전체 회원 수를 파악하기 쉽도록 회원 등급으로 구분하여 ❹와 같이 설계합니다.

6. 가입 회원 목록은 기본적으로 한 회원에게 쌓이는 데이터 항목 중 회원을 구분할 수 있는 항목, 검색 결과가 올바르게 검색되었는지 확인할 수 있는 항목, 기타 운영에 필요한 항목으로 구성합니다. 회원을 구분할 수 있는 대표적인 항목은 이름, 휴대폰 번호, ID이며, 검색 결과가 올바르게 검색되었는지 확인할 수 있는 항목은 단일 검색, 범위 검색을 설계할 때 사용된 항목입니다. 그리고 가입 회원 관리 화면에 처음 진입하면 검색 결과가 아무 것도 없으므로 별도 목록으로 표기되는 사항을 정의해야 합니다. 회원 가입 목록은 보통 최근 가입한 회원이 목록의 상단에 보일 수 있도록 최근 가입 순 정렬로 설계합니다.

▶ 한 회원에게 쌓이는 데이터는 회원 상세 화면에 노출되는 항목들을 확인해 보세요.

가입 회원 관리 목록 2

7. 검색 결과로 산출된 회원을 대상으로 특정 정보를 일괄 적용할 수 있습니다. 여기서는 ❶ 탈퇴, ❷, ❸ 포인트 지급 기능을 설계하였습니다. 기능은 필요에 따라 얼마든지 수정, 추가할 수 있습니다. 예를 들면 검색된 회원에게 일괄 SMS 또는 이메일을 보내거나 회원 등급을 변경하는 기능을 설계할 수 있습니다.

8. ❷❷ [선택 회원 포인트 지급] 버튼을 누르면 ❹ 포인트 지급 팝업이 나타나 선택된 회원에게 포인트를 일괄 지급할 수 있습니다. 이와 유사한 기능으로 ❸ [검색된 회원 포인트 지급] 버튼은 검색 결과에서 별도로 체크하지 않아도 검색된 회원 전체에게 포인트를 지급하는 기능입니다. 검색 결과가 많아 모두 체크할 수 없거나 상세 검색 기능으로 원하는 범위의 회원을 정확히 검색한 경우에 사용합니다.

❷ 회원 정보 상세 화면 설계하기

1. 회원 정보 상세 화면은 이용자가 직접 작성한 개인정보와 이용자가 웹 쇼핑몰을 이용하며 생성되는 정보 등 이용자를 관리할 수 있는 항목들로 구성합니다. 필요에 따라 해당 이용자가 작성한 커뮤니티 글, 리뷰, 1:1 문의 등을 항목으로 구성하고 상세 화면을 연결할 수 있습니다.

2. 운영자는 기본적으로 ❶ 이용자가 작성한 가입 정보(이름, 아이디, 비밀번호, 이메일, 휴대폰 번호, 주소 등)는 수정할 수 없고 열람만 할 수 있습니다. 과거에는 개인정보가 중요하게 다루어지지 않았고 이용자가 가입 정보를 수정하기 매우 불편한 구조였기 때문에 이용자가 고객센터에 전화하여 운영자에게 휴대폰 번호나 비밀번호 변경을 요청했습니다. 하지만 개인정보 관리의 중요성이 점차 부각되며 운영자 역시 고객의 개인정보 접근이 제한되므로 되도록이면 이용자가 직접 수정하는 형태로 발전했습니다.

3. 비밀번호 역시 운영자가 알 수 없도록 암호화하여 저장하고 수정할 수 없도록 설계되어야 합니다. 암호화된 비밀번호를 노출할 수는 있지만 운영자가 암호화된 비밀번호를 복호화된 형태로 아는 방법은 없으므로 ❶ 가입 정보 항목에서는 비밀번호 항목을 설계하지 않도록 합니다.

4. 이용자가 가입 시 동의한 내역(이용 약관, 개인정보 처리 방침 등)을 확인할 수 있도록 ❷와 같이 설계합니다. 약관별 동의 내역과 동의한 일시 값을 노출하는데, 이용 약관이나 개인정보 처리 방침과 같은 필수 약관은 동의하지 않으면 가입 자체를 할 수 없기 때문에 이 두 항목은 무조건 동의로 표기됩니다. 선택 동의 사항인 마케팅 정보 제공 동의 사항은 동의 또는 미동의로 이용자가 선택한 사항에 따라 표기되도록 합니다. 마케팅 정보 제공 동의 사항은 이용자가 [마이 페이지 > 개인정보]에서 자유롭게 수정할 수 있으므로 최종 수정한 시점으로 갱신되도록 설계해야 합니다. 최근 수정된 날짜가 반영되어야 관련 법에 맞는 사이트 운영을 할 수 있기 때문입니다.

5. ❸ 이용 정보는 이용자가 쇼핑몰을 이용하면 기록되는 정보입니다. 물론 수집할 정보에 따라 별도 개발이 필요하고, 운영자는 이러한 정보를 운영 및 마케팅에 활용할 수 있습니다. 가입한 시점을 분석하여 장/단기 이용 고객에 알맞은 혜택을 주거나, 구매 금액대를 나누어 맞춤 이벤트를 진행할 수도 있습니다. 상세한 내역은 연결 팝업에서 볼 수 있도록 설계합니다. 회원 등급은 운영자가 등급을 상향 조정해야 관리자 화면에 접속할 수 있습니다. 따라서 회원 등급 변경 기능도 설계합니다.

> ▶ 회원 등급은 [기본 정책 관리 > 관리자 메뉴 접근 권한]에서 설정된 내용을 호출하여 사용합니다. 관련된 내용은 [5 관리자 화면 설계 > 05-8 기본 정책 관리]의 내용을 참고해 주세요.

구분	등급	계정 이름	이용자 화면 접근	관리자 화면 메뉴 접근 권한			
				회원 관리	상품 관리	게시판 관리	배너 관리
이용자	1	구매 회원	O	X	X	X	X
	2	구매+판매 회원	O	X	X	X	X
관리자	3	고객 관리	O	O	X	O	X
	4	운영 관리	O	X	O	X	O
	5	사업 관리	O	O	O	O	O

라라마켓 회원 관리 등급 예시

홍길동(person) 로그인 기록

23. 2022-08-23 11:30:20
22. 2022-08-22 18:30:20
21. 2022-08-21 16:30:20
20. 2022-08-20 17:30:20
19. 2022-08-19 11:30:20
18. 2022-08-18 11:30:20
17. 2022-08-17 12:30:20
16. 2022-08-17 11:30:20
15. 2022-08-15 17:30:20

총 로그인 **57**회

❸❸ [로그인 기록] 버튼 클릭 시 노출되는 로그인 팝업 예시

{이용자명}({이용자ID}) 구매 내역

번호	주문일	주문 상품	결제 금액
5	2022-08-23	실크 브라우스 외 1건	115,000원
4	2022-08-22	실크 브라우스 외 1건	115,000원
3	2022-08-21	실크 브라우스 외 1건	115,000원
2	2022-08-20	실크 브라우스 외 1건	115,000원
1	2022-08-19	실크 브라우스 외 1건	115,000원

총 결제 금액 **575,000원**

❸❺ [구매 내역] 버튼 클릭 시 노출되는 로그인 팝업 예시

6. 운영자는 여러 고객의 이용 내역 팝업을 띄운 채 업무를 진행하므로 팝업 타이틀에 이용자명과 이용자ID가 호출되도록 설계하면 어느 이용자 정보인지 헷갈리지 않습니다.

❸❻ [포인트 적립 내역] 버튼 클릭 시 노출되는 팝업도 ❸❸, ❸❺ 팝업을 참고하여 설계해 보세요.

❸ 탈퇴 회원 목록 화면 설계하기

1. 이용자에게 개인정보 보관 기간에 대한 별도 동의를 얻은 경우 개인정보 보호법 제18조, 제19조, 제21조에 의거 일부 개인정보를 탈퇴 후에도 보관할 수 있습니다. 주로 탈퇴한 회원의 문의 대응, 부정 이용 방지, 수사 기관 협조 등의 이유로 보관됩니다. 이때 개인정보가 파기되는 기간이 정해져 있어야 합니다.

따라서 사이트 구축 초기부터 어떤 정보를 탈퇴 후에도 기록할 것인지 정책으로 관리하여 관리자 화면 설계 시 참고해야 합니다.

제18조(개인정보의 목적 외 이용·제공 제한)

개인정보 보호법
[시행 2020. 8. 5.] [법률 제16930호, 2020. 2. 4., 일부개정]

제19조(개인정보를 제공받은 자의 이용·제공 제한) 개인정보처리자로부터 개인정보를 제공받은 자는 다음 각 호의 어느 하나에 해당하는 경우를 제외하고는 개인정보를 제공받은 목적 외의 용도로 이용하거나 이를 제3자에게 제공하여서는 아니 된다.
    1. 정보주체로부터 별도의 동의를 받은 경우
    2. 다른 법률에 특별한 규정이 있는 경우

제19조(개인정보를 제공받은 자의 이용·제공 제한)

개인정보 보호법
[시행 2020. 8. 5.] [법률 제16930호, 2020. 2. 4., 일부개정]

제21조(개인정보의 파기) ① 개인정보처리자는 보유기간의 경과, 개인정보의 처리 목적 달성 등 그 개인정보가 불필요하게 되었을 때에는 지체 없이 그 개인정보를 파기하여야 한다. 다만, 다른 법령에 따라 보존하여야 하는 경우에는 그러하지 아니하다.
  ② 개인정보처리자가 제1항에 따라 개인정보를 파기할 때에는 복구 또는 재생되지 아니하도록 조치하여야 한다.
  ③ 개인정보처리자가 제1항 단서에 따라 개인정보를 파기하지 아니하고 보존하여야 하는 경우에는 해당 개인정보 또는 개인정보파일을 다른 개인정보와 분리하여서 저장·관리하여야 한다.
  ④ 개인정보의 파기방법 및 절차 등에 필요한 사항은 <u>대통령령</u>으로 정한다.

제21조(개인정보의 파기)

2. 탈퇴 회원을 대상으로는 이메일이나 문자를 발송하는 마케팅 활동을 하지 않으며, 보관하는 기록도 한정적이므로 ❶ 검색 기능은 이름, 아이디 등 최소한의 범위로 설계합니다.

3. 보관해야 하는 최소한의 개인정보를 ❺처럼 머리 행으로 구성합니다. 특히 일정 기간이 지나면 모든 정보가 삭제될 수 있도록 D-day 기능을 설계하고 삭제 예정일을 표기하는 것이 중요합니다. 탈퇴 회원 정보는 최소한의 정보만을 기록하므로 상세 화면 없이 목록만으로 정보를 열람할 수 있도록 설계합니다.

▶ [로그인 기록] 버튼을 클릭하면 노출되는 팝업은 [05-4 회원 관리 〉 ❷ 회원 정보 상세 화면 설계하기 〉 로그인 기록 팝업]의 내용을 참고해 주세요.

4. 가입, 탈퇴 테스트를 하는 등 필요에 따라 D-day와 상관없이 탈퇴 회원 정보를 삭제할 수 있는 ❸ 선택 삭제 기능도 설계합니다.

4 메일 관리 화면 설계하기

메일 관리 목록 화면

1. 회원 가입 완료, 상품 주문 완료 등 이용 시점에 맞게 운영자가 일일이 수동으로 안내 메일을 발송하기에는 업무량이 너무 많습니다. 따라서 일정한 메일 폼을 정하고 해당 폼에 이용자 정보를 호출하여 자동으로 메일을 발송하도록 설계할 수 있습니다.

2. 시점마다 발송되는 메일을 ❶과 같은 목록으로 구성합니다. 목록은 메일 분류, 메일 제목 등 운영자가 메일 내용을 구분할 수 있는 항목과 수신 대상, 자동 발송 여부 등 메일 설정 상태를 확인할 수 있는 항목으로 구성합니다.

3. 새로운 시점에 메일을 발송할 수 있도록 ❷ [신규 메일 등록] 버튼을 설계해 메일 발송 시점을 추가할 수 있습니다. 다만 운영자가 메일 발송 시점까지 지정하는 기능을 관리자 화면에서 구현하기에는 다소 무리가 있습니다. 따라서 운영자가 새로운 시점에 발송될 메일을 등록해 두면 개발자가 해당 시점에 이를 발송하는 추가 개발 작업이 필요합니다.

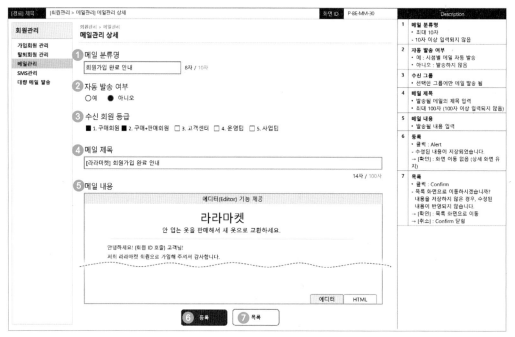

메일 관리 상세 화면

4. 목록 화면의 항목을 설정하는 기능과 메일 작성 폼을 상세 화면으로 설계합니다.

5. 메일은 운영자가 상황에 맞춰 제어할 수 있도록 ❷ 자동 발송 여부 기능도 설계하는 것이 좋습니다. 운영 상황에 따라 필요 이상으로 발송되거나 내용이 개선되어야 하는 사항은 발송을 중지하고 내용 수정 후에 다시 발송될 수 있도록 설정합니다.

6. 메일 발송도 관리자 화면에서 설정한 등급별로 ❸과 같이 발송 여부를 선택할 수 있습니다. 이용자도 이용에 따라 메일을 받지만, 운영자도 업무에 따라 메일을 받을 수 있습니다. 예를 들어 운영자는 매일 주문 접수 사항을 실시간으로 모니터링하므로 주문 접수 메일이 불필요할 수 있습니다. 하지만 1:1 문의는 빈도가 낮아 실시간 모니터링이 어려우므로 관련 메일을 발송하면 마치 알림처럼 작용하여 1:1 문의에 지체 없이 응대할 수 있습니다.

7. 메일 작성 폼에 에디터 기능이 있으면 운영자가 간단한 메일 내용을 직접 편집할 수 있습니다. 메일 본문에 데이터를 호출하는 부분이 있거나 이미지로 디자인된 메일이라면 웹 디자이너나 퍼블리셔, 개발자에게 작업을 요청할 수도 있습니다. 제작된 내용은 메일 작성 폼의 HTML 편집 에디터 기능을 활용해 등록할 수 있습니다.

⑤ SMS 관리 화면 설계하기

메일 관리 목록을 참고해 목록을 설계합니다.

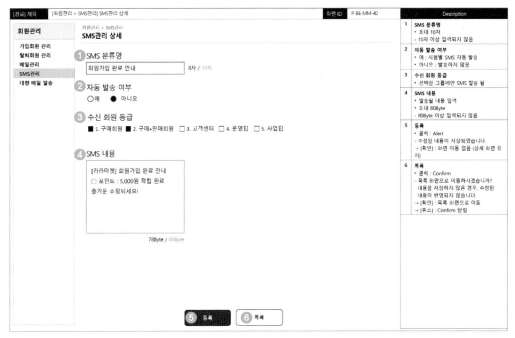

휴대폰 번호로 발송, 제목 불필요, 발송 내용이 80Byte로 제한된다는 점을 참고해 설계해 보세요.

⑥ 대량 메일 발송 화면 설계하기

대량 메일 발송(수신 대상 설정)

1. 대량 메일 발송은 특정 시점마다 회원별로 발송되는 메일 자동 발송 기능과는 달리, 운영자가 회원들에게 공지할 사항이 있는 경우 일괄 메일을 발송하는 기능입니다. 보통은 외부 업체의 대량 메일 발송 서비스를 신청하여 API를 연동해 개발하며, 약관 개정, 상품 홍보, 서버 점검 안내 등 여러 소식을 전체 회원에게 공지할 수 있습니다. 화면에 담는 내용이 많으므로 단계를 구분해 발송 프로세스를 설계하는 것도 좋은 방법입니다. 여기서는 수신 대상 설정, 발송 내용 작성, 발송 완료의 세 단계로 구분했습니다.

2. 대량 발송 메일에서 가장 중요한 것은 메일을 발송할 대상을 설정하는 ③ 회원 검색 기능입니다. 가입일을 기준으로 신규 회원에게만 이벤트 안내 메일을 발송하거나 일정 금액 이상 포인트를 보유한 회원을 검색해 포인트 사용 촉진 메일을 발송할 수 있습니다. 그리고 메일 수신, 거부 선택에 따라 수신 회원에게만 마케팅 메시지를 발송하거나 수신, 거부 선택 여부와 상관없이 약관 변경 안내, 서버 점검 안내 등의 내용도 발송할 수 있습니다. 회원의 모든 조건에 맞는 검색 기능을 만드는 것은 시간도 오래 걸리고 개발 대비 효율성도 떨어집니다. 그래서 어떤 메일을 어떤 대상으로 보내는지 미리 샘플링하여 꼭 필요한 검색 기능만

을 위한 기본 구조를 만들어야 합니다. 그리고 사이트를 운영하며 추가로 필요한 검색 기능은 차차 개발하는 것이 효과적입니다.

대량 메일 발송(발송 내용 작성)

3. 발송 메일 내용을 작성하는 화면입니다. 수신 대상 설정에서 선택된 회원 수를 재확인할 수 있도록 ❶과 같이 표기합니다. ❷는 보내는 사람의 메일 주소입니다. 주로 웹 쇼핑몰(회사) 대표 메일을 사용하며, [관리자 〉 기본 정책 관리 〉 기본 정보 설정]에 등록된 메일을 호출하도록 합니다.

4. 많은 회원에게 발송되므로 테스트 발송은 필수입니다. ❸, ❻과 같이 본 메일 발송 전 운영자 메일로 테스트하여 메일 내용에 이상이 없는지, 연결한 링크에는 문제가 없는지 반드시 확인해야 합니다.

5. ❼ 발송 시에는 필수 입력 항목에 누락된 사항은 없는지 체크하는 로직을 만들고, 이상이 없으면 메일이 정상적으로 발송되도록 설계합니다.

◐ 메일 제목과 내용 작성 관련 설명은 [05-4 회원 관리 〉 ❹ 메일 관리 화면 설계하기] 내용을 참고해 주세요.

회원관리

가입회원 관리
탈퇴회원 관리
메일관리
SMS관리
대량 메일 발송

회원관리 > 대량 메일 발송
대량 메일 발송

수신 대상 설정 ▶ 발송 내용 작성 ▶ **발송완료**

❶ 발송 결과

총 발송 1,835건 | 성공 1,500건 | 실패 335건

❷ 발송 목록

번호	이름	아이디	발송 성공 여부
50	(이름)	(아이디)	(성공 여부)
49	홍길동	jackson	실패
48	김수영	sunny	실패
47	임석정	general	실패
46	박수민	customers	실패
45	홍준민	manager	성공
44	이영녁	aiden	성공
43	이근영	alayna	성공

❸ 추가 발송하기

1. **발송 결과**
   • 총 발송건 : 발송된 총 건수 표기
   • 성공 : 발송 성공한 건수 표기
   • 실패 : 발송 실패한 건수 표기

2. **발송 목록**
   - 발송 목록 나열
   - 발송 성공 여부
   → 성공 : 정상 발송이 된 경우
   → 실패 : 존재하지 않는 메일 주소로 발송
   실패한 경우

3. **추가 발송하기 버튼**
   • 수신 대상 설정 화면으로 이동

대량 메일 발송(발송 완료)

6. 대량 메일이 정상 발송되었는지도 확인할 수 있어야 합니다. 성공률이 저조하면 공지 게시글 등록, 메인 화면에 팝업 창 노출, SMS 발송 등 소식을 전할 다른 방법을 계획해야 하기 때문입니다. 성공 건과 실패 건을 구분해 건수를 알 수 있도록 ❶과 같이 발송 결과 내역을 표기합니다. 발송이 실패된 건 대부분은 존재하지 않는 메일 주소입니다. 회원 가입 시 올바른 메일 주소를 입력하지 않았거나 쇼핑몰 가입 후 메일 계정을 삭제한 경우입니다. 유효한 메일 주소를 수집하려면 회원 가입 시 메일 인증 기능을 도입하면 보다 정확한 메일 주소를 이용자로부터 수집할 수 있습니다. 메일 인증은 이용자가 회원 가입 시 작성한 메일로 발송한 인증번호를 회원 가입 화면에 입력해 일치 여부를 확인하는 방식입니다.

7. ❷ 발송 목록에는 회원별로 발송 성공 여부를 알 수 있는 항목을 만듭니다. 필요에 따라 발송 성공 여부 오른쪽에 발송 실패 사유 항목과 [실패 사유] 버튼을 만들어, 대량 메일 발송 서비스에서 API로 회신된 발송 실패 사유를 팝업을 통해 볼 수 있도록 설계할 수 있습니다.

비상! 퇴근 전 의뢰인의 메일

전 고객에게 라라마켓 소식지를 발송해 주세요.

 세바스찬 ceo@lalamarket.co.kr   ☆ ↩ ⋮
나에게 ⌄

기획자님, 안녕하세요!

요즘 회원이 많이 늘었습니다. 최근 회원들의 요청 사항을 보면 우리 쇼핑몰에서 진행하는 이벤트나 할인 정보를 소식지로 받아보고 싶다는 의견이 꽤 있습니다. 월 1회씩 발송해 볼 계획인데, 만들기도 쉽고 읽기도 쉬운 메일 발송 시스템을 기획해 주세요. 그리고 언제 발송했는지 이력을 볼 수 있는 화면도 있으면 좋겠습니다.

(↩ 답장) (→ 전달)

선배 기획자의 조언!

대량 메일 발송에서 배운 내용을 응용해서 화면을 기획해 볼 수 있습니다. 이벤트는 이벤트 기간을 산정하고 계획합니다. 따라서 이벤트 시작일에 맞추어 메일이 발송될 수 있도록 발송 예약 기능이 있으면 어떨까요? 그리고 광고성 메일을 발송하는 것이므로 꼭 마케팅 정보 제공에 동의한 회원에게만 발송할 수 있다는 점을 유의해야 합니다. 그리고 메일 발송 이력은 어떤 메일을 언제 발송했는지, 수신 대상은 몇 명인지 등을 알 수 있도록 목록을 구성하고, 상세 내용으로 발송된 내용을 보여주는 방식으로 구성하면 어떨까요?

05-5 메인 상품 및 배너 관리

웹 쇼핑몰 메인 화면의 대부분은 상품과 홍보용 배너로 구성됩니다. 시즌에 맞는 상품 DP, 월 주기로 진행되는 이벤트 등 메인 화면을 구성하는 콘텐츠는 구매 전환율을 높이기 위해 시시때때로 다채로운 변화를 시도합니다. 그런데 메인 화면에 변경 사항이 있을 때마다 퍼블리싱과 개발 수정을 진행하는 일은 매우 비효율적입니다. 따라서 관리자 화면에 메인 상품과 배너를 관리하는 기능이 필요합니다. 본 실습에서는 가장 기본적인 내용만을 다루니 이를 응용해 실무에 다양하게 적용해 보세요.

1 메인 상품 관리 화면 설계하기
2 배너 관리 화면 설계하기

1 메인 상품 관리 화면 설계하기

라라 Pick 코디 1(서브 메뉴, 영역 노출 여부, 영역 타이틀)

1. 운영자가 메인 화면의 상품 위치를 직관적으로 확인할 수 있도록 이용자 메인 화면의 구역을 나누어 ❶ 서브 메뉴를 구성합니다. 보통 이용자 화면 정의서를 먼저 작성하므로, 이용자 메인 화면에 설계된 영역을 토대로 관리할 영역을 설계해야 합니다. 여기서는 메인 화면의 열 단위로 구성된 콘텐츠를 구분해 타이틀 명으로 서브 메뉴를 구성했습니다. 따라서 ❸ 영역 타이틀을 수정하면 ❶ 서브 메뉴와 ⑴ 화면 경로 및 화면 타이틀도 변경되도록 설계합니다.

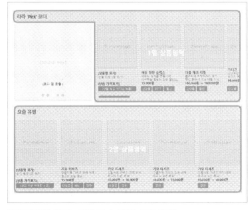

이용자 메인 화면 - 라라 Pick 코디, 요즘 유행   이용자 메인 화면 - 오픈 숍 품질 굿 상품

▶ 오픈 숍에서 상품을 호출하는 오픈 숍 품질 굿 상품, 오픈 숍 BEST 조회 상품 영역 관리 화면도 실습해 보세요.

2. 이용자 화면의 상품 진열 영역을 숨길 수 있도록 ❷와 같이 설계합니다. 이용자 메인 화면에 노출되는 상품을 축소하여 주목할 수 있는 몇 가지 상품만으로 메인 화면을 구성할 경우, 상품이 아직 준비되지 않았을 때 해당 영역을 임시로 숨겨두고 상품 준비가 완료되면 다시 진열하는 경우 등에 사용합니다.

3. ❸ 타이틀 문구는 진열하는 상품에 따라 다양하게 설정할 수 있도록 합니다. 현재는 스타일 숍 신상품으로 되어 있지만, 운영 상황에 따라 스타일 숍 베스트, 스타일 숍 MD 추천 등으로 변경하고 타이틀에 맞는 상품을 ❹ 진열 상품 선택을 통해 설정할 수 있습니다.

라라 Pick 코디 2(진열 상품 선택)

4. 메인 화면에 상품을 등록하는 방법은 두 가지가 있습니다. 미리 특정한 조건으로 프로그래밍한 상품 정보를 자동으로 호출하는 ❶, ❷ 방법이나 관리자가 직접 메인에 노출할 상품을 지정하는 ❸ 방법입니다.

5. ❶, ❷ 기능을 설계할 때는 어떤 조건으로 상품을 필터링하여 진열할 것인지 명확하게 정의되어야 합니다. 예를 들어 ❶ 최근 등록된 10개 상품은 [스타일 숍 〉 등록일 기준 〉 최근 등록된 상품 10개], ❷ 최근 7일간 조회수 상위 10개는 [스타일 숍 〉 오늘 날짜 기준 〉 과거 7일 간의 클릭 수 〉 7일 간의 클릭 수 높은 상품 10개]와 같은 방식으로 정의할 수 있습니다. 이 밖에도 찜하기 수가 많은 상품, 리뷰가 많은 상품 등 여러 방안이 있습니다.

6. ❸ 상품 직접 선택의 경우는 프로그램에 의해 산출하기 어려운 조건의 상품을 진열하는 경우 사용할 수 있습니다. 예를 들어 신상품은 아니지만 품질 대비 저렴한 가격인데 홍보가 부족하여 판매가 미진한 상품이 있다고 가정해 봅시다. 프로그램으로 이와 같은 조건을 필터링해 산출하기는 어렵습니다. 어떤 기준으로 상품의 품질 대비 가격이 저렴한지, 판매가 미진한 것인지 구분할 수 있는 데이터가 없기 때문입니다. 이런 경우에는 라라마켓 MD 추천이라는 타이틀로 설정하고 MD가 해당 상품을 직접 검색해 진열할 수 있습니다.

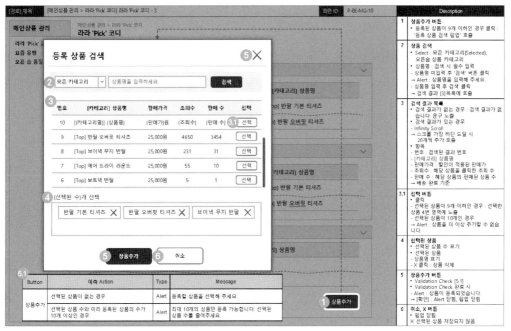

라라 Pick 코디 3(등록 상품 검색 팝업)

7. [진열 상품 선택 〉 상품 직접 선택]의 ❶ [상품 추가] 버튼을 클릭하면 노출되는 팝업입니다. 검색 기능은 ❷와 같이 상품 카테고리 정보를 기반으로 범위를 좁혀 검색 결과를 신속하게 얻을 수 있도록 설계합니다. 운영자는 상품명을 비교적 정확히 알고 있으므로 상품명이나 상품 코드로만 검색하도록 설계해 개발 리소스를 줄일 수 있도록 합니다.

8. [검색] 버튼을 눌러 검색 결과가 ❸ 목록에 나타나면 이용자 메인 화면에 등록할 상품을 선택합니다. 선택된 상품은 ❹ 선택된 개수 영역에 표기되도록 합니다.

9. ❹ 선택된 상품 영역은 여러 상품을 한 번에 등록하기 위해서입니다. 검색 한 번에 1개의 상품만 선택해 등록하는 구조라면 10개의 상품은 10번 등록해야 합니다. 이런 불편을 줄이기 위해 선택한 상품을 ❹ 영역에 표기해 두었다가 ❺ [상품 추가] 버튼을 누르면 한 번에 등록할 수 있는 구조가 필요합니다.

10. ❺ [상품 추가] 버튼을 누르면 ❹ 선택된 상품들이 본문 상품 직접 선택 영역에 등록됩니다. 상품 추가 시 체크해야 할 사항은 이용자 메인 화면에 등록할 수 있는 최대 상품 수가 초과되었는지입니다. 기존에 등록된 상품 수와 현재 추가하려는 상품의 수를 합하여 최대 노출할 수 있는 상품 수(10개)를 넘지 않도록 설계합니다.

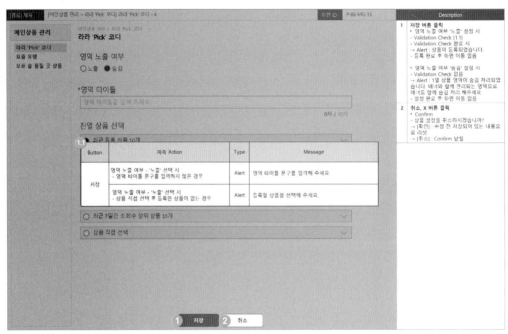

라라 Pick 코디 4(저장, 취소 버튼)

11. ❶ [저장] 버튼의 타당성 검증 설계 시 유의할 사항은 영역 노출 여부를 노출로 설정한 상태에서만 타이틀 문구 입력 여부를 체크하는 것입니다. 숨김 상태로 설정하면 이용자 메인 화면에 영역이 노출되지 않기 때문에 타이틀 문구가 꼭 필요하지 않습니다. 진열 상품 선택 역시 필수 선택 사항이기는 하지만 기본값으로 첫 번째 항목(스타일 숍의 최근 등록된 10개 상품)이 선택되도록 설계했으므로 타당성 검증에서 제외해도 됩니다.

메인 화면에 상품을 호출하는 두 가지 방법의 장단점

구분	자동으로 호출하는 경우	운영자가 직접 지정하는 경우
장점	• 운영자가 신경 쓰지 않아도 최신 상품, 인기 상품 등이 자동 업데이트되므로 운영하기 편리합니다. • 메인 화면이 자주 업데이트되어 계속 새로운 상품을 이용자에게 보여 줄 수 있습니다.	• 원하는 상품을 원하는 시기에 노출할 수 있으므로 유연하게 운영할 수 있습니다. • 20대 핫 트렌드, 봄에 입으면 좋은 옷 등 맞춤 주제로 상품을 선별하여 노출할 수 있습니다.
단점	• 프로그램에 의해 산출되는 상품이므로 원하는 상품을 메인에 노출하기 어렵습니다. ⑩ 상품을 최신 순으로 노출하기 위해 등록된 상품을 삭제하고 다시 등록하는 경우	• 메인 상품을 지속적으로 관리하는 번거로움이 있습니다.

❷ 배너 관리 화면 설계하기

1. 배너 관리는 이용자 화면에 있는 모든 배너를 관리하는 메뉴입니다. 이용자 화면에서는 배너가 여러 화면에 흩어져 있기 때문에 배너가 있는 화면을 기준으로 ❶과 같이 서브 메뉴 명으로 구성한 다음 각 서브 메뉴별로 배너를 관리하는 화면을 설계합니다. 한 화면에 배너가 여러 개 있는 경우에는 ❷와 같이 탭 메뉴로 구분해 관리합니다.

2. ❸ 노출 방식은 1개만 선택할 수 있도록 라디오 버튼으로 설계합니다. 그리고 배너 이미지가 1개만 등록된 경우에는 슬라이드 기능이나 랜덤 기능이 적용되지 않도록 정의합니다.

슬라이드	슬라이드 형태로 한 영역에서 3개의 배너가 순차적으로 플레이되도록 구현됩니다.
랜덤	페이지에 새로 접속할 때마다 한 자리에 3개 배너 중 1개의 배너가 랜덤으로 노출됩니다.

배너 노출 방식

3. 배너를 추가할 수 있도록 ❺ [배너 추가] 버튼을 설계합니다. 버튼을 클릭하면 ❺.❶과 같이 새로운 배너를 등록할 수 있는 배너 등록 폼이 나타나도록 설계합니다.

배너 이미지	PC에서 배너 이미지 파일을 업로드할 수 있도록 합니다.
링크 주소	배너를 클릭할 때 연결되는 주소(URL)와 연결 방식을 설정합니다.
대체 텍스트	배너의 내용을 문장으로 풀어 작성합니다. 시각 장애인은 화면을 읽어 주는 프로그램을 통해 웹 사이트의 화면을 이해합니다. 따라서 배너 내용을 이해할 수 있는 텍스트를 작성합니다.

배너 등록 정보

▶ 이벤트 배너는 이벤트 기간 동안만 노출될 수 있도록 배너 노출/종료 예약 기능을 추가 기획할 수 있습니다.

비상! 퇴근 전 의뢰인의 메일

메인에 띄울 수 있는 팝업 노출 기능을 추가해 주세요.

세바스찬 ceo@lalamarket.co.kr
나에게 ∨

☆ ← ⋮

기획자님, 안녕하세요!

공지사항 조회수가 너무 저조합니다. 다가올 추석 연휴에는 배송이 일시 중단된다는 중요한 공지사항도 있는데 말입니다. 아무래도 중요한 공지사항은 이용자가 조금 불편을 겪더라도 메인 화면에 띄워서 알리는 것이 좋겠습니다. 메인 화면에 팝업 생성 기능을 추가해 주세요.

← 답장   → 전달

선배 기획자의 조언!

메인 화면에 띄우는 팝업은 기본적으로 크기, 배경 이미지, 문구, 연결할 링크를 설정하는 항목들이 필요합니다. 그리고 창을 닫거나 띄우지 않는 기능(오늘은 보지 않기, 7일간 보지 않기), 노출 기간을 설정하는 기능도 고려해야 합니다. 배너 관리 기능을 응용하여 설계해 보세요.

05-6 상품 관리

운영자는 스타일 숍에 상품을 등록하고, 스타일 숍과 오픈 숍에 진열된 상품을 관리합니다. 등록된 상품의 진열 상태를 바꾸거나 옵션을 수정하고, 상품을 분류하는 카테고리를 변경할 수 있습니다. 우리는 이미 [이용자 화면 〉 오픈 숍 〉 상품 등록] 화면을 설계했습니다. 스타일 숍 역시 입력하고 선택하는 항목만 다를 뿐 이용자 화면의 오픈 숍 상품 등록 원리는 같습니다. 스타일 숍 [상품 소개] 화면을 펼쳐 놓고 직접 실습해 보는 건 어떨까요?

1 스타일 숍 — 상품 등록 화면 설계하기
2 스타일 숍 — 상품 목록 화면 설계하기
3 스타일 숍 — 상품 카테고리 관리 화면 설계하기

1 스타일 숍 — 상품 등록 화면 설계하기

상품 등록 1(카테고리, 상품명, 판매 가격, 정상 가격, 적립 포인트, 배송비)

1. 운영자가 스타일 숍에 상품을 등록하는 화면입니다. 앞서 설계한 스타일 숍의 [상품 소개] 화면과 비교하며 작성하는 것이 좋습니다. 먼저 등록할 상품의 카테고리를 선택하고 제목을 입력할 수 있도록 ❶, ❷를 설계합니다. 상품 카테고리는 [카테고리 관리 > 스타일 숍 카테고리 관리] 화면에서 설정한 카테고리가 호출될 수 있도록 합니다.

2. ❸ 판매 가격은 ❹ 정상 가격에서 할인 등이 적용돼 실제 이용자가 결제하는 가격입니다. 정상 가격은 선택 입력 항목이므로 별도 표기할 필요가 없다면 공란으로 둡니다.

3. ❺ 포인트 적립 방법은 아래와 같이 세 가지로 생각할 수 있습니다.

기본 포인트 적용	기본적으로 선택하는 적용 방식이며, 정책으로 설정한 포인트 지급 방식을 적용합니다. 포인트 지급 정책은 [기본 정책 관리 > 정책 관리] 화면에서 설정할 수 있습니다.
별도 포인트 적용	상품별로 적립할 포인트를 직접 설정합니다. 상품 판매 가격을 기준으로 %로 계산하거나 직접 지급할 포인트를 금액 단위로 입력하는 방식으로 설계할 수 있습니다.
포인트 없음	상품 할인 혜택이 커 포인트를 지급하지 않는 경우입니다. 이용자 화면에서는 포인트 항목이 보이지 않도록 설계합니다. 별도 포인트 적용에서 0% 또는 0원으로 입력할 수도 있지만, 굳이 적립금 0원으로 이용자 화면에 노출할 이유는 없습니다.

4. ⑥ 배송비가 적용되는 원리도 ⑤ 포인트 적립 방법과 같이 세 가지 방법을 디스크립션에 정의합니다.

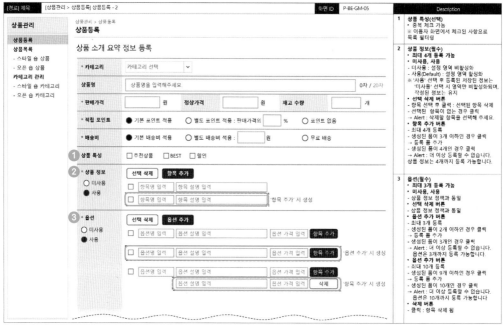

상품 등록 2(상품 특성, 상품 정보, 옵션)

5. ❶ 상품 특성은 상품의 판매 조건, 마케팅 조건을 선택하는 것입니다. 신상품만 구매하는 회원, 다른 회원이 많이 구매한 상품을 구매하는 회원, 할인 상품만 구매하는 회원 등 회원들의 소비 성향에 맞추어 상품 특성을 표기하면 이용자 화면의 스타일 숍 목록 화면에서 필터링 기능에 사용됩니다. 상품 특성은 중복으로 선택할 수 있습니다.

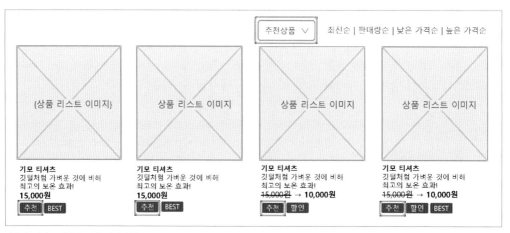

상품 특성별로 상품 목록을 필터링할 수 있습니다.

6. 원산지, 제조사, 원단 등 구매자가 알아야 할 ❷ 상품 정보를 등록할 수 있도록 설계합니다. 주로 상품 소개 화면의 위쪽에 위치하여 상품 정보를 이용자에게 전달합니다. 여기서는 상품 소개 화면의 레이아웃에 제한이 있으므로 등록 개수를 4개로 제한하였습니다.

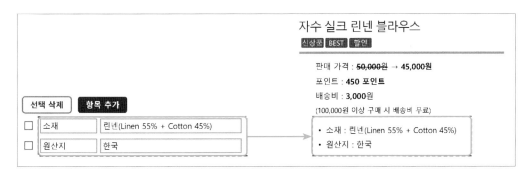

7. ❸ 옵션 항목에는 색상, 사이즈 등 상품의 옵션을 등록할 수 있습니다. 주의할 점은 옵션에 따라 추가 비용을 등록할 수 있도록 설계하는 것입니다. 색상, 사이즈처럼 추가 비용이 없는 경우는 가격을 입력하지 않습니다. 반면, 고급 타입, 추가 구매 등의 옵션이 필요한 상품을 등록할 경우 추가 비용을 입력할 수 있는 기능이 필요합니다. 따라서 추가 비용이 있는 옵션을 선택하면 판매 가격에 추가 비용이 합산되어 적용되도록 설계합니다.

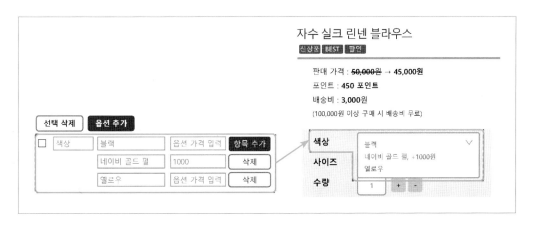

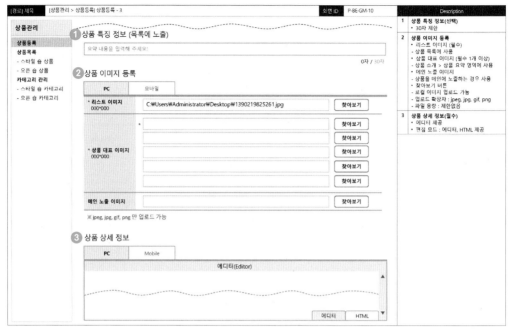

상품 등록 3(상품 특징 정보, 상품 이미지 등록, 상품 상세 정보)

8. ❶ 상품 특징 정보는 상품 목록의 상품명 바로 아래에 노출되는 소개글입니다. 노출되는 공간이 좁기 때문에 글자 수를 30자 이내로 제한합니다.

9. 웹 쇼핑몰의 디자인이 일관성을 가지려면 ❷ 상품 이미지를 일정한 크기로 등록해야 합니다. 상품 이미지 크기는 이용자 화면의 상품 목록, 상품 소개, 메인 화면의 디자인 작업이 완료되어야 정확한 사이즈를 알 수 있으므로 웹 디자이너와 협의하여 권장 사이즈를 결정하는 것이 좋습니다. 상품 목록 이미지를 그대로 노출할 수도 있지만, 화면이 단조로워지는 것을 피하려면 메인 화면의 디자인을 고려하여 메인에 노출할 상품 이미지를 별도로 관리해야 합니다. 메인 화면 영역에 따라 상품별 이미지 크기를 다르게 산정하여 등록할 수 있으므로 이미지 권장 사이즈는 특별히 정해 두지는 않습니다. 모바일 화면을 운영한다면 PC 탭과 모바일 탭으로 나누어 각각의 화면 사이즈에 맞게 이미지를 관리합니다.

10. ❸ 상품 상세 정보는 이용자가 가장 주의 깊게 보는 내용입니다. 이 내용만 기획하는 기획자가 따로 있을 정도로 상품 소개 내용은 매우 중요합니다. 상품 상세 설계 기획자가 먼저 기획한 내용을 토대로 웹 디자이너가 하나의 이미지로 만들어 등록하거나, 운영자가 직접 에디터 기능을 활용해 게시물을 작성하듯이 글과 사진을 등록할 수 있습니다. 마찬가지로 모바일 화면을 운영한다면 PC 탭과 모바일 탭으로 나누어 관리합니다.

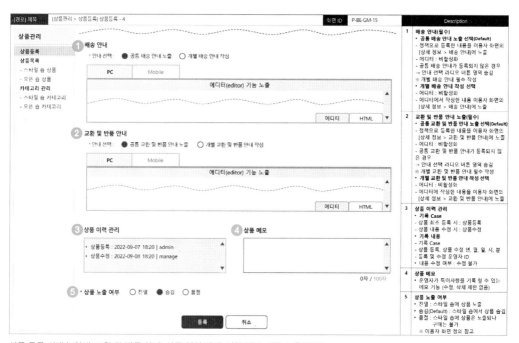

상품 등록 4(배송 안내, 교환 및 반품 안내, 상품 이력 관리, 상품 메모, 상품 노출 여부)

11. ❶ 배송 안내의 공통 배송 안내 노출을 선택하면 [정책 관리] 화면에서 미리 작성한 내용을 노출합니다. 개별 배송 안내 작성을 선택하면 아래 입력 창이 활성화되어 해당 상품에 대해서만 배송 안내를 직접 작성할 수 있습니다. 배송 안내 문구는 상품마다 다른 경우가 거의 없기 때문에 대부분 공통 배송 안내 노출을 많이 사용합니다. 이렇게 하면 배송 안내 정보가 바뀌더라도 상품마다 일일이 변경하지 않고 기본정책 관리 화면에서 한 번에 수정할 수 있는 장점이 있습니다.

12. ❷ 교환 및 반품 안내 문구도 배송 안내와 마찬가지로 정책에서 미리 작성한 내용을 그대로 적용하는 공통 교환 및 반품 안내 노출과 직접 입력하는 개별 교환 및 반품 안내 작성으로 구분하여 설계할 수 있습니다.

13. 상품을 등록했다고 해서 모두 이용자 화면에 진열하기보다는 상품 재고 여부, 이용자의 이용 행태나 상품의 특성을 고려하여 ❺ 상품 노출 여부를 잘 활용하는 것이 좋습니다. 예를 들어, 계절성 상품을 판매한다면 상품을 미리 등록한 후 숨겨 두었다가 해당 계절에만 다시 진열합니다. 만약 이러한 기능이 없다면 상품을 삭제하고 등록하는 번거로운 일을 반복해야 합니다.

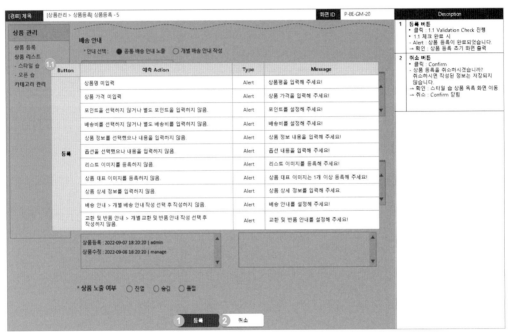

상품 등록 5(등록, 취소 버튼)

14. 정보를 사이트에 등록할 때는 항상 타당성 검증(validation check)을 거칩니다. 필수 등록 여부 및 정보 부족 여부를 판단하는 체크 리스트를 ⓫과 같이 설계합니다. ❶ [등록] 버튼을 누르면 ⓫의 내용이 프로그램에 의해 체크되고, 모든 체크가 완료되면 상품이 등록되고 상품 등록 화면이 초기화됩니다.

② 스타일 숍 — 상품 목록 화면 설계하기

스타일 숍 상품 1(검색, 상품 목록)

1. 상품 검색 역시 ① 단일 검색과 ② 범위 검색으로 나누어 설계합니다. ② 범위 검색은 특정 카테고리의 상품 정보를 일괄 수정하거나, 상품 등록일을 기준으로 월별 등록된 상품 수를 파악하거나, 판매 가격 기준으로 상품의 가격 분포를 확인할 때 사용할 수 있습니다. 예시에는 없지만 무료 배송 상품을 검색해 유료 배송으로 수정할 수도 있으며, 할인 상품을 검색해 할인 종료 작업을 진행할 수도 있습니다.

▶ 검색 기능의 통일성을 갖추기 위해 회원 관리 목록의 검색 기능을 참고해 가면서 설계하세요.

2. ① 단일 검색과 ② 범위 검색 결과를 토대로 ⑤의 상품 목록을 설계합니다. 상품 정보를 수정할 때마다 최초 등록일이 업데이트되면 정렬하는 의미가 없어지므로 최초 등록일과 최근 수정일이 별도로 기록되도록 항목을 설계합니다. 여러 운영자가 상품을 등록할 때는 등록자 ID를 목록으로 설계해 문제가 생기면 등록한 담당자를 찾을 수 있도록 합니다. 상품 수정 화면은 상품 등록 화면 구성과 매우 유사하지만 상품 등록 시 생성되는 상품 등록일, 수정일, 등록 ID 등은 상단에 공간을 만들어 별도로 표기할 수 있도록 설계합니다.

스타일 숍 상품 2(선택 삭제, 선택 진열, 선택 숨김, 선택 품절 버튼)

3. 상품 수정 사항 중 단순한 설정 변경 사항은 목록에 ❶ ~ ❹와 같은 버튼을 두어 일괄 수정되도록 설계할 수 있습니다. 일괄 수정 기능이 있으면 상품 수만큼 반복되는 수정 작업을 클릭 몇 번만으로 해결할 수 있습니다. 실습에 설계된 기능 이외에도 적립되는 포인트나 배송 정보를 일괄 수정할 수 있는 기능도 고려할 수 있습니다. 또한 삭제 기능을 설계할 때는 상품이 삭제되었을 때 이용자 화면의 [마이 페이지 > 스타일 숍 이용 내역], [리뷰], [상품 문의] 등에서도 함께 삭제된다는 것까지 고려해야 합니다.

▶ 스타일 숍 상품 목록의 검색 기능과 상품 목록 구성하는 방법을 참고해 오픈 숍 상품 목록 화면 및 상품 정보 화면을 설계해 보세요.

목록 하단에 공간을 확보해야 한다면 버튼 대신 드롭다운 형태로 설계할 수도 있습니다.

❸ 스타일 숍 ― 상품 카테고리 관리 화면 설계하기

스타일 숍 카테고리 관리 1(카테고리 목록, 1차 카테고리 등록)

1. 스타일 숍에 필요한 상품 카테고리를 생성/수정하는 화면입니다. 여기서 생성/관리되는 상품 카테고리는 이용자 화면과 관리자 화면 곳곳에서 활용됩니다.

▶ 오픈 숍 카테고리 관리도 스타일 숍과 동일하므로 직접 실습해 보세요.

2. ❷⁴ [1차 생성] 버튼을 누르면 신규 카테고리를 등록할 수 있는 ❸ 영역이 세팅됩니다. ❸¹ 카테고리명을 설정하고, 여기에 고유 코드를 부여하고 카테고리 노출 여부를 설정합니다. 고유 코드가 부여되면 카테고리 이름이 서로 중복되더라도 구분할 수 있습니다. 따라서 ❸² 고유 코드를 부여할 때는 [중복 확인] 기능이 필요합니다.

3. 이용자 화면 정의서에서 GNB를 설계할 때 스타일 숍 카테고리와 오픈 숍 카테고리의 노출 여부는 관리자 화면에서 설정한다고 배웠습니다. 따라서 카테고리를 생성할 때 노출 여부를 선택할 수 있도록 ❸³과 같이 설계합니다. 노출을 선택하면 카테고리를 활용하는 화면에서 해당 카테고리가 보여집니다.

4. 이미 생성된 ❷¹ 카테고리명을 클릭하면 ❸ 영역에 생성된 정보가 나타납니다. 여기에서는 카테고리를 생성한 것과 같이 이미 생성된 카테고리 정보를 수정할 수 있습니다.

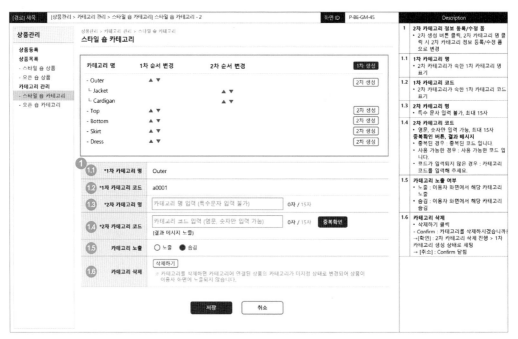

상품관리	상품관리 > 카테고리 관리 > 스타일 숍 카테고리				

스타일 숍 카테고리

상품등록
상품목록
- 스타일 숍 상품
- 오픈 숍 상품
카테고리 관리
- 스타일 숍 카테고리
- 오픈 숍 카테고리

카테고리 명	1차 순서 변경	2차 순서 변경	1차 생성
- Outer	▲ ▼		2차 생성
└ Jacket		▲ ▼	
└ Cardigan		▲ ▼	
- Top	▲ ▼		2차 생성
- Bottom	▲ ▼		2차 생성
- Skirt	▲ ▼		2차 생성
- Dress	▲ ▼		2차 생성

1
1.1 *1차 카테고리 명   Outer
1.2 *1차 카테고리 코드   a0001
1.3 *2차 카테고리 명   카테고리 명 입력 (특수문자 입력 불가)   0자 / 15자
1.4 *2차 카테고리 코드   카테고리 코드 입력 (영문, 숫자만 입력 가능)   0자 / 15자   중복확인
(결과 메시지 노출)
1.5 카테고리 노출   ○ 노출   ● 숨김
1.6 카테고리 삭제   삭제하기
※ 카테고리를 삭제하면 카테고리에 연결된 상품은 카테고리가 미지정 상태로 변경되어 상품이 이용자 화면에 노출되지 않습니다.

저장   취소

Description

1	**2차 카테고리 정보 등록/수정 폼** • 2차 생성 버튼 클릭, 2차 카테고리 명 클릭 시 2차 카테고리 정보 등록/수정 폼으로 변경
1.1	**1차 카테고리 명** • 2차 카테고리가 속한 1차 카테고리 명 표기
1.2	**1차 카테고리 코드** • 2차 카테고리가 속한 1차 카테고리 코드 표기
1.3	**2차 카테고리 명** • 특수 문자 입력 불가, 최대 15자
1.4	**2차 카테고리 코드** • 영문, 숫자만 입력 가능, 최대 15자 **중복확인 버튼, 결과 메시지** • 중복된 경우 : 중복된 코드 입니다. • 사용 가능한 경우 : 사용 가능한 코드 입니다. • 코드가 입력되지 않은 경우 : 카테고리 코드를 입력해 주세요.
1.5	**카테고리 노출 여부** • 노출 : 이용자 화면에서 해당 카테고리 노출 • 숨김 : 이용자 화면에서 해당 카테고리 숨김
1.6	**카테고리 삭제** • 삭제하기 클릭 - Confirm : 카테고리를 삭제하시겠습니까? →[확인] : 2차 카테고리 삭제 진행 > 1차 카테고리 생성 상태로 세팅 → [취소] : Confirm 닫힘

스타일 숍 카테고리 관리 2(2차 카테고리 등록)

5. 라라마켓에서는 1차 카테고리만 사용하지만 그 하위 카테고리도 생성할 수 있습니다. 1차 카테고리 안에서 [2차 생성] 버튼을 누르면 2차 카테고리를 생성합니다. 순서 변경 역시 연결된 1차 카테고리 안에서만 할 수 있습니다.

6. 2차 카테고리의 카테고리명, 고유 코드는 1차 카테고리 정보를 생성한 방식과 같습니다. 단, 2차 카테고리가 속한 1차 카테고리 정보가 **1.1**, **1.2**와 같이 추가로 표기되어야 합니다.

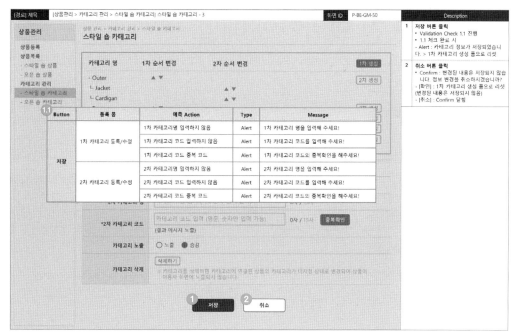

스타일 숍 카테고리 관리 3(저장, 취소 버튼)

7. 카테고리 등록 및 수정 시 필수 입력 사항이 모두 작성되었는지 체크합니다. 이때 한 화면에서 1차 카테고리와 2차 카테고리 모두를 관리할 수 있으므로, 저장하려는 내용이 1차 카테고리인지, 2차 카테고리인지에 따라 나누어 체크되도록 합니다.

기획자 · 상식 사전 **카테고리를 설계할 때 꼭 필요한 다섯 가지 기능**

카테고리 고유 코드는 운영자가 직접 작성할 수도 있고 임의의 영문, 숫자 조합의 코드를 자동으로 조합할 수도 있습니다. 상품 카테고리 관리 화면도 얼마든지 창의적으로 설계할 수 있지만, 기본적으로 아래 다섯 가지 기능은 반드시 만족해야 합니다.

❶ 신규 카테고리를 생성할 수 있어야 합니다.
❷ 하위 카테고리를 생성할 수 있어야 합니다.
❸ 카테고리의 순서를 변경할 수 있어야 합니다.
❹ 카테고리의 숨김 여부를 선택할 수 있어야 합니다.
❺ 카테고리마다 수동이든 자동이든 코드가 부여되어야 합니다.

카테고리 코드는 이용자를 회원 가입 ID로 구분하듯이 카테고리에 일정한 ID를 할당하는 개념입니다. 이는 개발자가 프로그래밍을 할 때도 꼭 필요합니다. 예를 들어, 이용자가 스타일 숍에서 아우터(코드: ss_outer) 메뉴를 클릭하면 '카테고리 코드가 ss_outer인 상품만 호출하시오.'라고 명령하는 것과 같기 때문입니다.

비상! 퇴근 전 의뢰인의 메일

← 🗑 ⓘ 🗑

상품 등록 기능을 개선해 주세요.

 세바스찬 ceo@lalamarket.co.kr
나에게 ⌄   ☆ ← ⋮

기획자님, 안녕하세요!
저희 부서에서 매월 상품을 30개 이상씩 등록합니다. 상품 정보를 보면 비슷한 게 많은데, 같은 정
보를 일일이 하나씩 입력하다 보니 시간이 너무 오래 걸립니다. 상품 등록을 편리하게 개선할 방법
은 없을까요?

(← 답장) (→ 전달)

선배 기획자의 조언!

기존에 등록한 상품 정보를 복사할 수 있는 기능을 만들면 어떨까요? 상품
정보를 복사하여 등록하면 복사된 상품에 새 상품 코드가 부여되고, 수정
이 필요한 몇몇 정보만 수정하면 됩니다. 신규 상품 등록 시 기존에 등록된
상품의 정보를 불러와 자동으로 등록하는 기능도 생각해 볼 수 있습니다.

05-7 통계

통계는 객관적인 데이터(숫자)로 웹 쇼핑몰의 운영 현황을 확인하는 메뉴입니다. 통계 데이터는 필요에 따라 방문자 수, 페이지 뷰를 기본으로 화면 이탈이 높은 화면, 조회수가 높은 화면, 구매율이 높은 금액대 등 여러 가지 결과를 산출할 수 있습니다. 따라서 웹 기획자는 쇼핑몰 운영자들과 논의해 쇼핑몰 운영 현황 중 숫자화하고 싶은 부분, 즉 구체적인 데이터가 필요한 부분을 협의 및 정의해 확정된 내용을 관리자 화면에서 볼 수 있도록 설계합니다. 본 실습에서는 방문자 수, 회원 수, 상품 조회수 등 기본적인 사항을 기반으로 여러 형태의 통계 데이터 화면을 설계합니다.

1️⃣ 통계 화면 준비사항

2️⃣ 방문자 수 통계 화면 설계하기

3️⃣ 회원 수 통계 화면 설계하기

4️⃣ 상품 조회수 통계 화면 설계하기

5️⃣ 카테고리 조회수, 상품 판매 순위 통계 화면 설계하기

6️⃣ 포인트 통계 화면 설계하기

7️⃣ 탈퇴 사유 통계 화면 설계하기

❶ 통계 화면 준비사항

통계를 준비할 때는 산출이 가능한 통계인지 검토가 필요합니다. 필요한 통계가 이용자 개인에 대한 통계인지 사이트 운영에 대한 통계인지 두 가지 방향으로 설정하여 검토하는 것이 좋습니다. 검토가 완료되면 알고 싶은 내용과 제목을 정해 서브 메뉴로 구성합니다.

이용자 개인에 대한 통계

웹 쇼핑몰에 가입한 이용자에 대한 통계는 이용자가 남긴 개인정보를 기반으로 산출합니다. 예를 들어 회원 남녀 비율을 알고 싶다면 회원 가입 시에 성별을 선택하는 항목이나 본인 인증(인증한 이용자의 성별 정보가 제공됨) 등의 추가 확인 절차를 마련해야 합니다. 마찬가지로 이용자의 나이에 맞는 맞춤 서비스를 제공하기 위해 가입된 이용자들의 나이 정보도 동일한 방법으로 수집할 수 있습니다.

반드시 회원 가입을 통해 정보를 수집해야 하는 것은 아닙니다. 상품 목록 화면에 [맞춤 정보 설정]이라는 버튼을 두고 이용자의 소비 성향, 코디 스타일 등의 정보를 입력받을 수도 있으며, 이용에 불편한 점이나 회원 탈퇴 사유 등은 회원 탈퇴 화면에 간단한 설문 양식을 두어 수집할 수도 있습니다.

사이트 운영에 대한 통계

사이트 운영에 대한 통계는 사이트 구현 시 데이터가 수집되도록 기획 및 개발해야 합니다. 예를 들어 일일 방문자 수를 알고 싶다면 이용자가 메인 화면에 접속할 때마다 접속 수를 체크하는 프로그램을, 매체별 광고를 통해 쇼핑몰로 유입되는 이용자 수를 알고 싶다면 유입 경로에 따른 방문자 수를 체크할 수 있는 방법을 개발해야 합니다. 조회수가 높은 상품, 자주 검색되는 키워드, 배너 클릭 수 등도 동일한 방법으로 기획 및 개발할 수 있습니다.

☑ 방문자 수 통계 화면 설계하기

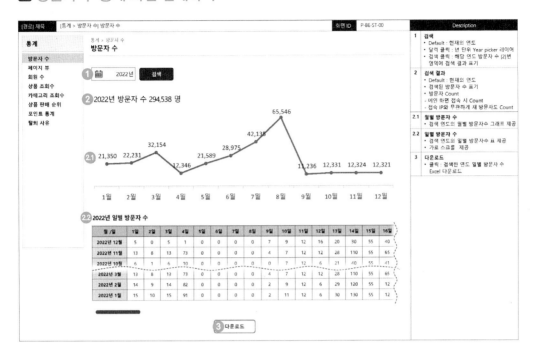

1. 방문자 수는 이용자가 사이트에 접속할 때마다 접속 수를 체크해 이를 기반으로 통계 데이터를 제공합니다. 이때는 언제(년, 월, 일, 시, 분, 초) 접속했는지 시간도 함께 기록되므로 통계 화면에서 연, 월, 일 단위별로 통계 내용을 볼 수 있도록 설계합니다. 웹 쇼핑몰에 여러 번 다녀간 이용자가 동일한 이용자인지 서로 다른 이용자인지는 로그인하지 않고서는 구별할 수 없습니다. 한 이용자가 100번 접속해도 방문자 수에는 100명이 방문한 것으로 체크될 수 있습니다. 이용자가 접속한 IP 주소를 비교해 같은 IP 주소는 1회 방문한 것으로 적용할 수도 있지만 한 IP를 여러 사람이 이용하는 PC방, 공공 시설 등에서 접속하는 경우도 있기 때문에 순 방문자 수를 정확히 산출해내기는 어렵습니다. 예시 화면에서는 메인 화면에 접속한 모든 이용자를 체크하도록 정의했습니다.

2. 검색 기능을 통해 필요한 기간의 방문자 수를 확인할 수 있도록 ❶처럼 연 단위 검색 기능을 설계합니다. 필요에 따라 월 단위 기간으로 설정할 수도 있습니다. 원하는 기간을 설정하고 검색하면 ❷와 같은 검색 결과가 화면에 출력되도록 설계합니다.

3. 데이터를 간단하게 ②② 표 형태로 보여주기도 하지만 운영자가 직관적으로 확인할 수 있도록 ②① 그래프를 많이 사용합니다. 화면 안에 모두 보여 주기 어렵다면 가로 스크롤이 생성되도록 설계하여 검색된 기간의 모든 내용을 볼 수 있도록 설계해야 합니다.

페이지 뷰에 대한 통계도 방문자 수 통계와 동일합니다. 다만 체크하는 기준이 방문자 수가 아닌 방문자가 메뉴를 이동하며 화면을 열람한 수를 체크하는 것입니다. 방문자 수 통계 화면을 참고해 설계해 보세요.

❸ 회원 수 통계 화면 설계하기

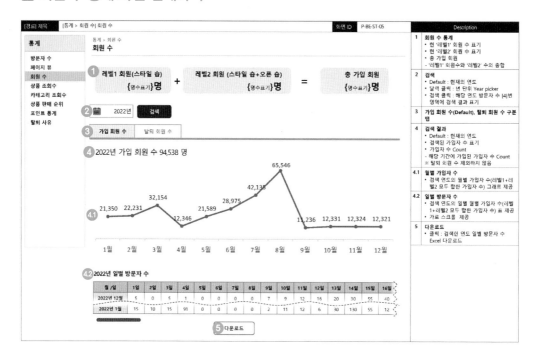

1. 현재를 기준으로 전체 회원 수를 알 수 있는 기능을 ❶과 같이 설계합니다. 회원은 쇼핑몰의 사용 범위를 제한하기 위해 레벨(등급)로 나누어 관리되고 있습니다. 여기서 운영자는 모든 회원 수보다는 실제 사이트를 이용하는 회원 수를 알고 싶어합니다. 따라서 회원 수 통계 화면에서는 운영자 등급을 제외한 레벨1(스타일 숍만 이용 가능한 등급)과 레벨2(스타일 숍, 오픈 숍 모두 이용 가능한 등급) 회원을 기준으로 통계낼 수 있도록 합니다.

2. ❷ 조회 기간을 검색하는 기능도 중요합니다. 특정 시기에 대대적인 마케팅을 진행한 경우 마케팅 시작 전후의 회원 수 증가 폭이나 연휴, 특정 시즌의 회원 수 증가 폭을 살펴보는

데 사용될 수 있기 때문입니다. 검색 결과는 ❹의 목록에 반영될 수 있도록 설계합니다. 검색한 기간 동안의 회원 탈퇴 수도 함께 알 수 있도록 설계하면 전체 회원 수 증감 폭을 비교할 수 있어 통계 분석에 용이합니다.

3. 회원 수 통계의 레이아웃과 통계 방식은 앞서 배운 방문자 수 통계와 크게 다르지 않습니다. 통계를 산출하는 주제만 바뀌었을 뿐입니다. 탈퇴 회원 수 통계도 마찬가지로 가입 회원 수 통계와 동일한 구조를 가집니다.

❹ 상품 조회수 통계 화면 설계하기

1. 이용자가 어떤 상품에 관심이 많은지 알기 위해서는 상품별 조회수 통계 기능이 필요합니다. 기간별 검색 기능은 상품별 일 단위 상품 조회수를 검색한 기간만큼 합하여 보여 주는 방식입니다. 기간별 검색 기능을 제공하지 않는다면 상품을 등록한 시점부터 상품 조회수를 카운트합니다.

2. 상품 조회수 통계 기능을 구현하면 이용자가 어떤 상품을 둘러보고 갔는지 알 수 있습니다. 운영자는 이를 활용해 다음 시즌 전략 상품을 결정하거나 추가 재고 준비, 특정 상품 메인 진열 등 다양한 판매 전략을 기획할 수 있습니다.

⑤ 카테고리 조회수, 상품 판매 순위 통계 화면 설계하기

[카테고리 조회수] 상품 조회수 통계를 참고해 주제를 카테고리로 변경하고 동일한 로직으로 구성해 보세요.

[상품 판매 순위] 상품 조회수 통계를 참고해 주제를 판매 수(배송 완료 기준)로 변경하고 동일한 로직으로 구성해 보세요.

6 포인트 통계 화면 설계하기

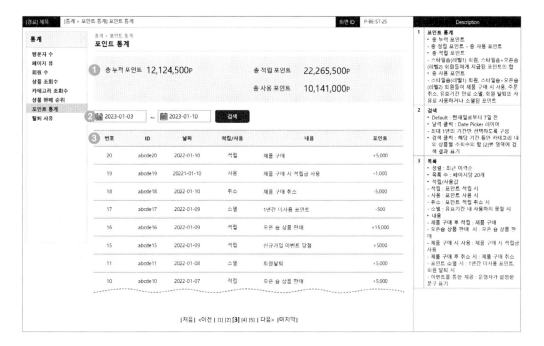

1. 이용자는 마이 페이지에서 자신의 포인트 이력만 확인할 수 있지만, 운영자는 모든 이용자의 포인트 이용 현황을 볼 수 있습니다. 이용자는 포인트가 많이 쌓일수록 좋지만, 반대로 운영자에게는 운영 리스크가 될 수 있습니다. 이 때문에 여러 기업에서는 포인트 사용유효 기간 정책을 만들어 사용하지 않는 포인트는 소멸시키는 정책을 진행하기도 합니다. 반대로 이용자들을 대상으로 누적된 포인트가 특정 금액에 도달하면 포인트 소진 마케팅을 진행해 상품 구매를 도모하는 전략을 세울 수 있습니다.

2. 포인트 통계 화면을 설계할 때는 ❶과 같이 이용자가 보유하고 있는 총 누적 포인트, 지금까지 이용자에게 적립된 총 적립 포인트, 이용자가 사용한 총 사용 포인트 등의 합산 통계 내용을 표기하면 판매 전략 기획에 도움이 됩니다. ❷ 기간별 포인트 사용 내역 조회 기능을 설계하면 마케팅 및 사용률 분석에도 활용할 수 있습니다.

7 탈퇴 사유 통계 화면 설계하기

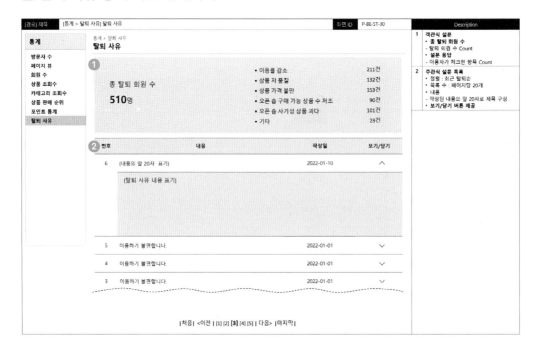

1. 이용자들이 회원 탈퇴 시 작성한 탈퇴 사유를 집계하는 화면입니다. 회원 탈퇴 화면이
곧 온라인 설문 문항이며, 관리자 화면의 탈퇴 사유 화면은 온라인 설문 결과를 볼 수 있는
화면이라고 생각하면 됩니다. 이용자 화면에서 탈퇴 사유에 대해 객관식 설문(중복 선택 가
능, 필수)과 주관식 설문(선택) 항목을 설계했습니다. 마찬가지로 관리자 탈퇴 사유 화면에도
❶ 객관식 설문 집계 영역과 ❷ 주관식 설문 목록을 구분하여 설계합니다.

2. ❶ 객관식 설문에는 설문에 참여한 회원 수를 알 수 있도록 총 탈퇴 회원 수 항목을 설계
하고, 선택 항목에 따라 이용자가 체크한 사항이 집계될 수 있도록 합니다. 단순 숫자로만
표기하면 어느 항목이 비중이 높은지 직관적으로 알기 어려우므로 그래프를 활용합니다.
❷ 목록은 탈퇴할 회원들이 작성한 내용이므로 이름과 ID가 노출되지 않도록 주의합니다.

주관식 설문을 그래프로 표기한 예

비상! 퇴근 전 의뢰인의 메일

←

방문자 수를 직관적으로 확인하고 싶어요.

세바스찬 ceo@lalamarket.co.kr
나에게 ▽

☆ ← ⋮

기획자님, 안녕하세요!
지금은 표 안에 일자, 시간대별로 방문자 수가 집계됩니다. 정확한 수치를 확인할 수 있는 점은 좋은데, 화면에 보이는 숫자가 많아서 보기가 불편합니다. 정보를 직관적으로 볼 수 있게 그래프를 추가해 주세요. 그리고 검색 기간도 일, 주, 월, 연 단위로 자유롭게 검색할 수 있으면 좋겠습니다.

(← 답장)   (→ 전달)

 (선배 기획자의 조언!)

그래프를 그릴 때는 가로축과 세로축을 무엇으로 할지 결정해야 합니다.
다양한 기간별로 그래프를 보려면 하루, 일주일, 한 달, 분기, 1년 등을 버튼으로 만듭니다. 버튼을 누르면 해당 기간에 맞춰서 그래프가 자동으로 바뀌도록 설계합니다.

05-8 기본 정책 관리

상품마다 배송비 산정 방법, 포인트 적립 방법, 교환 및 반품 안내 문구는 거의 똑같이 적용되기 때문에 상품을 등록할 때마다 이러한 정보를 매번 입력하는 것은 비효율적입니다. 기본 정책 관리 메뉴에는 이러한 정보를 한 번만 등록한 후 호출하는 방식을 사용해 반복되는 업무를 줄여 업무 효율을 높일 수 있습니다.

1 약관 관리 화면 설계하기
2 정책 관리 화면 설계하기
3 결제 방법 관리 화면 설계하기
4 메뉴 접근 권한 화면 설계하기

1 약관 관리 화면 설계하기

1. 최근에는 웹 사이트의 규모를 따지지 않고 관리자 화면에 약관 관리 기능을 기본 사항으로 설계하는 추세입니다. 그렇지 않으면 약관 내용을 별도의 파일로 준비하여 퍼블리셔, 개발자에게 전달해 이용자 화면에 바로 적용되도록 개발할 수 있습니다.

2. 약관 관리 기능은 회원 가입 시 이용자로부터 받는 동의용 약관과 메인 화면에서 링크로 제공하는 공지용 약관으로 구분한 다음 등록할 필드를 필요한 수만큼 구성합니다. 공지용 약관과 동의용 약관이 같은 경우도 있지만, 다른 경우에는 그 수만큼 입력 필드를 추가로 설계합니다.

> ◗ **동의용 약관**: 회원 가입 시 동의받는 약관
> ◗ **공지용 약관**: 사이트 하단에 링크를 통해 공지되는 약관

3. ❶ 약관 제목과 내용을 입력할 수 있는 필드를 설계하고, 입력한 내용이 이용자 화면의 지정된 영역에 보이도록 합니다. 개발 시 관리자 화면에 등록된 약관에 코드를 부여하면 이용자 화면에서 이를 호출해 보이게 됩니다.

4. 필요에 따라 ❸ 사용 여부와 필수 동의 여부를 선택할 수 있는 옵션 기능을 설계합니다. 개인정보 제3자 제공 동의, 마케팅 목적의 개인정보 수집 및 이용 동의는 운영 정책에 따라 가입 시 동의 여부를 유동적으로 조정할 수 있습니다.

> ◗ ❺ [저장] 버튼 클릭 시 체크하는 타당성 검증은 본 설계안에서는 생략했습니다.

2 정책 관리 화면 설계하기

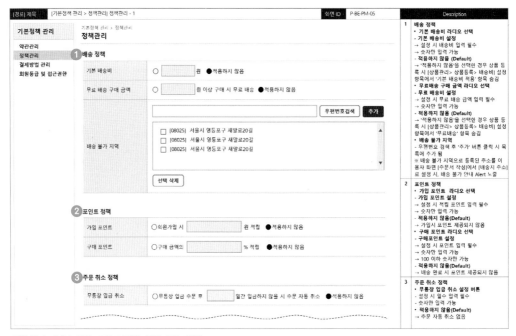

정책 관리 1(배송 정책, 포인트 정책, 주문 취소 정책)

1. 상품 등록 시 동일한 정보를 계속해서 등록하거나 특정 시점마다 운영자가 이용자에게 포인트를 제공하는 등 반복적인 업무 요소를 정책 관리 기능으로 설계하면 자동으로 처리할 수 있어 업무의 효율성을 높일 수 있습니다.

2. ❶ 배송 정책은 일반적으로 기본 배송비, 무료 배송 기준, 배송 불가 지역 안내의 세 가지 항목으로 구성됩니다. 이와 관련된 배송 정책을 세워 두면 상품 등록 시 간단한 선택만으로도 배송비를 설정할 수 있습니다.

3. ❷ 포인트 정책은 처음 회원 가입 시와 상품 구매 시 어느 정도를 이용자에게 포인트로 지급할 것인지를 결정하는 것입니다. 이용자가 회원 가입을 하거나 상품을 구매할 때마다 운영자가 포인트를 일일이 지급하는 것은 매우 어려운 일입니다. 따라서 이용자의 활동에 따라 자동으로 이용자 계정으로 포인트가 적립되도록 설계할 수 있습니다.

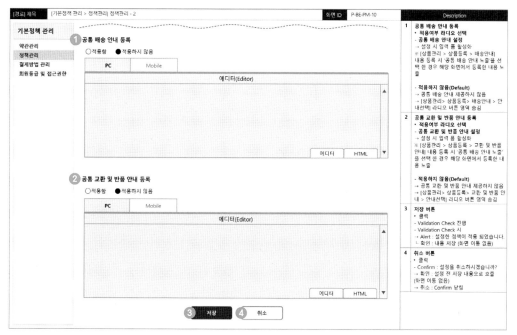

정책 관리 2(공통 배송 안내, 공통 교환 및 반품 안내)

4. 앞서 [스타일 숍 〉 상품 등록]에서 배송 안내 옵션을 공통 배송 안내, 교환 및 반품 안내로 선택했을 때 이용자 화면에 노출되는 내용을 설정하는 화면입니다. 모바일 화면도 함께 운영한다면 이를 탭으로 구분하여 입력하도록 관리할 수 있습니다.

5. 최초 작성 후 ❶과 ❷의 내용을 수정하면 공통 배송 안내/교환 및 반품 안내를 선택한 모든 상품에도 일괄 적용됩니다. 만약 이러한 기능이 없다면 안내 내용이 변경될 때마다 모든 상품의 배송 안내와 교환 및 반품 안내를 하나씩 수정해야 하는 번거로움이 생길 것입니다.

▶ ❸ [저장] 버튼 클릭 시 체크하는 타당성 검증은 본 설계안에서 생략했습니다. 실습 시 꼭 직접 설계해 보세요.

3 결제 방법 관리 화면 설계하기

이용자가 상품을 구매할 때 선택할 수 있는 결제 방법을 설정하는 화면입니다. 이용자는 운영자가 설정한 ❶ 선택지 내에서 결제 방법을 선택할 수 있습니다. 이때는 결제 모듈을 제공하는 PG사와 사전에 모두 계약하여 결제 방법이 연동되어 있어야 합니다.

④ 메뉴 접근 권한 화면 설계하기

회원 등급 및 접근 권한 목록

1. 관리자 화면에서 회원 등급별로 접근할 수 있는 메뉴를 설정하는 화면입니다. 보안 및 운영 사고를 예방하기 위해 회원 등급별로 담당하는 업무에 따라 접근할 수 있는 메뉴를 제한하는 것입니다.

> 보안 정책이 강력한 기업의 경우 사내 IP에서만 관리자 화면에 접근하는 방법을 제안합니다.

2. 회원 등급을 볼 수 있도록 ①과 같이 목록을 구성하고, 회원 등급명을 클릭하면 상세 화면으로 진입해 세부적인 관리자 메뉴 접근 권한을 체크할 수 있도록 합니다. 또한 여기서 회원 등급 자체를 추가할 수 있습니다. ② [회원 등급 추가] 버튼을 누르면 새로운 등급을 생성할 수 있는 화면으로 이동하도록 설계합니다.

회원 등급 및 접근 권한 상세

3. 회원 등급 및 접근 권한 상세 화면과 회원 등급 및 접근 권한 추가 화면은 동일한 화면입니다. 다만 추가 화면은 신규 등급을 생성할 수 있도록, 설정 화면은 해당 회원 등급에 미리 지정한 정보를 호출하여 보여 줍니다.

4. ❷ 관리자 접근 권한은 ❶ 등급 설정에서 스타일 숍, 오픈 숍, 관리자가 선택된 경우에만 ❷ 선택이 활성화되도록 설계합니다.

5. ❷ 관리자 접근 권한 선택은 등급별로 이용할 수 있는 관리자 메뉴를 체크하면, 체크된 메뉴만 관리자 GNB 영역에 노출되도록 설계합니다. 이렇게 하면 특정 등급으로 세팅된 계정은 설정된 메뉴만 보이고, 설정되지 않은 메뉴는 보이지 않아 접근할 수 없게 됩니다. 예를 들면 고객센터 팀은 회원 관리 등 고객 문의 사항을 해소하기 위한 메뉴에는 접근할 수 있지만 매출, 통계 등의 메뉴에는 접근할 수 없습니다. 그러나 단순히 메뉴만 숨긴다고 접근이 차단되는 것은 아닙니다. 해당 메뉴 경로(URL)를 알고 있으면 얼마든지 접근할 수 있습니다. 이를 대비하기 위해 메뉴에 접근하는 계정이 해당 메뉴에 접근할 수 있는 권한이 있는지 체크하는 로직도 프로그래밍해야 합니다.

비상! 퇴근 전 의뢰인의 메일

← ↓ ⃞ ! ⃞ 🗑 ⃞

이용 약관 관리 화면에 히스토리 기능을 추가해 주세요.

 세바스찬 ceo@lalamarket.co.kr ☆ ← ⋮
나에게 ∨

안녕하세요! 기획자님!
이용자 화면에서는 가장 먼저 최신 약관이 보이지만, 원하면 이전 약관도 확인할 수 있도록 기능 수
정했습니다. 따라서 관리자 화면에서도 이용 약관 및 개인정보 처리 방침의 변경 이력 관리가 필요
합니다. 초안을 작성해서 개인정보 관리 팀장과 먼저 협의해 주시고, 이후에 관리자 화면에 반영해
주세요.

← 답장   → 전달

선배 기획자의 조언!

게시판을 응용해 보면 어떨까요? 새로운 약관이 계속해서 게시판 글 형태로
추가되는 방식입니다. 그리고 이용자 화면에는 가장 최근에 등록된 약관이
보이도록 설계합니다. LG전자(www.lge.co.kr) 홈페이지 하단 [개인정보처
리방침] 메뉴에서 가장 밑에 있는 이용 약관 개정 이력을 참고해 보세요.

05-9 메인 화면과 사내 게시판 관리

웹 쇼핑몰 운영자가 관리자 계정으로 로그인한 후 처음 접하는 화면입니다. 이용자 메인 화면은 상품을 적극적으로 알리는 목적이 강했다면, 관리자 메인 화면에서는 운영자가 사이트를 관리하기 위해 필요한 정보를 요약해서 보여 주거나 자주 쓰는 기능이 보이도록 설계합니다. 즉, 메인 화면에 특별한 기능이 있다기보다는 운영자의 업무의 편의를 위한 화면입니다.

1 메인 화면 설계하기
2 사내 게시판 화면 설계하기

1 메인 화면 설계하기

1. 관리자 메인 화면(대시보드)은 사용하는 인원이 제한되기 때문에 실제 사이트를 운영하는 운영자의 요구에 귀 기울여 설계하는 것이 좋습니다. 쇼핑몰 일일 운영 보고서를 작성한다는 생각으로 운영하는 관점에서 시의성 있게 알아야 하는 정보를 메인 화면에 배치하면 오늘 해야 할 업무가 정리되어 운영에 도움이 됩니다.

2. 운영자는 운영자 아이디를 여러 개 사용하는 경우가 많습니다. 따라서 로그인 시 어떤 운영자 아이디로 로그인되어 있는지 확인하기 위해 아이디와 회원 등급을 ❶과 같이 표기합니다. 그리고 운영자마다 자주 접속하는 메뉴는 정해져 있으므로 ❷와 같이 자주 이용하는 메뉴를 설정하는 기능을 설계하면 여러 번 클릭해야 하는 화면을 한 번에 이동할 수 있습니다. 그리고 운영자가 간과하기 쉬운 호스팅과 도메인 기간을 ❸처럼 표기하면 잊지 않고 연장할 수 있습니다.

3. 운영자는 하루에도 몇 번씩 상품 주문, 상품 문의 등 운영 현황을 살펴야 합니다. 그리고 팀 내 보고(오늘 신규 가입자 수)나 마케팅 효과(오늘 방송된 TV 광고 여파)를 살피기 위해 ❹ Today 현황을 설계해 두면 한눈에 파악하기 쉽습니다.

4. 운영 업무는 시의성 있게 처리해야 하고, 시즌 및 이벤트에 따라 처리해야 하는 업무량도 상황에 따라 다릅니다. ❺ 미처리 현황을 설계해 두면 유입되는 요청 건 대비 처리되는 사항을 가늠할 수 있어 운영자의 업무를 분배할 수 있으며, 누락 건이 발생하지 않도록 관리할 수 있습니다.

② 사내 게시판 화면 설계하기

1. 직원 수가 많아지면 회사에서 직원들에게 공지하는 사항, 직원 간 공유되어야 하는 운영 지침, 직원들의 경조사 등을 알리기 어려워집니다. 따라서 중대한 사항부터 소소한 사항까지 공유할 수 있는 사내 게시판을 운영하면 전체 직원에게 알려야 하는 공지를 쉽게 해결할 수 있습니다.

2. 사내 직원 전용 게시판은 공지 사항 등록, 댓글, 파일 첨부 등 지금까지 설계해 본 게시판 기능만 조합하면 위 예시처럼 설계할 수 있습니다.

3. 게시판이 활성화되어 글 분류가 필요하다면 사내 교육, 경조사, 업무 가이드 등 유형별로 머리말(카테고리)을 만들고 게시글을 작성할 때 선택할 수 있도록 설계합니다. 이렇게 하면 분류된 머리말을 기준으로 탭을 구성해 주제별로 글을 분류할 수 있습니다.

비상! 퇴근 전 의뢰인의 메일

휴가 관리 기능을 추가해 주세요.

세바스찬 ceo@lalamarket.co.kr   ☆ ↩ ⋮
나에게 ∨

기획자님, 안녕하세요!
직원이 늘어나다 보니 직원들의 휴가 일정을 엑셀로 관리하기가 부담스럽습니다. 그래서 관리자 화면에 휴가를 종합적으로 관리할 수 있는 기능이 추가되면 좋겠습니다. 휴가 일정이 서로 공유되지 않아 업무에 차질이 생길 수도 있으니, 이런 불편한 점도 해결할 수 있었으면 좋겠습니다. 어떻게 기획해야 할까요?

     ↩ 답장   → 전달

선배 기획자의 조언!

휴가 일정을 기록하고 공유할 수 있는 캘린더 기능이 필요합니다. 그리고 휴가를 사용하면 총 휴가일에서 차감되고 기록이 남아야 합니다. 일정을 공유하려면 메인 화면에 금일 휴가 직원이라는 새로운 영역을 만드는 것도 한 가지 방법입니다. 실무에서는 웹 쇼핑몰 관리자 화면에 휴가 관리 기능은 설계하지 않지만 실습 차원에서 한 번 설계해 보세요.

셋째마당

일 잘하는 기획자로 거듭나기

!

화면 정의서 작성을 완료했다고 기획 업무가 종료된 것은 아닙니다.

사이트 완성까지는 아직 한참 남았습니다. 구현과 운영 업무가 남아 있기 때문이죠.

작업자들은 실제 구현 과정에서 기획자에게 수많은 문의를 할 것입니다. 이때 어떻게

대처하는지에 따라 진짜 일 잘하는 기획자인지 판가름납니다.

여기까지 따라오신 여러분을 위해 정말 '일 잘하는 기획자'로 거듭나게 만들겠습니다!

화면 설계 이후 웹 기획자의 업무

화면 설계 업무가 끝났다면, 웹 기획자는 화면 설계 업무보다는 구현 업무가 차질없이 진행될 수 있도록 관리하는 매니지먼트(management) 업무를 보게 됩니다.

이번 장에서는 웹 디자이너, 웹 퍼블리셔, 웹 개발자와 함께 협업하는 과정과 소통하는 방법, 완성된 웹 사이트를 검증하고 이후 웹 사이트 운영 업무에 관한 전반적인 이야기까지 다뤄 보겠습니다.

06-1 디자인, 퍼블리싱, 개발 진행 및 검토

웹 기획자는 혼자 일하지 않습니다!

디자인, 퍼블리싱, 개발 등 구현 작업이 진행되면 웹 기획자는 작업자들의 여러 질문에 응대하고 작업 진행률을 체크하며, 화면 정의서대로 사이트가 구현되는지 검토하는 등의 업무가 시작됩니다. 사이트가 최종 완성될 때까지는 긴장을 늦추면 안 됩니다. 이번에는 각 담당자와 협업하며 사이트의 완성도를 높이는 방법을 알아보겠습니다.

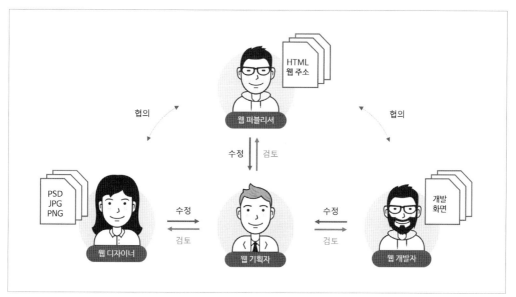

웹 기획자는 사이트 구현 과정의 중추적 역할을 하며, 작업자 간 업무를 조율합니다.

디자인 과정 속 웹 기획자 업무

디자인 시안 준비하기

우리는 앞에서 웹 사이트의 디자인 콘셉트를 제시하는 것도 웹 기획자의 역할이라고 배웠습니다. 웹 기획자는 구상하고 있는 디자인을 명확하게 요청해야 합니다. '화려하게 해 주세요!', '예쁘게 해 주세요!'라고 말하는 것은 웹 디자이너에게 알아서 해달라고 일을 떠넘기는 것과 같습니다. 디자인은 추상적으로 요청하는 것이 아니라 구체적이고 시각적으로 전달해야 하기 때문에 벤치마킹한 웹 사이트 등 원하는 시안을 먼저 제시하는 것이 좋습니다.

만약 디자인 콘셉트가 정해지지 않았다면 웹 디자이너에게 웹 사이트 서비스 내용을 소개하고 콘셉트를 제안받는 방법도 있습니다. 이때는 웹 기획자도 함께 벤치마킹하며 원하는 분위기의 디자인을 찾아야 합니다. 디자인 콘셉서를 작성해 관련자들과 디자인 협의점을 찾기도 합니다.

마스크 쇼핑몰 디자인 콘셉서 — 목록 디자인 콘셉트 예시 1

마스크 쇼핑몰 디자인 콘셉서 — 목록 디자인 콘셉트 예시 2

디자인 시안은 최소 세 가지는 준비할 것을 권장합니다. 벤치마킹에서 착안한 디자인, 정반대 콘셉트의 디자인, 직접 스케치한 시안까지 추가해 보세요. 때로는 클라이언트가 디자인 시안을 벤치마킹해 제시하기도 합니다. 시안이 완성되면 클라이언트와 웹 디자이너 그리고 팀원들과 협의하여 최종 시안을 확정합니다.

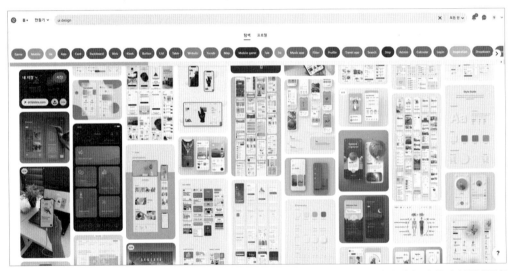

이미지 공유 플랫폼 핀터레스트(www.pinterest.co.kr)에서 'ui design'을 검색하면 여러 산업 분야의 웹 사이트와 앱 디자인을 확인할 수 있습니다. 회원 가입을 하면 게시물 수집 기능 등도 사용할 수 있어 벤치마킹한 게시물을 관리하기도 편합니다.

만약 디자인 시안을 확정하기 어렵다면 부분적으로라도 디자인 시안을 제시해 보세요. 웹 사이트를 기능 단위나 화면 단위로 쪼갠 후 GNB 영역은 A 시안처럼, 본문 영역은 B 시안처럼, 서브 페이지는 C 시안처럼 디자인해 달라고 요청할 수 있습니다. 웹 디자이너와 이를 조합하고 수정하면서 새로운 디자인 콘셉트를 모색해도 좋습니다.

특별히 원하는 스타일은 없으면서 옷가게 점원에게 이것저것 다 보여 달라고 요구하는 식으로 웹 디자이너에게 요청해선 안 됩니다. 무에서 유를 만드는 것은 웹 기획자의 역할입니다.

디자인 요청하기

실무에서 디자인을 요청할 때는 원하는 분위기를 설명하고, 벤치마킹한 샘플 디자인으로 이해를 도우며, 화면 정의서로 세부 내용을 정의하는 것이 보통입니다. 하지만 이렇게만 요청하면 웹 디자이너가 웹 기획자가 생각하고 있는 디자인을 정확하게 구현하는 데 어려움이 있습니다. 아래 내용을 참고하여 구체적으로 알려 주세요.

❶ 웹 사이트 제작 목적을 충분히 공유하세요

웹 사이트 제작 목적을 공유하여 디자이너에게 창의적인 영감을 주세요. 디자이너가 막연하게 느끼지 않고 생각의 방향을 잡는 데 도움이 됩니다.

하나의 웹 쇼핑몰 안에 스타일 숍(일반 상품 구매)과 오픈 숍(중고 상품 거래)을 동시에 운영합니다. 이용자는 본인의 상품을 판매하여 포인트를 지급받고, 그 포인트로 새 옷을 구매할 수 있습니다. 이용자는 이 웹 쇼핑몰에서 세련된 스타일과 알뜰한 소비를 한 번에 해결하는 셈이죠.

오픈 숍이 활발할수록 이용자가 누릴 수 있는 혜택도 많아집니다. 따라서 오픈 숍은 활기찬 분위기로 연출되었으면 합니다. 대부분 깔끔하고 세련된 옷이지만 지나치게 고급스러운 분위기는 아닙니다. 따라서 무거운 블랙 계열의 디자인은 배제하면 좋겠습니다. 이밖에 다른 아이디어가 있을까요?

❷ 웹 사이트 분위기를 설명해 주세요

분위기는 시원, 포근, 발랄, 깨끗, 깔끔, 영감, 유머, 고급, 귀여움, 사랑스러움, 로맨틱, 섹시, 빈티지, 스포티 등 이용자가 메인 화면을 보았을 때 받는 느낌을 말합니다. 느낌을 설명하기 어렵다면 실내 인테리어를 상상하며 패턴, 레이아웃, 아이콘 등 다양한 디자인 요소를 고려하면 도움이 됩니다.

분위기를 낼 수 있는 가장 대표적인 방법은 색상입니다. 특히 대표 색상을 선정하는 것이 중요한데요. 보통 기업의 로고와 연관된 색을 많이 사용하지만 웹 사이트 주제를 돋보이게 하는 색상을 추가로 선정할 수도 있습니다.

색상	의미	색상	의미
빨강	열정, 역동, 위험, 정렬	하늘	하늘, 맑음, 깨끗한, 좋은 기분
주황	만족, 풍부, 건강, 온화	파랑	진실, 냉정, 차가운, 시원한, 신뢰
분홍	귀여운, 사랑스러운	흰색	청결, 순수, 소박, 깔끔한
노랑	희망, 명랑, 따뜻함	회색	점잖은, 지적, 겸손
연두	자연, 유아, 평화, 새싹	검정	정숙, 집중, 고급스러움, 힘

❸ 꼭 필요한 디자인 요소를 알려 주세요

꼭 사용되어야 하거나 사용되었으면 하는 아이콘, 캘리그래피(calligraphy), 타이포그래피 (typography), 캐릭터, 일러스트, 실사 이미지를 알려 줍니다. 예를 들면, '메인 배너의 대표 문구는 캘리그래피로 디자인되어야 합니다.', '이번 이벤트는 ○○○ 배우로 TV CF가 방영될 예정이니 추후에 전달드릴 ○○○ 배우의 촬영 이미지를 사용해 디자인해 주세요.'와 같이 요청할 수 있습니다.

디자인 검토하기

티셔츠 하나라도 사람마다 선호하는 디자인이 다르듯 웹 사이트 디자인도 매우 주관적입니다. 게다가 말에는 해석의 차이가 있습니다. 회의할 땐 바로 그거라며 모두가 동의했는데 결과물이 나오면 생각했던 것과 다른 엉뚱한 결과가 나오기도 합니다.

웹 디자이너가 작업을 하다 보면 처음 기획 방향에서 어긋나는 경우가 있습니다. 이런 경우를 예방하기 위해 중간중간 검토 과정을 거쳐 처음에 기획한 시안과 결과물의 간극을 좁혀야 합니다. 물론 웹 디자이너의 역량이 더해져 처음 기획한 것보다 더욱 좋은 결과가 나올 수도 있습니다. 그러한 경우라도 웹 기획자는 디자인 방향을 재설정할 것인지, 기존의 것을 고수할 것인지 빠르게 결정해야 합니다.

디자인 결과물을 검토할 때는 다음 세 가지 사항을 꼭 확인해 보세요.

❶ 기획안과 문구, 화면 레이아웃을 비교합니다

기획안과 디자인 결과물의 작성된 문구가 일치하는지 확인하는 것은 기본입니다. 간혹 기획안의 오타가 디자인에 그대로 반영되기도 합니다. 따라서 문구 확인 시 오타까지 함께 확인하여 수정이 필요한 부분이 있다면 화면 정의서에서도 수정합니다. 또한 파워포인트로 작성한 화면 정의서 내용을 실제 웹 화면 사이즈로 작업하다 보면 파워포인트로 설계했던 레이아웃과 달라지는 경우가 있습니다. 이런 경우 디자이너 재량으로 레이아웃을 변경하며 진행할 수 있습니다. 단, 이렇게 변경되는 과정에서 파워포인트로 설계한 기능의 의미가 퇴색되기도 합니다. 그러므로 기획안과 디자인 시안을 비교하며 화면에서 의도한 기능의 의미가 처음 기획한 것과 동일선상에 있는지 확인합니다.

❷ 일관성을 유지하고 있는지 검토합니다

일관성이란 디자인 요소들이 얼마나 통일되어 있는지를 의미합니다. 한 화면에서는 글 작성 버튼이 네모였는데 다음 화면에서는 라운드가 곡선인 버튼으로 바뀌어 있다거나 텍스트로 된 버튼이 아이콘으로 바뀌어 있다면 이용자는 혼란을 느낄 것입니다. 텍스트의 여백, 행간, 자간이 제각각이면 가독성도 떨어집니다. 일관성은 디자인 결과물의 완성도를 좌우하는 중요한 요소이므로 꼼꼼하게 검토해야 합니다.

버튼	버튼의 텍스트, 모양, 아이콘을 통일합니다.
메뉴	화면마다 메뉴 이름이 똑같이 들어갔는지 확인합니다.
이미지	이미지의 크기가 일정한지, 텍스트를 가리지 않는지 확인합니다.
글꼴	제목, 본문, 강조 등 역할에 따라 텍스트의 글꼴, 크기, 색상 등을 적절하게 사용했는지 확인합니다.
정렬	들여쓰기, 내어쓰기 간격이 제각각이면 읽기 불편합니다. 정렬을 맞추고 행간, 자간을 통일하여 가독성을 높입니다.
여백	화면마다 위, 아래, 왼쪽, 오른쪽 여백이 적절한지 확인합니다.
구분	목록 간 구분, 제목과 본문 글의 구분이 명확한지 확인합니다.

일관성을 검토하되, 의도한 기능이 잘 담기도록 디자인하는 것도 중요합니다. 색, 텍스트 크기, 문구 위치 등 미미한 수정은 디자이너와 함께 결과물을 리뷰하며 그 자리에서 바로 수정하기도 합니다.

❸ 핵심 메시지가 강조되고 있는지 검토합니다

웹 쇼핑몰은 한 화면에 담는 정보가 매우 많은 편이라 핵심 메시지가 주변 디자인과 완전한 조화를 이루면 자칫 배경에 묻혀 눈에 띄지 않을 수 있습니다. 이용자는 글을 읽으려고 쇼핑몰에 진입한 것이 아닙니다. 또한 화면에 머무는 시간도 길지 않습니다. 따라서 이용자가 마케팅 메시지를 읽게 하려면 오히려 배경과의 조화를 깨고 의외성을 주는 디자인을 적용해야 시선을 더 효과적으로 사로잡을 수 있습니다. 서로 대비되는 디자인은 사람의 사고에 '무언가 부자연스러운데?'와 같은 갈등을 일으켜 메시지에 주목시키는 효과가 있다고 합니다. 상업적인 웹 사이트에서는 전체적인 조화로움보다는 기업에서 이용자에게 알리고 싶은 핵심 메시지를 강조하는 것이 더 중요합니다.

마켓컬리(www.kurly.com)에서는 메인 화면에 식품과 대비
되는 뷰티컬리 홍보를 합니다.

교보문고(www.kyobobook.co.kr)에서는 메인 화면에 진행 중인 이벤트를
띄워 참여율을 높입니다.

★ 기획자 상식 사전 　 웹 디자이너와 협업할 때 주의해야 할 두 가지

첫째, 웹 디자이너에게 충분한 작업 시간을 보장해 주어야 합니다. 웹 기획자가 기획안을 쓰기 전에 많
은 고민을 하듯, 웹 디자이너도 시안을 더 찾아보거나 자신의 생각을 정리할 시간이 필요합니다. 디자
인 시안은 어디까지나 참조 자료일 뿐, 시안과 똑같이 만들어야 하는 것은 아닙니다. 결과물에는 웹 디
자이너 나름대로의 기획이 반영됩니다. 따라서 웹 기획자가 작업 일정을 세울 때는 웹 디자이너의 의견
이 충분히 반영된 일정으로 고민할 수 있는 시간을 확보해 주세요.

둘째, 디자이너의 창의성은 존중하되, 기획 방향을 놓치지 않도록 도와야 합니다. 서로 협의하여 기획
방향을 확정했지만 작업을 하다 보면 디자이너 자신의 주관적인 성향이 담길 수 있습니다. 웹 디자이너
가 자신의 역량을 최대치로 발휘하여 가장 멋진 결과물을 만들었다고 하더라도 기획 방향과 맞지 않으
면 의미가 퇴색될 수밖에 없습니다. 게다가 이러한 부분을 문제 삼는 것은 상당히 조심스러운 일입니
다. 따라서 웹 기획자는 웹 디자이너의 작업 과정을 중간중간 미리 살피면서 작업 방향을 제시해 줄 수
있어야 합니다.

퍼블리싱 과정 웹 기획자 업무

웹 퍼블리셔는 검토가 끝난 최종 디자인 파일을 받고 화면 정의서와 함께 내용을 검토한 후
HTML, CSS, jQuery와 같은 웹 프로그래밍 언어를 활용해 실제 웹 화면을 구현합니다. 퍼
블리싱 작업이 완료된 파일은 서버에 업로드하면 웹 브라우저 화면으로 볼 수 있는 형태가
됩니다.

웹 브라우저별로 테스트 요청하기

웹 기획자는 웹 퍼블리셔에게 웹 브라우저별로 화면 테스트를 진행해 달라고 요청합니다. 브라우저별로 웹 언어를 해석하는 방식이 조금씩 다른데, 웹 퍼블리셔가 크롬(Chrome) 브라우저에서만 확인하고 마이크로소프트 엣지(Microsoft Edge)에서는 테스트하지 않았다가 뒤늦게 테이블의 간격이나 글자의 줄 간격이 어긋난 것을 발견하는 일을 예방하기 위해서입니다.

퍼블리싱 검토하기

웹 퍼블리셔가 웹 언어로 작성한 파일을 서버에 업로드하면 웹 브라우저에서 URL 경로를 입력해 작업된 퍼블리싱 화면을 볼 수 있습니다. 보통은 웹 퍼블리셔가 작업한 화면별로 접속 URL을 정리해서 웹 기획자에게 공유해 줍니다. 이는 실제 화면을 보는 것이므로 검토하기도 한결 수월합니다. 다음 검토 요령을 참고해 보세요.

❶ 화면 정의서, 디자인 파일과 비교합니다

화면 정의서와 디자인 파일을 웹 퍼블리셔가 산출한 웹 페이지와 비교하며 잘못된 문구나 오타를 확인합니다. 이는 퍼블리싱 작업을 거치며 발생된 오타나 디자인 파일 검토 단계에서 발견하지 못한 오타를 확인하기 위한 작업입니다. 그리고 문구 간격, 장평, 폰트, 색 정보 등 웹 디자인 파일에 담긴 정보를 그대로 구현했는지 확인합니다. 간혹 디자인 파일 그대로 구현해야 하는데 자간을 맞추기 어렵거나 버튼을 만들기 귀찮아서 등의 이유로 이를 간과하는 경우가 있습니다. 하지만 작은 차이가 전체 분위기나 개발 저해 요소가 될 수 있으니 웹 디자인 파일을 충실히 잘 따랐는지 반드시 검토해야 합니다.

❷ 링크가 올바르게 연결됐는지 확인합니다

화면 정의서에 작성한 링크 주소를 모두 확인합니다. 물론 여기서의 링크는 프로그램 개발이 필요하지 않은 화면 간 연결을 말하는 것입니다. 링크가 누락된 곳은 없는지, 링크 주소가 서로 바뀌진 않았는지 검토합니다. 링크가 연결되더라도 올바른 링크 형식(self, blank)이 맞는지도 함께 살펴보아야 합니다.

❸ 텍스트와 이미지를 구분해서 사용했는지 확인합니다

웹 문서로 구현하기 복잡하거나 시간이 오래 걸리는 부분을 이미지로 대체하여 마치 퍼블리싱된 것처럼 나타내는 경우가 있습니다. 이렇게 하면 당장의 작업은 조금 수월할지 몰라도 이후 운영·관리 측면에서는 매우 불편합니다. 대상이 이미지이기 때문에 텍스트로 검색되지 않아 웹 접근성이 떨어지고 개발 요소도 적용할 수 없기 때문입니다. 그리고 수정 사항이 생겼을 때 빠르게 대응할 수도 없습니다. 텍스트였다면 웹 퍼블리셔가 직접 HTML 파일을 열고 간단히 수정하면 끝나지만, 이미지 파일은 중간에 웹 디자이너의 도움을 받아야 하기 때문입니다.

❹ HTML 입력 양식을 확인합니다

라디오 버튼이 들어가야 할 곳에 체크 박스가 들어가 있지 않은지 등 모든 입력 양식을 검토해야 합니다. 서식과 여백, 라디오 버튼, 체크 박스, 셀렉트(드롭다운 목록)의 속성 값도 함께 살핍니다.

입력 폼 여백 설정 확인

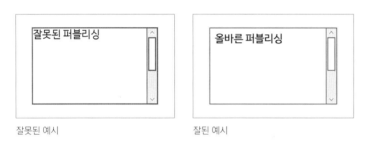

잘못된 예시   잘된 예시

옵션 선택의 간격 설정 확인

잘못된 예시   잘된 예시

가이드 메시지의 노출 위치 확인

잘못된 예시   잘된 예시

개발 과정 웹 기획자 업무

화면 정의서를 보완하며 완성도 높이기

퍼블리싱이 끝나면 작업된 문서의 경로인 URL을 웹 개발자에게 공유합니다. 그러면 웹 개발자는 퍼블리싱된 HTML 파일에 서버의 데이터를 호출하거나 이와 반대로 HTML 파일에서 입력한 정보를 서버로 저장하는 등 이용자 화면과 서버 간 데이터가 상호작용할 수 있도록 개발합니다.

회원 가입 정보를 받아서 서버에 저장하거나 상품 정보를 인기순이나 최신순으로 정렬해서 호출하는 기능도 전부 개발이 필요한 부분입니다. 또한 서버 간 데이터를 이동시킬 때 해킹으로부터 안전할 수 있도록 보안 작업도 해야 합니다.

개발하는 과정에서 웹 기획자가 생각하지 못한 변수가 발견되기도 합니다. 웹 개발자는 자체 테스트 시 미처 정의되지 않은 기능이나 설계상의 오류를 발견하면 웹 기획자에게 화면 정의서를 수정해 달라고 요청합니다. 예를 들어 웹 개발자가 화면 정의서대로 개발했는데 다음과 같은 문제가 발생했다고 가정해 보겠습니다.

웹 개발자	이용자가 제품 A를 구매해서 1,000포인트를 받았습니다. 그리고 바로 이벤트 응모로 1,000포인트를 사용해 현재는 0포인트입니다. 그런데 이용자가 제품 A를 환불하면 1,000포인트 지급도 취소해야 하는데, 차감할 포인트가 없습니다. 이럴 때는 어떻게 해야 하나요?

이와 같은 경우는 어떻게 해야 할까요? 포인트 지급 정책에서 포인트 지급 시점을 바꾸면 해결할 수 있습니다. 수정한 내용을 화면 정의서에 반영하여 웹 개발자에게 다시 전달하면 됩니다.

웹 기획자	포인트는 이용자가 제품을 구매한 뒤 환불 가능 기간(구매 후 7일)이 지난 후 지급하도록 정책을 수정하겠습니다. 따라서 이용자의 환불에 의해 포인트 지급을 취소하는 단계도 자연히 없어집니다.

이뿐만 아니라 결제 API를 호출했는데 통신 불량으로 API 응답이 없는 경우, 개인 거래 간 판매할 제품을 등록 후 제품 판매자가 탈퇴한 경우 등 기획단에서 예상하지 못한 부분이 개발 과정에서 발견되면 정책 및 화면 정의서를 수정합니다.

일정 관리하기

작업이 완료된 사항은 앞서 작성한 웹 사이트 제작 일정표에 체크하여 전체적인 진행 여부를 관리합니다. 일정표를 보면 어떤 업무가 시간이 많이 걸리고 어떤 업무가 완료되었는지 한눈에 파악할 수 있기 때문에 일정 지연 등의 돌발 상황이 발생해도 업무 순서와 일정을 탄력적으로 조절하면서 대응할 수 있습니다.

특히 개발은 예상하지 못한 변수가 가장 많이 발생하는 단계입니다. 앞의 예시와 같이 뜻하지 않은 기획적 오류 때문에 화면 정의서를 다시 작성하기도 합니다. 개발 난이도와 웹 개발자의 숙련도에 따라 작업 시간이 계획보다 길어질 수도 있습니다. 개발 일정이 지연되면 전체 제작 일정도 지연될 가능성이 높습니다.

업무가 지연되면 지연 사유를 분석하고 필요에 따라 완료 일정을 다시 조율해야 하지만, 업무 지연으로 받을 영향을 최소화해서 전체 일정을 관리하는 것이 중요합니다. 이때는 함께 웹 사이트 제작 프로젝트를 진행하는 총괄 PM, 개발 PM과 논의하여 다시 계획을 수립합니다.

업무가 지연될 가능성이 보인다면, 아래의 방법을 참고해 일정을 조절해 보세요.

❶ 업무 단위를 세분화합니다

업무 단위를 더 작게 나누는 것도 한 가지 방법입니다. 예를 들어, A 개발 업무 진행 후 B 개발 업무를 진행한다고 가정해 봅시다. 그런데 A 업무가 지체되어 B 업무까지 영향을 받을 상황입니다. 이런 경우 A 업무를 세분화하여 문제가 되는 부분을 찾고, 문제가 된 부분을 제외한 나머지 업무는 예정대로 진행해 B 개발 업무에 미치는 영향이 최소화되도록 조치할 수 있습니다. 보통은 A 개발 업무에 문제가 생겼다고 해서 모든 A 개발 업무에 문제가 있는 것이 아니라 일부분에만 문제가 생기는 경우가 많습니다.

❷ 업무를 병렬로 진행합니다

웹 디자인 작업이 끝나면 퍼블리싱이 시작되고, 퍼블리싱이 작업이 끝나면 개발이 시작됩니다. 그러면 웹 퍼블리셔는 디자인이 모두 끝날 때까지 대기하고, 웹 개발자는 퍼블리싱이 끝날 때까지 대기해야 합니다. 사실 선행 작업을 모두 끝마친 상태에서 후속 작업이 진행되는 것이 가장 안정적인 업무 진행 구조이지만, 일정이 빠듯한 상태에서 이렇게 작업이 진행되면 각 작업자의 업무 공백이 생겨 효율성이 떨어질 수밖에 없습니다.

이런 경우 웹 디자이너는 웹 퍼블리셔, 웹 개발자와 협의하여 작업 시간이 가장 오래 걸리는 화면을 먼저 작업할 수 있도록 합니다. 오래 걸리는 디자인 작업이 끝나면 웹 퍼블리셔에게 전달하고 바로 다음 작업을 시작하면 됩니다. 웹 퍼블리셔도 마찬가지 방식으로 웹 개발자에게 전달합니다. 이와 같이 선행 작업이 100% 완료될 때까지 기다리는 대신 업무의 혼선이 없는 선에서 일부 작업을 병렬로 우선 처리하면 웹 사이트 제작 시간을 크게 줄이고 개발 시간을 더 확보할 수 있습니다.

웹 쇼핑몰의 경우 일반적으로 웹 디자이너가 메인 화면과 상품 목록, 상품 상세 화면을 먼저 만듭니다. 이 화면들이 퍼블리싱되면 웹 개발자는 상품을 등록하고 이용자 화면에 노출될 수 있도록 개발합니다. 이렇게 일부 기능을 먼저 개발해 두면 웹 개발자가 다른 영역을 개발하는 동안 운영자는 쇼핑몰에 상품(DB)을 먼저 등록할 수 있어 상품 등록 일정을 효율적으로 관리할 수 있습니다.

06-2 완료된 웹 사이트 검증하기

웹 사이트 구현이 80~90% 정도 완성되면 웹 기획자는 사이트를 검증하기 위한 테스트를 준비합니다. 이는 웹 사이트가 화면 정의서에 설계된 것과 같이 구현되었는지 확인해 보는 과정입니다. 이러한 검증 과정은 사이트 구현의 일부 공정 과정이며, 웹 기획자의 업무이기도 합니다. 검증 과정에서 웹 기획자는 어떤 업무를 하는지 알아보겠습니다.

웹 사이트를 구현할 때는 일반적으로 개발 서버와 운영 서버로 구분하여 작업을 진행합니다. 개발 서버는 웹 기획자, 웹 디자이너, 웹 퍼블리셔, 웹 개발자가 작업하는 서버를 말하며, 운영 서버는 이용자가 실제 이용하는 서버를 말합니다. 이렇게 서버를 두 개로 구분하는 이유는 새로운 기능이나 서비스를 론칭할 때 개발 서버에서 먼저 개발과 테스트를 거친 후 이용자가 이용하는 운영 서버 서버로 이전해 혹시 발생할지도 모를 리스크를 없애기 위해서입니다. 프로그램을 개발할 때는 우리가 글을 쓸 때 문구를 수정하고 다듬는 것처럼 개발 서버에 개발한 사항을 업로드하고, 이상이 없는지 확인하고, 잘못된 부분을 수정하는 업무를 반복합니다.

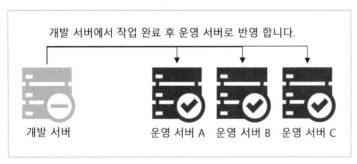

▶ 개발 서버에 작성된 사항을 운영 서버에 이전하는 작업을 실무에서는 운영 배포, 운영 반영, 운영 릴리즈(release) 등의 여러 용어로 부릅니다.

개발 서버와 운영 서버로 구분해 작업합니다.

검증 단계는 개발 검토와 바로 연결되는 단계이자 사이트의 오류나 사용성을 점검하는 최종 단계입니다. 웹 기획자는 테스트 케이스(test case) 작성하기 → 테스트 환경 만들기 → 테스트하기 → 결과 취합 및 오류 수정하기 순으로 개발 서버에서 검증을 진행합니다.

▶ 테스트 케이스(test case)를 줄여 T/C 라고도 합니다.

테스트의 종류

기능 테스트와 사용성 테스트

무엇을 테스트하느냐에 따라 기능 테스트와 사용성 테스트로 구분합니다. 기능 테스트는 웹 사이트의 기능이 의도한 대로 작동되는지 확인하는 테스트로, 기능 오류를 막기 위해 필수적으로 진행합니다. 반면 사용성 테스트는 웹 사이트에 불편한 점은 없는지, 더 편리하게 이용할 방법은 없는지 등을 찾아보는 테스트입니다.

물론 웹 기획자가 화면을 설계할 때는 사용성까지 고려하지만, 실제 구현된 기능을 사용하며 느끼는 것과는 차이가 있을 수 있습니다. 이런 차이를 좁히기 위해 사용성 테스트를 진행하기도 하지만, 일반적으로는 기존에 없던 새로운 UI를 적용한 경우나 더 편리한 구성을 찾고자 하는 경우에 사용성 테스트를 수행합니다. 예를 들어 제품 주문 과정을 간소화한 새로운 UI를 적용한 경우, 특수한 상황(운전 중, 사람이 많은 대중교통, 운동 중 등)에서 이용자가 처할 상황과 최대한 유사한 환경에서 불편 없이 이용할 수 있는지 확인하는 것입니다. 보편적인 UI를 적용한 경우에는 사용성 테스트를 생략하거나 기능 테스트와 사용성 테스트의 비율을 9:1 정도로 간략하게 진행합니다.

> ⓒ 기능 테스트와 사용성 테스트는 개발 서버에서 모두 진행합니다.

회원 가입 기능 테스트	상품 주문 사용성 테스트
① [회원 가입] 버튼을 클릭하세요. ② 아이디 작성 후 중복 확인을 진행하세요. ③ 전화번호에 숫자 이외의 단어를 입력하세요. ④ 필수 작성 항목인 이메일 주소를 작성하지 않고 [회원 가입] 버튼을 클릭하세요.	① 상품 주문 시 주소 입력은 어려웠나요? ② 카드 번호를 마이 페이지에 입력할 때 불편한 점은 없었나요? ③ 상품 주문 간소화 방식은 편리한가요? ④ 주문 완료 후 완료된 주문서를 모바일로 보내는 시스템이 유용한가요?

기능 테스트와 사용성 테스트 질문 예시

알파 테스트와 베타 테스트

언제 테스트하느냐에 따라 알파 테스트와 베타 테스트로 구분합니다. 알파 테스트는 웹 사이트를 외부에 공개하기 전 운영 환경에서 웹 개발자나 소수의 내부 테스터를 모집하여 진행하는 방식입니다. 주로 핵심 기능이 잘 동작하는지 검증하기 위해 개발 초기 단계에 시행합니다.

베타 테스트는 사이트를 정식 오픈하기 전에 일정 기간이나 일정한 이용 그룹(전사 또는 그룹 사에게만 접속 경로 오픈, 또는 테스터를 신청한 일부 이용자에게만 경로 오픈)을 설정해 두고 임시로 사이트를 오픈하여 실제 운영 환경에서 이용 행태를 수집하는 방법입니다. 규모가 작은 쇼핑몰이라면 알파 테스트와 베타 테스트로 구분하지 않고 한 번에 오픈하여 이용자로부터 수집된 오류를 수정하지만, 이미 수십만 명이 이용하는 웹 사이트의 리뉴얼이나 웹 사이트 오픈을 대기하는 이용자가 많은 경우(특정 가수의 콘서트 티켓이나 운동 경기 티켓 판매, 국가 기관의 온라인 접수 사이트 등)에는 베타 테스트가 필수입니다. 개발 환경에서 잘되던 기능이 운영 환경에서 오류를 일으킨다면 큰 손실을 얻을 수 있기 때문입니다.

흔히 게임 광고에서 베타 버전 출시라는 말을 들어 본 적이 있을 것입니다. 알파 테스트를 진행할 때 사용하는 버전을 알파 버전, 베타 테스트를 진행할 때 사용하는 버전을 베타 버전이라고 부른다는 점도 기억해 두세요.

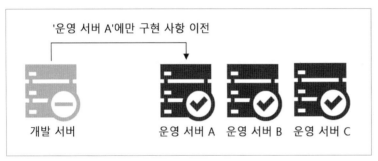

운영 서버가 여러 대인 경우 운영 서버 한 대만 오픈하여 알파 테스트를 진행하기도 합니다.

웹 사이트 테스트하기

테스트 케이스 작성하기

웹 사이트를 제작할 때 필수로 수행하는 기능 테스트를 중심으로 테스트 단계에서 웹 기획자가 해야 할 업무를 살펴보겠습니다. 다음은 웹 기획자가 진행해야 할 테스트 항목과 순서를 정리한 문서입니다. 이는 테스트가 모두 끝나면 오류가 없다고 웹 사이트의 품질을 최종적으로 보장하는 문서가 됩니다. 따라서 사소한 사항이라도 빠짐없이 테스트 케이스로 정리하면 좋습니다.

프로세스	Depth 1	Depth 2	확인 사항	정상 결과	Pass/Fail	오류 내용(Fail인 경우 작성)	캡처 이미지 번호
회원가입	가입동의	-	테이블 정렬, 문자열 어긋남, 이미지 표기 등 퍼블리싱 상태 확인	테이블 정렬, 문자열 어긋남, 이미지 미 표기 사항이 없어야 함		타이틀과 본문 내용이 겹쳐서 표기 됨	A-01
			서비스 약관 동의 미 체크 후 다음 클릭	Alert (회원약관에 동의하세요.)	Pass		
			개인정보 처리방침 미 체크 후 다음 클릭	Alert (개인정보 처리방침에 동의하세요.)			
			개인정보처리 위탁 동의 미 체크 후 다음 클릭	Alert (개인정보처리 위탁에 동의하세요.)			
			약관 동의 내용 모두 동의 후 다음 클릭	가입정보 입력 페이지로 이동			
	정보입력	-	이름 미 입력 후 회원가입 버튼 클릭	Alert (이름을 입력해 주세요.)			
			비밀번호 미 입력 후 회원가입 버튼 클릭	Alert (비밀번호를 입력해 주세요.)			
			비밀번호 작성 규칙과 다르게 입력 후 회원가입 버튼 클릭	Alert (비밀번호 생성 규칙에 맞게 다시 입력해 주세요.)			
			이메일 주소를 한글로 입력 후 회원가입 버튼 클릭	Alert (이메일 주소 형식에 맞게 입력해 주세요.)			
			이메일 수신여부 미 선택 후 회원가입 버튼 클릭	Alert (이메일 수신여부를 선택해 주세요.)			
구매 프로세스	주문 및 결제	주문서 작성	테이블 정렬, 문자열 어긋남, 이미지 표기 등 퍼블리싱 상태 확인	테이블 정렬, 문자열 어긋남, 이미지 미 표기 사항이 없어야 함			
			주문자 휴대폰 번호 미 입력 시	Alert (주문자 휴대폰 번호를 입력해 주세요.)			
			받는분 성함(회사) 미입력 시	Alert (받는 곳 주소를 입력해 주세요.)			
			결제 방법 미 선택 시	Alert (결제 방법을 선택해 주세요.)			
			사용 포인트 입력 후 적용 버튼 미 클릭 시	Alert (포인트 사용을 원할 시 적용 버튼을 클릭해 주세요.)			
		주문완료	테이블 정렬, 문자열 어긋남, 이미지 표기 등 퍼블리싱 상태 확인	테이블 정렬, 문자열 어긋남, 이미지 미 표기 사항이 없어야 함			
			주문내역 / 배송조회 버튼 클릭	주문내역 / 배송조회 페이지 본 창(Self) 이동			
			쇼핑 계속하기 버튼 클릭	상품 리스트 페이지 본 창(Self) 이동			
			메인으로 가기 버튼 클릭	메인 페이지 본 창(Self) 이동			
			로그아웃 버튼 클릭	로그아웃 상태로 메인 페이지 이동			

Chrome | Edge | Firefox

1. 테스트 케이스는 목록 형태로 작성하고 체크하므로 ❶과 같이 엑셀 프로그램을 활용하면 좋습니다.

2. 어떤 환경에서 테스트를 진행하는지 알기 위해 ❷와 같이 테스트 환경을 작성합니다. 같은 기능이라도 테스트 환경에 따라 오류가 발생할 수 있으므로 테스트 환경의 버전도 함께 작성해야 합니다. 보통 웹 화면의 경우 OS보다는 브라우저 환경이 중요하지만, 모바일 웹이나 앱의 경우 OS 버전도 중요합니다.

3. 테스트하는 화면의 경로를 알기 위해 ❸과 같이 화면 경로인 프로세스, Depth 1, Depth 2를 작성합니다. 화면에 따라 뎁스를 더 자유롭게 늘려도 됩니다.

4. ❹ 확인 사항에는 해당 메뉴에서 테스트해야 할 사항을 작성합니다. 여러 동작을 하나의 목록에 몰아서 작성하면 오류 발생 시 어느 동작에서 발생한 사항인지 정리하기가 모호해지므로 가능하면 한 개의 목록에 하나의 동작만을 확인할 수 있도록 구성합니다.

5. ❹ 확인 사항과 같이 진행했을 때 동작하는 정상 결과를 ❺에 작성합니다. 웹 기획자는 화면을 설계한 사람이기 때문에 테스트에서 어떻게 동작하는지 전부 알고 있어야 합니다. 웹 기획자 혼자서만 테스트를 진행한다면 굳이 작성하지 않아도 되지만, 여러 테스터에게 테스트 목록을 분배하여 테스트를 진행하는 경우 ❺ 정상 결과를 참고하여 비교할 수 있도록 합니다.

6. ④ 확인 사항이 ⑤ 정상 결과와 같으면 Pass, 다르면 Fail로 체크하도록 ⑥ 항목을 구성합니다.

7. ⑥ Pass/Fail 항목에 Fail로 체크한 경우에는 어떤 오류 사항인지 알 수 있도록 ⑦ 오류내용 항목을 작성합니다. 웹 퍼블리셔 또는 웹 개발자가 이 내용을 확인하고 수정을 진행하므로 최대한 자세히 작성하는 것이 좋습니다.

8. ⑦ 오류 내용을 확인할 수 있는 ⑧ 캡처 이미지가 있다면 별도로 저장해 두고 테스트 목록 전달 시 함께 전달합니다. 글과 함께 오류 이미지를 함께 보면 더 빨리 이해할 수 있기 때문입니다.

9. 테스트 케이스를 모두 작성하였다면 ⑨와 같이 테스트 환경(웹 브라우저)별로 시트(sheet)를 구성하여 각 브라우저에서 테스트를 진행할 수 있도록 합니다. 많은 버전에서 테스트할수록 그만큼의 시간(M/M)이 필요합니다. 따라서 전체 일정을 고려하여 최신 버전의 브라우저에서만 테스트하거나 주요 환경에서만 테스트하는 등 테스트 환경에 대한 범위를 조정할 수 있습니다.

테스트할 범위 나누기

일반적으로 웹 사이트 제작에 참여한 웹 기획자가 모든 테스트를 진행하지만, 경우에 따라 유관 부서 구성원도 테스터로 참여할 수 있습니다. 테스터가 많을수록 보는 관점이 다양해져 오류를 발견할 확률이 높아집니다. 그렇다고 해서 같은 내용을 필요 이상으로 여러 명이 테스트하는 것 또한 비효율적이기 때문에 웹 사이트의 메뉴 단위로 테스트할 범위를 나눈 다음 각 테스터의 업무와 연관된 부분을 고려하여 테스트 영역을 할당하면 좋습니다.

테스트 환경 만들기

테스트 환경을 만든다는 것은 개발 서버에 테스트에 필요한 데이터를 미리 넣어두거나 데이터를 조작해 테스트를 보다 효율적으로 진행할 수 있는 환경을 만들어 놓는 것을 말합니다. 포인트 결제를 위해 임의로 포인트를 충전해 놓는다거나, 제품 결제 시 테스트용 결제 모듈을 연결해 마치 실제 결제가 완료된 것처럼 조작하는 것이 그 예입니다. 만약 이러한 테스트 환경을 갖추지 못한다면 포인트를 쌓기 위해 제품 구매 테스트를 진행하거나 테스터의 개인 카드로 결제 및 취소하는 등 불필요한 업무들이 생겨납니다. 따라서 웹 기획자는 어떤 부분에 데이터를 미리 넣어 놓거나 조작해야 하는지 등을 미리 개발 담당자에게 요청해서 테스트 진행에 문제가 없도록 준비해야 합니다.

기능 테스트하기

테스트 케이스를 작성하고 테스트 환경을 만들었다면 이제 본격적으로 테스트를 시작할 차례입니다. 사실 테스트 과정 자체는 매우 지루합니다. 갖추어야 할 조건이 많다면 더욱 까다로운 작업이기 때문에 요령껏 진행하려는 경향이 생길 수 있습니다. 하지만 웹 기획자는 테스트를 단순히 웹 사이트에 설계한 기능을 따라 이용해 보는 정도로 이해하면 안됩니다. 실제 이용자의 입장에서 느끼는 불편함과 기능의 오류 등는 물론이고, 변칙 이용에 충분한 대응 설계가 되었는지 꼼꼼히 체크해야 합니다.

테스터는 웹 사이트의 전반적인 이용 행태를 테스트합니다. 반면, 웹 기획자는 데이터가 서버에 정상적으로 저장되는지, 결제 시도 중 웹 브라우저를 닫은 경우 결제 실패가 되는지, 결제 정보가 정확하게 PG사에 전달되는지 등과 관리자와 연계하여 상탯값에 따라 주문 취소 여부를 확인하는 등 웹 사이트 전체의 구조를 잘 알고 있어야 가능한 부분을 중점으로 테스트합니다. 이때는 일반 테스터가 진행하기에는 까다로운 전문적인 기능이나 관리자 화면까지 연동하여 테스트하는 사항을 담당해야 합니다.

웹 기획자에게 테스트 단계는 업무의 양이 급격히 증가하는 단계입니다. 테스트만 해도 시간이 많이 필요한데 테스트 인력 관리부터 오류 사항 취합, 원인 분석, 웹 디자이너 및 웹 퍼블리셔, 웹 개발자에게 수정 사항 전달 등 신경 써야 할 부분이 많습니다. 업무의 마지막 단계인 만큼 테스트 단계에서 실수가 발생하지 않도록 끝까지 집중해야 합니다.

결과 취합하고 오류 수정하기

테스터 결과를 취합하고 누락된 테스트 케이스는 없는지, 중복된 내용은 없는지 확인합니다. 오류는 심각도(severity)에 따라 네 가지로 분류할 수 있습니다. 그 이유는 웹 사이트 오픈 여부를 판단해야 하기 때문입니다. 심각한 오류가 아니라면 우선 기한에 맞춰 오픈하고 이후에 개선할 수 있습니다. 하지만 오픈일을 미루더라도 반드시 고쳐야 할 만큼 심각한 오류도 있습니다.

❶ 크리티컬(critical) 오류 ★★★★

웹 사이트에서 제공하는 핵심 기능에 문제가 생긴 경우입니다. 웹 기획자가 잘못 설계했거나 웹 개발자의 실수로 발생할 수 있습니다. 숙박 예약 사이트를 예로 들면, 날짜는 선택되지만 방을 고르는 옵션이 없거나 예약 자체가 되지 않고, 예약이 되더라도 예약 정보가 관리자 화면에 호출되지 않는 경우가 이에 해당합니다. 숙박 예약 사이트에서 숙박 예약이 안 된다면 이대로 오픈해도 결국 무용지물입니다. 따라서 웹 사이트를 오픈하기 전에 크리티컬 오류가 반드시 수정되어야 합니다.

❷ 메이저(major) 오류 ★★★☆

웹 사이트에서 제공하는 핵심 기능 외에 웹 기획자나 웹 개발자의 실수로 발생한 오류입니다. 커뮤니티 게시판에 글 작성이 안되거나, 상품을 볼 수는 있지만 상품 검색 기능에 오류가 생긴 경우 등을 말합니다. 핵심 기능은 아니기 때문에 운영 중에 수정할 수 있는 부분입니다. 이때는 클라이언트나 업무 관계자와 논의하여 판단에 따라 오픈 여부를 결정합니다.

❸ 마이너(minor) 오류 ★★☆☆

주로 웹 디자이너, 웹 퍼블리셔가 작업한 부분에서 발생한 오류입니다. 특정 웹 브라우저에서 화면이 다르게 보인다거나 똑같은 기능의 버튼이 화면마다 위치가 조금씩 다른 경우가 이에 해당합니다. 이러한 오류는 즉시 수정할 수 있는 부분이므로 웹 사이트 오픈에 영향을 주지는 않습니다.

❹ 트리비얼(trivial) 오류 ★☆☆☆

단순한 오류를 뜻합니다. 화면 정의서에 있는 오탈자가 그대로 반영된 경우, 화면 정의서의 문구를 복사하고 붙여넣는 과정에서 글자 일부가 누락된 경우가 이에 해당합니다. 이러한 오류는 즉시 수정할 수 있고 이용자에게 미치는 영향이 적기 때문에 웹 사이트 오픈 일정에 영향을 주지는 않습니다.

★ 기획자 상식 사전   **QA팀은 무엇인가요?**

QA(quality assurance)팀은 구현된 웹 사이트가 기업이 요구하는 품질 수준을 만족하는지 테스트하여 웹 사이트의 품질을 일관되게 유지하는 역할을 합니다. 이러한 업무적 특징 때문에 테스트 단계에서 QA팀과 협업하는 경우가 있습니다.

QA팀은 웹 사이트를 테스트하여 오류의 수와 오류의 심각성, 기능과 디자인의 일관성, 해당 기업의 저해 요소, 보안 요소(고객 정보 암호화 등), 정보통신망법 준수 여부 등을 검토하여 100점 만점을 기준으로 웹 사이트의 품질 지수를 점수로 환산합니다. 각 기업에 따라 다르지만 품질 지수에 따라 웹 사이트 오픈 일정이 연기될 수도 있습니다.

06-3 사이트 오픈 후 웹 기획자의 운영 업무

웹 에이전시에서 일하는 웹 기획자는 웹 사이트 제작이 완료되면 클라이언트에게 이를 인계하고 새로운 웹 사이트 기획 업무를 진행합니다. 자사 서비스를 운영하는 회사에서 일하는 웹 기획자라면 웹 사이트 제작 완료 후 제작한 웹 사이트를 관리하기 위한 운영 기획 업무로 이어지는 경우가 많습니다. 웹 사이트의 구조를 가장 잘 아는 사람은 역시 이를 직접 설계한 웹 기획자입니다. 따라서 운영 기획 업무도 웹 사이트 구축을 진행한 웹 기획자에게 자연스레 이어질 수 있습니다. 여기서 웹 사이트 운영 기획 업무란 구현 단계에서 발견하지 못한 오류 수정이나 서비스 운영 중 관련 법 개정에 따른 대응, 지금보다 더 나은 기능 개선 등의 업무를 통틀어 말합니다. 이번 절에서는 운영 기획 단계에서의 웹 기획자의 업무를 간략하게 살펴보겠습니다.

운영 오류 수정하기

구축 테스트 단계에서 미처 발견하지 못한 오류를 수정합니다. 웹 기획자와 웹 개발자는 예상되는 오류를 최대한 유추해 대비하지만, 다양한 변수가 너무도 많기 때문에 모든 오류를 설계 및 테스트 단계에서 예측하고 수정하기는 불가능합니다. 따라서 오픈 후 최소 한 달 정도는 운영 사항을 모니터링하며 실시간 대응 준비를 합니다. 운영 상황에서 발생할 수 있는 오류를 예로 들어 살펴보겠습니다.

❶ 화면 정의서의 내용을 누락하여 발생한 오류

화면 정의서에는 페이지당 게시물을 10개까지 노출하는 것으로 정의했지만 실제로는 10개를 초과하는 오류입니다. 테스트 단계에서 게시글 등록, 보기, 수정, 삭제에 대한 테스트만 진행하고 게시물이 10개 단위로 페이징되는 테스트가 누락된 사항이기도 합니다. 운영 환경에서도 게시판 목록의 게시물이 쌓이려면 일정 기간이 필요하기 때문에 사이트를 오픈하고 꽤 많은 시간이 지난 뒤에 발견되는 경우도 종종 있습니다. 이러한 오류가 발견되면 화면 정의서 내용에 게시판 페이징 정의가 누락되지는 않았는지 검토해 보고, 웹 개발자에게 요청하여 페이지당 노출되는 게시물의 수를 수정합니다. 이때 중요한 것은 게시판 한 곳에서 오류가 발생했다면 다른 게시판도 함께 점검해 보아야 한다는 것입니다. 유사한 형태를 가지고 있는 게시판 모두를 점검하여 오류가 발견된 게시판 전체를 수정할 수 있도록 합니다.

번호	제목	작성일
10	무통장 입금 고객님께 드리는 혜택!	2024-03-14
9	택배사 물량 폭주로 배송 불가 안내	2024-03-13
8	신용카드 무이자 할부 안내	2024-03-10
7	3월 1차 신상품 입고 안내	2024-03-07
6	오픈 숍 이용 시 주의사항 안내	2024-03-04
5	신용카드 무이자 할부 안내	2024-02-10
4	신상품 입고 안내	2024-02-09
3	스타일 숍 이용 시 주의사항 안내	2024-02-05
2	1월 신상품 입고 안내	2024-02-04
1	서비스 오픈!	2024-01-01

|처음| <이전 [1] [2] [3] [4] [5] 다음> |마지막|

번호	제목	작성일
11	3월 2차 신상품 입고 안내	2024-03-16
10	무통장 입금 고객님께 드리는 혜택!	2024-03-14
9	택배사 물량 폭주로 배송 불가 안내	2024-03-13
8	신용카드 무이자 할부 안내	2024-03-10
7	3월 1차 신상품 입고 안내	2024-03-07
6	오픈 숍 이용 시 주의사항 안내	2024-03-04
5	신용카드 무이자 할부 안내	2024-02-10
4	신상품 입고 안내	2024-02-09
3	스타일 숍 이용 시 주의사항 안내	2024-02-05
2	1월 신상품 입고 안내	2024-02-04
1	서비스 오픈!	2024-01-01

|처음| <이전 [1] 다음> |마지막|

게시판 목록에 10개씩 게시물이 나누어 정렬되어야 하지만 게시물이 10개가 넘어도 페이징되지 않는 현상 예시

❷ 데이터가 쌓이며 사이트의 반응 속도가 느려지는 사항

구축 테스트 단계에서는 보통 회원 수 10명 내외, 상품 수 10개 내외에서 기능 정상 동작 여부를 기준으로 테스트를 진행하지, 데이터가 많고 적음에 따른 사이트 속도는 테스트 하지 않습니다. 운영 환경에서 회원 수가 1만 명, 2만 명으로 늘어나고 상품 수도 500개, 1,000개로 늘어나다 보면 이용자 화면과 관리자 화면의 검색 속도가 급격히 느려지는 경우가 있습니다. 구축 테스트 시 1초 내외로 검색 결과가 노출되었다면, 운영 환경에서는 데이터 양이 많아져 10초를 기다려도 검색 결과가 노출되지 않는 것입니다. 그리고 구축 테스트 시 검색 결과가 대부분 1초 이내로 노출되어 사이트와의 상호작용에 문제가 없었던 반면, 데이터가 늘며 약 10초의 검색 시간 동안 사이트가 멈춘 상태로 유지되다 보니 이를 오류로 인식하는 이용자도 늘었습니다. 이런 경우 검색 프로그래밍을 분석하여 속도가 느려지는 원인을 찾아 검색 튜닝 작업을 하거나 검색어와 관련된 데이터 영역만 검색할 수 있도록 인덱싱 작업을 하는 등의 개선 작업이 진행되어야 합니다. 그리고 UI 개선도 필요할 수 있습니다. 검색이 진행되는 시간 동안 '로딩 애니메이션'이 노출되도록 개선하면, 이용자는 시스템이 멈춘 것이 아니라 동작하고 있음을 인지할 수 있습니다.

사이트의 검색 반응이 느리면 이용자는 오류로 착각합니다.   검색이 진행되는 동안 로딩 애니메이션을 넣어 주세요.

관련 법 준수에 따른 대응

❶ 추가 알림 메시지 발송하기

[정보통신망 이용촉진 및 정보보호 등에 관한 법률 시행령 > 제62조의3] 내용 중 '수신동의를 받은 날부터 2년마다 해당 수신자의 수신동의 여부를 확인하여야 한다.'는 내용이 있습니다.

ⓒ 법령 정보는 [국가법령정보센터(www.law.go.kr) > 법령 > 현행법령]에서 찾을 수 있습니다.

정보통신망 이용촉진 및 정보보호 등에 관한 법률 시행령 (약칭: 정보통신망법 시행령)

[시행 2022. 12. 11.] [대통령령 제33039호, 2022. 12. 9., 일부개정]

☒ ⊠ ☐ **제62조의3(수신동의 여부의 확인)** ① 법 제50조제1항 또는 제3항에 따라 수신자의 사전 동의를 받은 자는 같은 조 제8항에 따라 그 수신동의를 받은 날부터 2년마다(매 2년이 되는 해의 수신동의를 받은 날과 같은 날 전까지를 말한다) 해당 수신자의 수신동의 여부를 확인하여야 한다.

② 제1항에 따라 수신동의 여부를 확인하려는 자는 수신자에게 다음 각 호의 사항을 밝혀야 한다.
1. 전송자의 명칭
2. 수신자의 수신동의 사실과 수신에 동의한 날짜
3. 수신동의에 대한 유지 또는 철회의 의사를 표시하는 방법
[본조신설 2014. 11. 28.]

정보통신망 이용촉진 및 정보보호 등에 관한 법률 시행령 > 제62조의3

이용자가 특정 사이트에 가입하며 '영리목적의 광고성 정보 전송(마케팅 활용)'에 동의한 경우 휴대폰 번호(SMS, 알림톡)와 이메일로 동의한 사이트의 홍보물을 받아 볼 수 있는데, 이러한 동의 사실을 '2년마다 해당 수신자에게 동의 여부를 재확인' 받을 수 있도록 시스템을 갖추라는 내용입니다. 보통 이런 시스템은 구축 시 함께 개발할 수도 있지만 웹 사이트 오픈 후 2년 뒤에 발송되는 사항이므로 구축 리소스를 아끼기 위해 일반적으로 운영 단계에서 시스템 개선 건으로 진행합니다. 한 가지 유의해야 할 사항은 초기 구축 시 '영리목적의 광고성 정보 전송(마케팅 활용)'에 이용자가 동의한 날짜를 기록해야 한다는 것입니다. 동의

한 날을 기준으로 2년 뒤에 '동의 여부를 재확인'하는 안내를 해야 하기 때문입니다.

여기서 웹 기획자가 해야 할 업무는 발송 시점 및 수신 대상에 대한 정의와 발송되는 내용을 기획하는 것입니다. 그리고 테스트를 거친 후 실제 발송되는 상황을 지켜보면서 오발송되는 사항은 없는지 확인합니다.

OK캐쉬백 광고성 정보 수신 동의 안내 메일

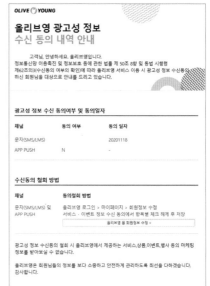

올리브영 광고성 정보 수신 동의 안내 메일

❷ 개인정보 이용내역 통지하기

[개인정보 보호법 〉 제39조의8]에는 '수집한 이용자의 개인정보의 이용내역을 주기적으로 이용자에게 통지하여야 한다.'는 내용이 있습니다.

개인정보 보호법

[시행 2020. 8. 5.] [법률 제16930호, 2020. 2. 4., 일부개정]

제39조의8(개인정보 이용내역의 통지) ① 정보통신서비스 제공자 등으로서 대통령령으로 정하는 기준에 해당하는 자는 제23조, 제39조의3에 따라 수집한 이용자의 개인정보의 이용내역(제17조에 따른 제공을 포함한다)을 주기적으로 이용자에게 통지하여야 한다. 다만, 연락처 등 이용자에게 통지할 수 있는 개인정보를 수집하지 아니한 경우에는 그러하지 아니한다.

② 제1항에 따라 이용자에게 통지하여야 하는 정보의 종류, 통지주기 및 방법, 그 밖에 이용내역 통지에 필요한 사항은 대통령령으로 정한다.

[본조신설 2020. 2. 4.]

개인정보 보호법 〉 제39조의8

이러한 법률을 지켜야 하는 대상은 [개인정보 보호법 시행령 〉 제48조의6]에 정의되어 있습니다.

개인정보 보호법 시행령 〉 제48조의6

다음과 같은 조건이라면 개인정보의 이용내역을 주기적으로 이용자에게 통지해야 합니다.

> 1. 정보통신서비스 부문 전년도(법인인 경우에는 전 사업연도를 말한다) 매출액이 100억 원 이상인 정보통신서비스 제공자 등
> 2. 전년도 말 기준 직전 3개월간 그 개인정보가 저장·관리되고 있는 이용자 수가 일일평균 100만 명 이상인 정보통신서비스 제공자 등

여러 서비스를 오픈하여 이용자 수가 꽤 많아졌다면 [개인정보 보호법 시행령 〉 제48조의6]에 정의된 법률을 지켜야 하는 기준에 충족되어 개인정보의 이용내역을 주기적으로 이용자에게 통지해야 합니다. 이 경우 웹 기획자는 발송 시점, 수신 대상, 발송 내용을 정의하여 구체적인 발송 계획을 세웁니다. 웹 사이트는 멈추지 않고 계속 운영되므로 이를 주기적으로 발송될 수 있도록 계획하는 것이 좋습니다.

◐ 웹 기획자는 법률 전문가가 아니므로 매번 변경된 법률을 확인하며 개선 사항을 수집할 수 없으며, 이용자에게 발송되는 내용 또한 웹 기획자 스스로 결정하여 진행할 수 없습니다. 보통은 사내 법무팀의 안내를 통해 법률과 관련된 사이트 개선 작업이 진행되며, 내용 역시 웹 기획자가 초안을 작성하면 법무팀 검토를 거쳐 이용자에게 발송됩니다. 사내에 법무팀이 없다면 의사 결정권자인 임원 등과 협의하여 진행하도록 합니다.

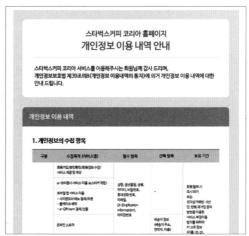

| 페이북 회원 개인정보 이용내역 통지 안내 메일 | 스타벅스커피 코리아 개인정보 이용 내역 안내 메일 |

기능 개선하기

웹 사이트 구축 시에는 이용자의 사용 패턴을 분석할 수 없는 반면 운영 시에는 이용자의 사용 패턴 분석과 의견 수렴을 통해 구현되어 있는 기능을 좀 더 편리한 형태로 개선할 수 있습니다. 그리고 이용자의 니즈를 파악하여 새로운 콘텐츠를 기획하기도 합니다. 지금까지 〈비상! 퇴근 전 의뢰인의 메일〉을 통해 고민해 본 사항과 같이 구축을 진행할 때는 불편함을 몰랐지만 실제 이용자가 불편하다고 이야기하는 부분을 효율성이 높은 방향으로 개선해 나가는 것입니다. 다음 예시를 통해 살펴보겠습니다.

❶ 상품 검색 기능을 개선한 예시

키워드 검색 결과를 분석한 결과 이용자가 검색한 키워드가 상품명과 일치한 경우는 20%밖에 되지 않았습니다. 열 번 중에 여덟 번은 '검색된 상품이 없습니다.'라는 안내 문구를 보고 있는 것입니다. 따라서 이용자들은 운영자가 정한 상품명보다 훨씬 대중적인 키워드로 검색하고 있다는 것을 알게 되었습니다. 어떻게 하면 상품이 더 잘 검색되게 할 수 있을까요?

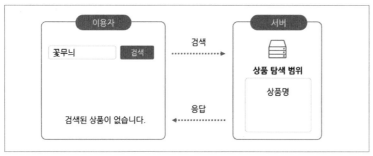

키워드가 상품명에 속할 때만 검색됩니다.

현재 검색 기능은 상품명에 속한 키워드를 정확히 입력했을 때만 상품이 노출되는 방식입니다. 그런데 이용자는 상품명 키워드로만 원하는 상품을 찾지 않습니다. 상품명은 운영자가 상품을 구분하기 위해 붙인 이름일 뿐 이용자는 꽃무늬, 실크처럼 디자인 패턴이나 재질 등을 검색하기도 합니다. 따라서 상품명 이외에 옷의 패턴이나 디자인 특성까지 검색에 반영될 수 있도록 키워드의 범주를 넓히면 원하는 상품이 더 잘 검색될 수 있습니다.

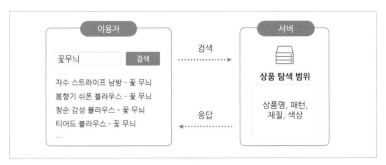

상품명 키워드가 아니더라도 다양한 상품 정보로 상품을 검색할 수 있습니다.

❷ 상품 상세 정보의 색상 옵션 기능을 고도화한 예

웹 쇼핑몰 이용자의 특성 중 한 가지는 원하는 상품을 빠르게 찾고자 한다는 것입니다. 상품마다 다르겠지만 노트북, 승용차, 고가 가전, 유아용품과는 달리 식품, 의류, 생필품 등의 상품은 꼼꼼히 찾는 대신 빠르게 훑으며 찾는 경우가 많습니다. 그러므로 상품 상세 화면에 이용자에게 맞는 정보가 있다고 해도 쉽게 찾지 못하면 이용자는 정보가 없다고 판단하여 사이트를 벗어날 확률이 높아집니다. 예를 들어 색상별 또는 옵션별 상품 이미지는 일반적으로 상세 정보 영역에 구성합니다. 이용자는 상품 상세 화면에서 상품 색상별 또는 옵션별 상품을 직접 확인하기 위해 스크롤을 내려서 화면을 이동해야 합니다. 옵션명이 어려운 경우 여러 번 위아래 스크롤을 하며 정보를 비교해 보기도 합니다. 이러한 이용자의 불편함을 개선할 방법은 없을까요? 가장 간단한 방법으로는 색상 옵션을 드롭다운 옵션에서 실제 색을 선택할 수 있는 버튼으로 설계하고, 이용자가 색상 버튼을 누르면 해당 상품으로 대표 이미지가 바뀌도록 개선할 수 있습니다. 이제 상품 상세 정보 영역에서 찾지 않아도 원하는 색을 옵션을 선택하며 바로 확인할 수 있습니다.

색상 정보를 확인하려면 상품 정보 영역과 비교해야 합니다.

색상 옵션에 맞는 상품 이미지를 바로 보여 줍니다.

웹 기획자는 이러한 개선 방향이 정해지면 직접 관련된 화면은 물론 연관된 화면까지 문제가 없는지 함께 검토합니다. 이를 '영향 범위 검토'라고 합니다. 예를 들면 상품 상세 화면의 옵션 선택 기능을 수정한 경우 '주문 및 결제' 화면의 옵션 표기에는 문제가 없는지, '나의 주문 목록' 화면의 옵션 표기에는 문제가 없는지 등의 관련 사항을 모두 검토해 보는 것입니다. 이러한 설계 과정을 거쳐 이용자 화면 정의서, 관리자 화면 정의서까지 보완하는 등의 수정 작업을 진행합니다. 이후에는 구축 프로세스에서 배운 것과 동일하게 필요한 경우 디자인, 퍼블리싱 수정 작업을 거쳐 수정 개발을 진행하고, 테스트 진행 후 최종 운영 사항에 반영합니다.

웹 기획자로서 역량 강화하기

지금까지 웹 기획자가 알아야 할 기본적인 업무 방법에 대해 배웠습니다. 여기에 웹 기획자로서 전문성을 더하려면 무엇을 더 공부해야 할까요? 이 책으로 웹 기획의 전체 구조를 머릿속에 그렸다면 앞으로는 여기에 살을 붙이는 방법으로 공부하면 좋습니다. 시중에 출간된 UI/UX 관련 도서를 참고하면 이 책에서 배운 기본기를 바탕으로 더욱 전문성 있는 기획 업무로 나아갈 수 있습니다. 여러분은 이제 웹 기획자로 본격적인 업무를 준비할 때입니다.

07-1 웹 기획자답게 생각하기

바둑에서 묘수(妙手)란 상대방이 생각하지 못한 방법으로 승부를 결정짓는 수를 말합니다. 시간이 흐를수록 커지는 이용자의 기대와 까다로운 클라이언트의 요구사항을 만족시키려면 기획 단계에서 이러한 묘수가 필요합니다. 이따금 상충하는 이용자와 제공자의 이해관계를 조절하고, 모두를 만족시키는 서비스를 설계하는 것도 웹 기획자의 중요한 역할입니다. 이번 절에서는 다양한 이해관계자의 요구 속에서도 목표를 잃지 않고 웹 기획자답게 사고하는 실무 노하우를 소개합니다.

서비스의 목적을 달성하는 기획력

① 잘 만드는 것이 전부가 아니다

기획력이란 창의적으로 문제 해결책을 찾고 실현될 수 있도록 계획하는 것이라고 설명할수 있습니다. 오프라인이든 온라인이든, 방송 기획이든 출판 기획이든 기획력은 대부분 비슷한 의미로 해석됩니다. 모든 온라인 서비스는 이용자들의 특정한 문제를 해결하기 위한목적을 가지고 있습니다. 여기서 말하는 문제는 곧 온라인 서비스의 목적과도 연결됩니다. 단순히 웹 쇼핑몰을 만들었다고 해서 사람들이 알아서 찾아와 제품을 구매할까요? 그렇지않습니다. 다른 쇼핑몰과 차별화된 특색이 없다면 성공하기 어렵습니다. 우리 쇼핑몰을 찾아올 이용자들을 조사하고 이들이 웹 쇼핑몰을 이용할 때 무엇을 불편해하고 무엇을 필요로 하는지 등의 조사 내용을 기반으로 목적을 달성할 수 있는 방법을 찾아 화면을 구성하는 것이 중요합니다.

웹 사이트를 제작하는 진행 능력과 기획력을 동일한 것으로 이해해서는 안 됩니다. 진행능력은 웹 기획자의 기본 능력입니다. 일을 잘 진행하는 것도 중요하지만, 더 중요한 것은기획력입니다.

진행 능력은 기획력이 아닙니다.

❷ 작은 습관이 기획력을 키운다

웹 사이트 하나를 기획하고 제작하는 데는 짧게는 3개월, 길게는 1~2년 정도 소요됩니다. 그렇다 보니 기획 업무를 3년 정도 담당해도 기획한 사이트는 5개 내외인 경우가 많습니다. 그리고 업무가 바쁘게 진행되는 경우가 많으므로 실무를 하며 관련 지식을 습득하기도 쉽지 않습니다. 따라서 웹 기획자의 역량 계발을 실무 경험에만 의존하기에는 너무나 많은 시간이 필요합니다.

그렇다면 기획 실력은 언제, 어떻게 쌓는 것이 좋을까요? 제가 생각하는 방법은 언제나, 항상입니다. 지나다니는 거리, 머무는 곳 모두가 기획을 연습하는 대상이 될 수 있습니다. 책을 보거나 학원을 다니기 위해 별도의 시간을 할애할 필요도 없고, 비용을 투자하지 않아도 됩니다. 상황을 분석하고 재조합하며 이를 메모할 준비만 되어 있으면 작은 습관으로도 기획력을 키울 수 있습니다. 앞으로 기획자답게 사고하기 위해 이런 습관을 가져 보는 건 어떨까요? 길을 걷거나 대중교통을 타고 이동하는 시간 등 눈에 보이는 사항들을 재료 삼아 연습해 보면 사고력이 많이 넓어질 것입니다.

첫째, 눈에 보이는 모든 것을 웹/앱에 담는다는 상상을 해보세요. 이 세상에 웹 사이트에 표현하지 못하는 것이 있을까요? 있다면 그 이유가 무엇일까요? 세상에 모든 것을 웹에 담을 수 있다는 것이 정답은 아닙니다. 담을 수 있다면 어떻게 담을 수 있는지, 담기 어렵다면 그 이유는 무엇인지를 사고하는 것이 중요합니다.

> • 아이스크림을 판매하는 쇼핑몰이 있을까? 만약 만든다면 배송이 가능할까? 드라이아이스를 이용하면 녹지 않고 배송할 수 있을까?
> • 한강의 물고기 숫자를 앱에서 실시간으로 체크할 수 있을까? 한강 곳곳에 물고기를 인식하는 센서를 달아 센서 정보를 앱에서 볼 수 있다면 가능할 것 같은데, 물고기를 인식하는 센서만으로 한강의 물고기 숫자를 파악하는 것은 너무 어려운 일이지 않을까?

둘째, 웹 사이트를 방문할 때마다 스스로에게 묻고 나라면 어떻게 하겠다라는 식의 답을 해 보세요. 찾은 해답을 머릿속에 차곡차곡 쌓아 두었다가 앞으로 만들어야 하는 사이트에 적용해 봅니다. 전문 지식이나 복잡한 증명 과정은 모두 생략하고 '왜 이렇게 했을까?', '다른 방법은 없을까?'만 생각해 보는 과정입니다.

> • 주요 메뉴는 왜 항상 사이트 상단에만 위치할까? 오른쪽이나 왼쪽에 배치하면 어떤 변화가 있을까?
> • 꼭 읽어줬으면 하는 팝업! 이용자는 닫기에 바쁜 팝업! 중요한 정보를 이용자에게 효과적으로 전달하는 방법은 없을까?

셋째, 서로 다른 웹/앱의 장점이나 공통점을 찾아 서로 합친다고 상상해 보세요. 보통 아이디어는 우리 뇌에서 서로 다른 2~3가지의 특정한 기능이나 현상들이 합해지면서 생겨난다고 합니다. 화면을 설계할 때는 보통 유사 업종을 벤치마킹하며 업무를 진행하는 경우가 많습니다. 단, 웹 사이트를 조금 다른 방식으로 독특하게 구현해 보고 싶다면 내가 진행하는 산업 분야와 다른 산업 분야에서 착안점을 찾아보는 것이 좋습니다.

> • 도서 판매 사이트를 유튜브를 참고해 구상해 보면 어떨까? 이제는 책 소개를 영상으로 하는 것이 시대에 맞지 않을까?
> • 여행 상품 판매 사이트의 여행 상품을 인스타그램의 단문 글 형식으로 소개하고 자세한 내용은 PDF로 다운로드하게 하면 어떨까? 자동차 소개 사이트에서 자동차 카탈로그를 다운로드하는 것처럼 말이야!

위와 같은 생각을 하는 데는 5분도 안 걸릴 것입니다. 단 5분의 상상으로 얻은 해답은 곧 나의 실무 능력에 도움이 됩니다. 이와 유사한 웹 사이트 제작 의뢰가 들어오면 답을 쉽게 찾을 수도 있고, 마치 여러 번 웹 사이트를 만들어 본 것처럼 업무를 수월하게 진행할 수도 있습니다. 아이디어는 결국 순간적으로 떠오르는 생각이 아니라 경험의 산물이기 때문입니다.

나은 것이 아니라 새로운 것을 만드는 차별화

❶ 당연한 것을 의심하기

제품 이미지를 꼭 스크롤해서만 봐야 할까요? 웹 쇼핑몰 운영자는 제품을 매력적으로 보이게 하기 위해 많은 이미지를 사용합니다. 하지만 이용자 입장에서는 이렇게 길고 긴 상품 소개 페이지가 거추장스럽기만 합니다. 로딩이 길어져서 이미지가 중간중간 보이지 않는 경우도 있고, 3초 안에 화면이 열리지 않으면 오류로 오해하기도 합니다. 웹 페이지 하단에 있는 제품 상세 정보를 확인하기 위해 열심히 화면을 아래로 내려야 하는 수고도 있습니다. 상품 소개가 상세하면 소비자의 선택에 도움이 되기는 하지만, 반복되고 불필요한 이미지가 흥미를 떨어뜨리거나 오히려 불편함을 초래할 수도 있습니다. 이러한 문제를 해결할 수 있는 방법은 없을까요?

방법은 여러 가지가 있습니다. 제품을 영상으로 촬영하여 올릴 수도 있고, 3D로 제작하여 스크롤 이동 없이 한 화면에서 앞, 뒤, 옆, 위, 아래 모습을 모두 볼 수 있도록 구성할 수도 있습니다. 이렇게 하면 이용자는 길게 스크롤하지 않아도 제품 디자인을 입체적으로 한눈에 확인할 수 있습니다.

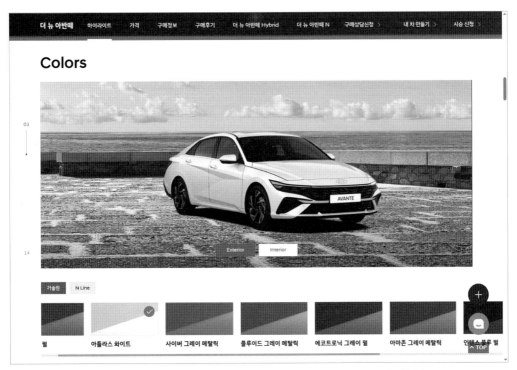

현대자동차(www.hyundai.com)는 마우스를 좌우로 움직여 차량의 360도 전체 모습을 볼 수 있도록 제공합니다.

❷ 이용자의 행동 특성을 정확하게 이해하기

한 고객이 온라인 쇼핑몰에서 똑같은 명절 선물 세트를 30개 구매한 후 친구 30명에게 하나씩 보내 준다고 가정해 봅시다. 일반적인 쇼핑몰은 받는 사람의 주소를 입력하는 칸이 1개입니다. 따라서 같은 제품을 30명에게 배송하기 위해서는 주문서를 30번 작성하고 결제도 30번이나 해야 합니다. 이러한 방법으로 주문해야 한다면 고객이 만족스러워할까요? 직접 전화나 메일로 전체 주소를 전달하는 방법도 있기는 하지만 고객과 운영자 모두 불편하기는 마찬가지입니다. 이와 같은 이용 특성을 미리 파악하고 제품별로 주소지를 다르게 입력할 수 있는 기능을 기획하면 이용자의 불편도 줄고 운영자의 주문 처리를 위한 업무도 줄어들 것입니다.

이처럼 이용자의 특성을 파악하여 화면을 설계하는 것을 이용자 경험 설계(user experience, UX)라고 합니다. UX는 광범위한 산업 분야에서 사용되는 개념으로, 이용자의 특성 이상으로 이용자의 생각, 느낌 등 이용자의 모든 감각 기관을 통해 축적된 경험을 기반으로 설계하는 광의적 개념입니다. IT 분야에서는 특성에 따라 더 편리하고 익숙하게 이용할 수 있는 화면을 설계하는 개념으로 이해하면 됩니다. 그러나 웹 기획자 본인의 사이트 사용 경험을 일반화하여 UX로 착각해서는 안 됩니다. UX는 이용자 사전 조사 및 오픈 후 이용자의 불편을 수집하여 개선할 수 있는 것이며, 이러한 기반이 없는 화면 설계는 UX가 적용된 것이 아니라 그저 웹 기획자의 개인적인 경험에서 편리하게 이용할 것으로 추정되는 UI로 설계된 것입니다.

❸ 디자인, 따라잡지 말고 거스르기

이용자가 네이버에서 여자 옷을 검색하면 키워드 광고(파워링크)를 진행하는 웹 쇼핑몰 업체 목록이 나타납니다. 이용자는 그러한 사이트를 하나씩 열고 닫으면서 옷을 고릅니다. 이렇게 하면 여러 사이트를 방문해도 상품과 사이트 디자인이 대부분 비슷하다 보니 특별히 기억에 남는 것이 없습니다. 관련 업체 대부분이 인기가 많은 웹 사이트를 벤치마킹해서 만들었거나 쇼핑몰 솔루션(제작이 완료된 쇼핑몰에 디자인만 달리하여 상품을 등록하고 판매하는 형태의 쇼핑몰)을 이용하여 만들기 때문입니다. 이런 방식으로 만들면 비슷한 상품을 판매하는 수많은 쇼핑몰 중 기억에 남지 않는 하나의 쇼핑몰이 될 뿐입니다. 따라하기만 해서는 뛰어넘을 수 없습니다. 때로는 벤치마킹 결과와 반대되는 전략도 필요합니다. 이는 이용자의 지각에 자극을 일으켜 주의를 끌고 기억하게 만드는 효과가 있습니다. 오른쪽 예시처럼 모양과 색을 달리하면 금세 눈에 띄는 것처럼 말이죠.

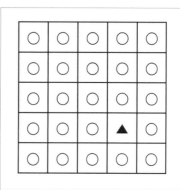

불일치한 도형이 주의를 끄는 예시

웹 사이트를 동종 업계와 완전히 다른 방향으로 디자인하면 이용자가 기억하기도 쉽습니다. 그 결과 이용자에게 긍정적인 경험을 선물했다면 동종 업체에서 벤치마킹 대상이 되어 트렌드로 확장될 수도 있습니다. 이와 같이 기획할 웹 사이트의 주 이용자층을 분석한 후 해당 이용자층이 많이 이용하는 다른 업계의 웹 사이트 디자인을 접목하는 방법도 있습니다. 이는 주 이용자층이 많이 접해본 디자인이기 때문에 이질감이나 거부감도 덜할 것입니다.

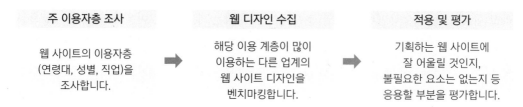

주 이용자층 조사	웹 디자인 수집	적용 및 평가
웹 사이트의 이용자층 (연령대, 성별, 직업)을 조사합니다.	해당 이용 계층이 많이 이용하는 다른 업계의 웹 사이트 디자인을 벤치마킹합니다.	기획하는 웹 사이트에 잘 어울릴 것인지, 불필요한 요소는 없는지 등 응용할 부분을 평가합니다.

주 이용자층이 비슷한 다른 업종의 웹 사이트를 벤치마킹하는 방법

이런 방식으로 이용자의 기억에 남도록 노력하는 일은 매우 중요합니다. 이는 곧 매출과도 연결되기 때문입니다. 그래서 많은 기업들이 제품이나 서비스, 웹 사이트 등의 인상을 이용자가 기억할 수 있도록 많은 광고비를 투자합니다. 동종 업계에 없는 새로운 디자인이나 레이아웃을 적용하면 사람들이 쉽게 기억하는 웹 사이트가 될 수 있어 광고비를 효과적으로 줄일 수 있고, 이용자와 신뢰감도 형성할 수 있습니다.

이용자의 모든 이용 행태를 파악하는 예측성

이용자들이 기획자의 의도대로 사이트를 이용해 주면 참 좋겠지만, 의도와 다른 방식으로 웹 사이트를 이용하는 경우도 많습니다. 공원에 '잔디밭에 들어가지 마십시오.'라는 커다란 안내 문구가 있음에도 들어가는 사람들이 있는 것처럼 말이죠. 따라서 웹 기획자는 이용자에게 바라는 이용 행태와 바라지 않는 이용 행태를 모두 고려해야 하고, 바라지 않는 방향으로 이용할 경우 엘리베이터 정원 초과 시 운행하지 않는 것과 같은 대비책도 함께 설계해야 합니다. 바둑에서는 이를 수읽기라고 합니다. 상대가 바둑돌을 어디에 둘지 예상하고 내가 둘 곳을 미리 생각하는 것입니다. 웹 사이트를 기획할 때도 이용자들이 어떻게 이용할지 미리 예상하는 능력이 필요합니다. 이용자의 이용 행태는 보통 다음 세 가지로 구분할 수 있습니다.

정상	• 기획자가 의도한 대로 이용한 경우 ⑩ 회원 가입 시 아이디는 8자를 초과할 수 없고 이용자가 8자 이내로 입력함.
변칙	• 기획자가 의도한 대로 이용하지 않은 경우 ⑩ 비밀번호에 특수 문자를 넣어야 하는데 이용자가 넣지 않음.
만회	• 기획자가 의도한 대로 이용했지만 이용자의 입장에서 결과를 다시 되돌리고 싶은 경우 ⑩ 정상적으로 결제를 완료했지만 결제를 취소하거나 상품 수량을 바꾸고 싶음.

이용자의 3가지 이용 행태

❶ 변칙 이용 방지를 위한 이용 행태 설계하기

아래 화면은 일반적인 사이트의 회원 가입 화면입니다. 단순하게 '아이디와 비밀번호를 입력하고 회원 가입 버튼을 클릭하면 되는 것 아닌가?'라고 생각할 수 있습니다. 하지만 웹 기획자는 이보다 더 넓고 깊게 사고해야 합니다. 화면을 설계할 때 이용자의 모든 이용 행태를 예상하지 못한다면 사이트 오류로 이어질 수 있으며, 이런 오류를 사전에 발견하지 못하면 이용자는 불편을 겪게 되기 때문입니다.

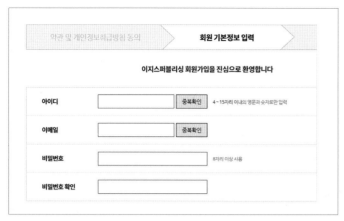

이지스퍼블리싱(www.easyspub.co.kr) 회원 가입 화면

회원 가입 화면은 이용자가 직접 입력할 내용이 많아 각종 변칙 상황이 많이 발생합니다. 따라서 다음 예시와 같이 이용자가 변칙으로 이용하는 각각의 경우에 따라 적합한 대응 방안을 함께 설계합니다.

상황	대응
아이디를 입력하지 않았을 때	'아이디를 입력해 주세요.'라는 알림 메시지(alert)를 보여 줍니다.
정책에 맞지 않는 아이디를 생성하려고 할 때	'아이디는 4~15자리 이내의 영문, 숫자로만 생성해 주세요.'라는 알림 메시지(alert)를 보여 줍니다.
이메일 형식에 맞지 않는 이메일 주소를 입력할 때	'이메일 형식에 맞는 메일 주소를 입력해 주세요.'라는 알림 메시지(alert)를 보여 줍니다.
비밀번호와 비밀번호 확인이 일치하지 않을 때	'비밀번호를 다시 확인해 주세요.'라는 알림 메시지(alert)를 보여 줍니다.

예외 상황에 따른 대처 방법의 예시

회원 가입 화면은 비교적 단순하고 가입 절차도 익숙하지만, 온라인 민원 신청이나 여행 상품 주문처럼 이용자의 입력 기능이 많은 화면에서는 모든 이용 행태를 예상하기 힘든 경우가 많습니다. 그렇다면 이용자의 변칙 이용을 최소화하기 위해서는 어떻게 해야 할까요? 불필요한 기능은 과감히 삭제하고 경우의 수를 최대한 줄여 그 안에서 모든 경우의 수를 파악하는 수밖에 없습니다. 이용자가 고민하지 않고 직관적으로 사용할 수 있도록 화면을 단순하게 설계하는 것이 무엇보다 중요합니다.

❷ 이용자의 실수를 이용자가 바로잡을 수 있도록 설계하기

요즘 제작되는 웹 사이트는 예전과 달리 아주 친절해졌습니다. 이용자의 실수가 웹 사이트 운영에 미치는 영향이 크다는 것을 웹 기획자들이 경험을 통해 배웠기 때문입니다. 따라서 이용자가 웹 사이트를 이용하다가 실수하더라도 이용자가 직접 수정할 수 있도록 설계해야 합니다.

웹 쇼핑몰은 특히나 이용자의 실수가 잦은 편입니다. 상품을 구매할 때 수량이나 색상을 잘못 선택하거나 배송 주소를 잘못 입력하는 경우가 대표적입니다. 심지어 무통장 입금을 선택한 이용자에게 입금할 금액(26만 원)을 문자 메시지로 안내해도 26만 원이 아니라 260만 원을 입금하기도 합니다. 비록 이용자의 실수라도 더욱 편리하고 쉬운 웹 사이트 이용을 위해 이용자 스스로 실수를 수정할 수 있는 정책과 그에 따른 기능을 마련해 놓아야 합니다. 아주 쉬운 예를 들어 볼까요?

이메일 내용을 모두 작성한 후 보내기 버튼 대신 실수로 닫기 버튼을 눌러서 한 시간 동안 작성한 내용을 모두 날려버린 경험이 한 번쯤은 있을 것입니다. 예전에는 닫기 버튼을 클릭하면 작성한 내용이 바로 삭제되었지만, 지금은 확인 메시지를 띄워서 이용자의 의사를 한 번 더 묻는 방식을 정석처럼 사용합니다. 이런 작은 차이만으로 이용자의 소중한 한 시간을 아껴 줄 수 있게 된 것이죠.

메일 작성 후 닫기 버튼 클릭 시 이용자 확인 메시지

의류 쇼핑몰을 예로 들어 조금 더 구체적으로 살펴보겠습니다.

> 이용자가 의류 쇼핑몰에서 옷을 5벌 구매했습니다. 그런데 2벌은 사이즈를 잘못 선택했고, 다른 2벌은 배송 주소를 잘못 입력했습니다. 이용자는 상품 주문 수정 화면으로 들어가서 상품 옵션과 배송 주소를 직접 수정했습니다.

이용자 입장에서 이 내용은 꼭 필요한 기능이고 흐름도 자연스럽습니다. 하지만 웹 기획자의 입장에서는 그리 간단하지 않습니다. 주문 정보를 수정할 수 있는 상황인지를 먼저 점검한 후 조건을 만족할 때만 이용자에게 수정할 수 있는 권한을 부여해야 하기 때문입니다. 예를 들어, 상품이 이미 배송 중일 때는 운영자가 발송 주소를 수정할 수 없기 때문에 이용자도 주문 정보를 수정할 수 없어야 합니다.

상황	대응
이미 주문한 상품이 배송 중인 경우	수정할 수 없도록 수정 기능을 제한
상품 옵션을 변경했을 때 추가 비용이 발생하는 경우	추가 비용만 다시 결제할 수 있는 기능 제공
상품 옵션을 변경했을 때 재고가 없는 경우	재고가 없으므로 상품 옵션 변경 기능 제한
배송 주소를 다시 입력했는데 배송이 되지 않는 지역이거나 배송비가 추가로 발생하는 경우	일부 주문을 취소할 수 있는 기능과 추가된 배송비만 결제할 수 있는 두 가지 기능을 함께 제공

이용자가 주문 정보 수정을 요청했을 때 상황별 대응 방법

만약 이러한 예외 상황이 모두 고려되지 않으면 이용자와 운영자 모두 웹 사이트 이용에 불편함을 겪게 됩니다. 예상 가능한 이용자의 실수는 정책 정의서를 작성할 때 미리 살펴볼 수 있습니다. 이후 이를 바탕으로 웹 사이트를 설계하면서 세부적인 사항을 검토해 보세요. 예외 상황을 하나씩 나열하다 보면 웹 사이트 화면에서는 알 수 없는 이용자의 특별한 행태를 발견할 수 있습니다. 이용자의 다양한 실수를 찾고 이에 대한 대응 방안을 준비하여 이용자의 불편 사항을 최소화해야 합니다.

사이트의 수읽기는 웹 기획자의 기본 역량입니다. 처음부터 완벽하게 예측하는 것은 어렵고, 그렇게 할 수 있는 웹 기획자 역시 없을 것입니다. 최대한 많은 변칙 이용에 대비하여 오류로 연결되는 경우의 수를 줄이는 것이 최선입니다.

오늘부터 웹 사이트를 이용할 때 정상적인 이용 방법 대신 변칙 이용을 해보면서 다른 웹 기획자들이 만들어 둔 대처 방안을 학습해 보는 건 어떨까요? 변칙 이용한 내용과 그 대처 방안을 하나씩 기록해 보면 더욱 체계적인 학습이 될 것입니다.

07-2 온라인 사업 준비 단계의 업무 알기

1. 사업의 시작

기업은 운영 중인 서비스가 성장을 멈추고 더 이상 활로를 찾지 못할 때, 그리고 지금보다 더 큰 성장을 원할 때 새로운 사업을 생각하게 됩니다. 그리고 개인은 번뜩이는 사업 아이디어가 생겼을 때 기업을 설립하고 사업을 추진하기도 합니다. 이처럼 기업이 새로운 서비스나 경쟁사의 서비스보다 더 유용한 서비스를 이용자에게 제공하고자 할 때 기업이 가지고 있는 역량과 자원을 토대로 여러 전략을 구상합니다. 그리고 여기에 온라인 서비스가 필요하다면 본격적으로 온라인 서비스 기획이 시작됩니다. 이렇게 기업에서 필요한 온라인 서비스 기획 업무를 보통 IT 서비스 기획이라고 부르며, 이런 서비스를 기획하는 담당자를 IT 서비스 기획자라고 합니다. 실무자들 간에는 IT를 생략하고 서비스 기획자라고 줄여서 지칭합니다.

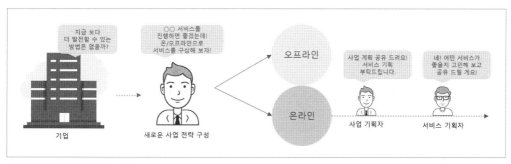

기업이 서비스 기획을 시작하는 예시

2. 서비스 기획

서비스 기획 단계에서는 기업이 세워놓은 사업 전략을 바탕으로 기획을 합니다. 대부분의 기업은 생산, 유통, 마케팅, 교육 등 기업에서 진행하는 주요 사업이 정해져 있으므로 이와 연관된 새로운 온라인 서비스를 기획합니다. 시작은 쇼핑 차세대 플랫폼 서비스 출시와 같이 주제가 명확하게 정해지는 경우도 있지만, 반대로 어떤 온라인 서비스를 기획할지 주제가 정해지지 않은 경우도 있습니다.

서비스 기획자와 화면 기획자가 구분이 없었던 시절에는 대부분 화면 기획자가 이를 도맡아 했습니다. 지금도 서비스 기획자와 화면 기획자가 구분되지 않은 기업도 있고 구분해서 운영하는 기업도 있습니다.

❶ 사업 전략 구성 단계에서 사업할 온라인 서비스가 정해진 경우

우선 서비스를 어떻게 구현하면 좋을지, 필요한 세부적인 기능과 서비스는 무엇인지 구체적인 내용을 구성하는 업무가 진행됩니다. 예를 들어 교육이 주 사업인 기업에서 오프라인으로만 진행하던 수업을 앞으로 온라인에서도 제공하도록 이러닝(e-learning) 서비스를 사업화한다고 가정해 봅시다. 이러닝은 이미 다른 기업에서 많이 진행하고 있는 서비스이므로 비슷하게 구성하면 되는 것 아닌가라는 생각이 들 수 있습니다. 하지만 다른 기업과 차별화하여 꼭, 무조건, 반드시 성공하는 서비스를 기획해야 한다면 생각이 달라집니다. 성공하지 못할 서비스를 사업화하는 바보 같은 기업은 없기 때문입니다.

서비스 기획은 다른 기업들은 어떻게 서비스를 제공하고 있는지, 그리고 우리는 어떻게 서비스를 구성하면 좋을지에 대한 고민으로부터 시작됩니다. 어떻게 이러닝 서비스를 차별화할지, 강의 콘텐츠는 어떻게 수급할지, 유료 서비스로 할지 무료 서비스로 할지, 메뉴 구성은 어떻게 하면 좋을지, 우리 기업에는 어떤 이익이 있고 이용자에게는 어떤 혜택을 줄 수 있는지 등을 체계적으로 조사하고 아이디어를 구상하는 등의 논의가 진행됩니다. 이렇게 정리한 내용은 최종 산출물인 서비스 기획서에 담아 경영진에게 보고하고, 협업하는 팀에게 문서를 공유하기도 합니다.

❷ 사업 전략 구성 단계에서 진행할 온라인 서비스가 정해지지 않은 경우

온라인 서비스 사업을 진행하고 싶은데 어떤 분야의 온라인 서비스를 진행할지 아직 정해지지 않은 상태라면 그 기획 주제부터 정하는 것이 순서입니다. 예를 들어 1인 가구 증가로 반려동물이 인기라는 사회 현상을 반영하여 반려동물과 관련된 온라인 서비스를 진행하고 싶다고 합시다. 구체적으로 어떤 서비스를 진행하면 좋을지에 대해서는 정해진 것이 없습니다. 이럴 때는 회사의 자원을 활용해 그 기업에서 가장 잘 할 수 있는 온라인 서비스를 찾아야 합니다. 유통 회사라면 반려동물에게 필요한 사료, 물품 등의 수급을 생각해 볼 수 있으며, 교육 회사라면 사람들과 함께 살아가는 데 필요한 기본적인 반려동물 교육 서비스를 생각해 볼 수 있습니다. 이용자 조사를 통해 사람들에게 정말 필요한 것은 무엇인지 정보를 수집한 후 필요한 서비스를 기획하는 것도 하나의 방법입니다. 이러한 논의와 조사를 통해 진행할 서비스가 정해지면 앞의 ❶의 경우와 같이 서비스 기획 업무가 진행됩니다.

3. 일정 계획 및 비용 산정

서비스 기획이 어느 정도 완료되면 일정을 산출합니다. 우리가 기획한 서비스를 제작하는데 필요한 일정을 계산해 보는 것이죠. 만약 기획한 서비스의 제작을 외주사에 의뢰하는경우에는 비용도 함께 계산합니다.

❶ 기획한 서비스를 회사 내부 직원들을 통해 제작하는 경우

기획한 서비스를 회사 내부 직원들이 제작하는 경우를 인하우스(in-house) 제작 또는 인하우스 개발이라고 합니다. 회사 내부에 이미 웹 기획자, 웹 디자이너, 웹 퍼블리셔, 웹 개발자 등의 인력이 갖춰져 있다면 주로 인하우스 제작으로 진행합니다. 이때는 내부 직원들이작업하므로 제작 비용은 계산하지 않으며, 보통은 화면 기획자와 프로그램 개발자가 서비스 제작에 필요한 기능과 이를 개발하기 위한 일정을 산출합니다.

> ▶ 기능 산출, 일정 산출에 관련한 내용은[첫째마당 > 01장 IT 기획의 필수 개념 알기 > 01-5 기획에 필요한 4가지 주요 문서]를 참고해 주세요!

❷ 기획한 서비스를 제작 전문 업체에 의뢰하는 경우

기획한 서비스를 제작 전문 업체에 의뢰할 때는 서비스 기획자가 기능을 정리합니다. 필요한 문서는 서비스 기획서, 제안 요청서(request for proposal, RFP) 및 기능 정의서입니다. 이를 토대로 실제 제작할 업체를 선정하는데, 업체를 선정할 때는 여러 업체에 의뢰한 다음자사에 가장 유리한 조건을 제시하는 업체를 선택하여 진행하는 경쟁 계약(bidding) 방식과, 자사와 오랫동안 거래하여 신뢰가 있거나 제작 경험이 많은 업체와 바로 계약하는 수의 계약(private) 방식이 있습니다.

제작 비용은 크게 인건비와 필요한 장비(웹, DB, 이미지 서버 등) 및 필요한 소프트웨어에 따라 산정됩니다. 특히 인건비의 경우 서비스 개발 난이도에 따라 그에 맞는 경력자를 채용해야 하는데요. 작업 난이도가 높을수록, 제작 기간이 길어질수록 제작 비용이 커집니다. 인건비를 계산할 때는 맨먼스(man month, M/M)라는 용어를 사용합니다. 이는 한 명이 한 달간(주말 제외 평균 22일) 일을 할 수 있는 업무량을 뜻합니다. 따라서 서비스 기획서, 제안 요청서, 기능 정의서 등의 문서 내용을 토대로 업무량을 산정하고 나면 이를 M/M으로 계산하여 인건비를 측정합니다. 예를 들어 고급 개발자 한 달 인건비가 1,000만 원인 경우 10M/M의 업무량이라면 인건비로 1억 원이 소요되는 것입니다.

> ▶ 제안 요청서는 요구사항 정의서로 부르기도 하며, 기업에 따라 세부 내용에 기능정의 내용을 포함하기도 합니다.

07-3 웹 기획자의 메일 작성 방법

웹 사이트 구현은 혼자 하는 것이 아니므로 협업하는 과정에서 작업자 간 메일을 주고받는 것은 중요하고도 흔한 일상 업무입니다. 그리고 웹과 관련된 직무 중 웹 기획자는 특히 더 다른 직무보다 상당히 많은 횟수로 메일을 작성합니다. 따라서 웹 기획자가 메일을 잘 작성하는 것도 업무 능력에 포함됩니다. 하지만 이렇게 중요한 메일 작성 방법은 상사나 사수 중 누구 하나 자세히 알려 주지 않습니다. 공식으로 정해진 방법이 있는 것도 아니며, 따로 시간을 내 배워 본 경험도 없고, 너무나 기본적인 사항이라 누군가 알려 주겠다는 생각도 하지 못했을 것입니다.

메일 작성 방법

회사에서 옆자리에 앉은 직원에게도 메일로 내용을 남기는 이유는 무엇일까요?

메일보다 말이 더 빠를 텐데 왜 메일을 작성해 업무 요청을 하거나 회신을 기다릴까요? 바로 근거를 남기기 위해서입니다. 메일은 한 번 발송하면 내용을 수정할 수 없고 업무 담당자에게 정확하게 전달되기 때문에 업무 처리 과정의 이력을 남기게 됩니다. 이런 기능 때문에 대화로 진행되는 업무 협업의 단점인 '그런 말 들은 적 없다', '기억이 잘 안 난다' 등의 변명을 할 수 없게 됩니다.

회사에서 보내는 메일은 업무용 이메일이라는 개념으로 접근하세요

메일을 그저 웹을 통해 발송되는 편지 정도로 생각하며 친구에게 보내는 형태로 작성하면 업무 효율성이 떨어집니다. 회사에서 보내는 메일은 협업 수단으로 생각해야 합니다. 따라서 메일 내용은 업무 효율성을 높일 수 있는 내용으로 체계적으로 구성해야 합니다.

내가 작성하는 이메일을 하나의 문서로 생각하세요

첫인사와 끝인사를 제외한 나머지 내용을 프린트로 출력하였을 때 잘 작성된 하나의 문서가 된다면 보는 사람들도 내용을 이해하기 쉽습니다.

뉴스 기사 작성 방식을 참고하여 작성하세요

뉴스는 첫 문장에 전달하려는 내용을 모두 요약하여 작성하고 다음에 이어지는 문장에 자세한 내용을 기술합니다. 메일도 이와 같은 방식으로 작성하면 받는 이가 첫 문장만 읽고도 왜 메일을 보냈는지 금방 알 수 있습니다.

받는 사람 설정하기

받는 사람 설정하기

받는 사람(수신인)에는 작성한 내용과 직접 관련된 담당자만 넣습니다. 메일을 받는 사람은 내가 요청한 업무나 문의를 직접 해결해 줄 사람을 뜻합니다. 이때 수신인과 참조인을 구분하지 않고 모두 수신인으로 보내면 수신인 모두가 자신이 해야 할 일로 오해할 수 있으니 주의합니다. 다만 공지 메일인 경우에는 모두 수신인으로 넣을 수 있습니다.

참조인 설정하기

작성하려는 내용과 관련된 직원을 참조인으로 넣습니다. 업무를 직접 진행하지는 않지만 업무 진행 상황을 관찰하거나 업무가 진행되고 있다는 사실을 알고 있어야 하는 직원이어야 합니다. 또는 해당 내용과 직접 관련은 없어도 진행 상황에 따라 업무에 변화가 생기는 직원을 넣기도 합니다.

숨은 참조인 설정하기

수신인은 메일을 받으면서 누가 참조인으로 해당 메일을 받았는지 알 수 있습니다. 숨은 참조인으로 설정하면 수신인이 해당 메일을 누가 참조인으로 받았는지 알 수 없습니다. 숨은 참조는 수신인에게 보내는 메일 내용을 수신인 모르게 다른 사람에게도 보낼 수 있는 기능입니다. 보통 회사 외부로 발송되는 메일에 내부 참조자를 넣기도 합니다. 예를 들어 견적서를 보낸다면 수신인을 외부 업체 담당자, 숨은 참조를 내부 상급자로 설정할 수 있습니다.

아래 하(下)형 인재로 성장하세요!

여러분은 어떤 분야의 웹 기획자가 되고 싶나요? 쇼핑몰, 금융, 교육, 방송, 언론, 재단 등 웹 기획 분야는 해당 산업의 수만큼이나 많습니다. 새로운 산업이나 웹 콘텐츠가 생기면 그 분야의 전문 웹 기획자도 함께 생겨나기 마련입니다. 소셜 미디어 열풍으로 SNS 전문 웹 기획자, 스마트폰의 등장으로 모바일 앱/웹 기획자, 플랫폼의 인기로 플랫폼 기획자가 생겨났듯이 말입니다.

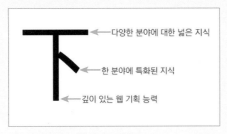

필자가 생각하는 기획자 직군 인재상

그렇다면 웹 기획자는 이렇게 많은 분야에 대한 전문 지식을 모두 알아야 할까요? 많은 분야의 웹 서비스를 설계하는 것은 분명 좋은 경험이지만, 우리의 시간은 그리 많지 않습니다. 그보다는 자신만의 웹 기획 전문 분야를 만드는 것이 더욱 중요합니다. 단순히 웹 사이트를 많이 제작해 보았다고 해서 웹 기획자가 되는 것은 아닙니다. 경험과 함께 전문가 수준의 지식을 쌓아야 합니다. 예를 들어, 의류를 판매하는 웹 쇼핑몰을 전문적으로 제작하는 웹 기획자가 되려면 상품의 제작, 유통, 마케팅 등 상품이 만들어지고 고객에게 전달되는 과정을 구체적으로 알아야 합니다. 시장은 어떻게 변하는지, 고객의 특징은 무엇인지 등 웹 사이트 화면 밖에서 일어나는 현상까지 파악할 줄 알아야 합니다. 그래야 새로운 아이디어로 시장을 선도할 수 있습니다.

다음 7가지 질문을 던졌을 때 답할 수 있다면 웹 기획자로서 한층 성장했다고 할 수 있어요.

- 제품의 공정 과정을 이해하고 있습니까?
- 유통 과정을 살피고 비효율적인 사항을 파악할 수 있습니까?
- 내년도 시장 규모를 예측할 수 있습니까?
- 주요 경쟁 업체를 파악할 수 있습니까?
- 매입 단가를 계산할 수 있습니까?
- 의류의 소재를 구분할 수 있습니까?
- 의류 도매 업계의 보이지 않는 시스템에 대해 알고 있습니까?

한 분야에 대해 내가 알고 있는 것이 많다면 그만큼 기획의 착안점을 얻을 수 있는 여지도 많아집니다. 틈새시장에 새로운 판매 전략을 구상할 수도 있고, 관리자 화면 기능을 개선해 오프라인 사업장의 업무 처리 방식을 효율적으로 바꿀 수도 있습니다. 즉, 사이트를 단순히 찍어내는 것만이 아니라 자사 서비스의 성공률과 클라이언트의 만족도를 높이는 사이트를 제작할 수 있게 되는 것입니다. 이러한 노력은 웹 기획의 새로운 트렌드를 만들어 내기도 합니다. 따라서 웹 기획자는 다양한 분야에 대한 폭넓은 지식도 분명 중요하지만 한 분야를 깊이 있게 배우고 이를 바탕으로 전문 기획 역량을 키우는 아래 하(下)형 인재가 되는 것이 중요합니다.

기초
단계

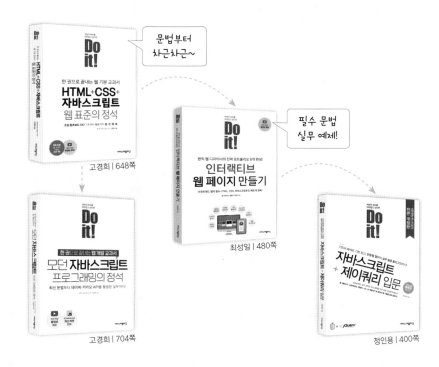

문법부터
차근차근~

필수 문법
실무 예제!

Do it!
한 권으로 끝내는 웹 기본 교과서
HTML+CSS+
자바스크립트
웹 표준의 정석
고경희 | 648쪽

Do it!
현직 웹 디자이너의 진짜 포트폴리오 6개 완성!
인터랙티브
웹 페이지 만들기
최성일 | 480쪽

Do it!
한 권으로 끝내는 웹 개발 교과서
모던 자바스크립트
프로그래밍의 정석
최신 문법부터 네이버, 카카오 API를 활용한 실무까지!
고경희 | 704쪽

Do it!
자바스크립트
+ 제이쿼리 입문
정인용 | 400쪽

응용
단계

Do it!
반응형 웹 페이지
만들기
김운아 | 344쪽

Do it!
클론 코딩
줌 zoom
니꼴라스, 강윤호 | 296쪽

Do it!
클론 코딩
영화 평점 웹서비스
니꼴라스, 김형태 | 248쪽

Do it!
클론 코딩
트위터
니꼴라스, 김준혁 | 256쪽

나는 어떤
코스가
적합할까?

A 웹 퍼블리셔가 되고 싶은 사람

- Do it! HTML+CSS+자바스크립트 웹
  표준의 정석
- Do it! 인터랙티브 웹 만들기
- Do it! 자바스크립트+제이쿼리 입문
- Do it! 반응형 웹 페이지 만들기
- Do it! 웹 사이트 기획 입문
- Do it! 프런트앤드 UI 개발

B 웹 개발자가 되고 싶은 사람

- Do it! HTML+CSS+자바스크립트
  웹 표준의 정석
- Do it! 모던 자바스크립트 프로그래밍의 정석
- Do it! 클론 코딩 줌
- Do it! 클론 코딩 영화 평점 웹서비스 만들기
- Do it! 클론 코딩 트위터
- Do it! Node.js 프로그래밍 입문